Peter Kropotkin

Die Eroberung des Brotes

Peter Kropotkin

Die Eroberung des Brotes

Herausgegeben von Jürgen Mümken

Alibri Verlag
Aschaffenburg

2021

Die Ausgabe folgt der 1919 im Verlag *Der Syndikalist* erschienenen Fassung. Auf die Vorrede von Rudolf Rocker musste aus urheberrechtlichen Gründen verzichtet werden. Die Einleitung von Wolfgang Haug ist der im *Trotzdem Verlag* erschienenen Ausgabe von 1999 entnommen. Die Rechtschreibung wurde behutsam aktualisiert.

Jürgen Mümken, studierte Architektur an der Gesamthochschule Kassel mit den Schwerpunkten: Gefängnisarchitektur, Wohnungspolitik und Stadt – (Bio-)Macht – Raum. Publikationen u. a.: *Freiheit, Individualität und Subjektivität. Staat und Subjekt in der Postmoderne aus anarchistischer Perspektive*, Frankfurt am Main 2003; und als Herausgeber: *Michael Bakunin: Philosophische Betrachtungen über das Gottesphantom, über die wirkliche Welt und über die Menschen mit dem Essay „Natur, Gesetz und Freiheit bei Spinoza und Bakunin"* sowie zusammen mit Siegbert Wolf: *„Antisemit, das geht nicht unter Menschen." Anarchistische Positionen zu Antisemitismus, Zionismus und Israel.* Band 1: Von Proudhon bis zur Staatsgründung, Lich 2013.

Alibri Verlag
www.alibri.de
Aschaffenburg
Mitglied in der Assoziation Linker Verlage (aLiVe)

Neuauflage 2014

Umschlaggestaltung: Claus Sterneck
Druck und Verarbeitung: Interpress, Budapest

ISBN 978-3-86569-163-7

Inhaltsverzeichnis

Einleitendes Vorwort

„Das Recht auf Wohlstand ist die soziale Revolution, das Recht auf Arbeit ist günstigstenfalls ein industrielles Zuchthaus."

Peter Kropotkin

Als man mich fragte, ob ich das Vorwort zu *Die Eroberung des Brotes* schreiben und als Herausgeber firmieren wolle, habe ich ohne zu zögern Ja gesagt. *Die Eroberung des Brotes* gehört für mich zu den wichtigsten Schriften des klassischen Anarchismus, die ihre utopische und (sozial-)revolutionäre Ausstrahlung bis heute nicht verloren hat. *Die Eroberung des Brotes* ist bis heute für das Verständnis des kommunistischen Anarchismus von zentraler Bedeutung.

Die Idee und Utopie eines kommunistischen Anarchismus darf selbstverständlich nicht bei Kropotkin stehen bleiben, eine Aufgabe innerhalb des gegenwärtigen Anarchismus ist es, diese Idee und Utopie für die Gegenwart und Zukunft weiterzuentwickeln. Die ökonomischen, politischen und sozialen Realitäten haben sich seit Kropotkin verändert, aber auch die Möglichkeiten durch technologische Entwicklungen. Ebenso spielte die Endlichkeit der natürlichen Ressourcen im Denken von Kropotkin noch keine Rolle. Es gilt die banale Erkenntnis, dass jede Zeit und jeder Ort eigene Voraussetzungen für eine soziale Revolution und Transformation der Gesellschaft hat. Die Verwirklichung einer anarchistischen Gesellschaft hängt aber nicht vom Stand der technologischen Entwicklung und der Entwicklung der Produktivkräfte ab, wiewohl die verwirklichte Anarchie „je nach dem Stand der Technik anders aussehen, anders beginnen, anders weitergehen wird; sie hängt von den Menschen, sie hängt von ihrem Geiste ab".[1] Das Ziel des kommunistischen Anarchismus bleibt aber die Verwirk-

1 Buber, Martin: Der utopische Sozialismus, Köln 1967, S. 82.

lichung „der ökonomischen Freiheit und der politischen Freiheit" (S. 62). Die Anarchie als Ausdruck der politischen Freiheit und der Kommunismus als Verwirklichung der ökonomischen Freiheit.[2]

Waren viele AnarchistInnen des 19. Jahrhunderts davon überzeugt, dass durch eine soziale und politische Revolution endgültig die alte Gesellschaft zerschlagen wird und eine neue freie und gerechte aufgebaut werden kann, müssen wir heute erkennen, dass es die eine „letzte Schlacht"[3] oder das „letzte Gefecht"[4] so nicht geben wird, und dass der Weg zu einer freien Gesellschaft ein langer Prozess sein wird, bei dem sicherlich Revolutionen eine Rolle spielen werden. Die Verwirklichung anarchistischer Gesellschaften wird in keinen Zielzustand münden, in dem die Anarchie verharrt. Anarchistische Gesellschaften bleiben Gesellschaften des Werdens, denn die Anarchie ist kein starres Gebilde, sie wird nicht eines schönen Tages „erreicht" sein. „Die Utopie ist also die zu ihrer Reinheit destillierte Gesamtheit von Bestrebungen, die in keinem Fall zu ihrem Ziele führen, sondern immer zu einer neuen Topie".[5] Auf jede neue Topie folgt eine neue Utopie, auf diese wieder eine neue Topie, dieser Prozess mündet in keinem Endzustand der Gesellschaft, dieser Prozess kann als nie endendes „Werden der Anarchie" begriffen werden.

An dieser Stelle soll es jetzt nicht um eine genaue Konkretisierung einer zukünftigen anarchistischen Gesellschaft gehen, denn wie diese dann aussehen wird, kann heute noch niemand sagen. Es gibt kein Modell für die zu schaffende Welt, dem wir folgen können: „Niemand anders als die an ihm beteiligten Menschen werden festlegen, wie sie leben und sich organisieren wollen, und deren Vorstellungen werden vermutlich unterschiedlich sein. Deshalb müssen wir uns 'die Anarchie' als ein Gebilde vorstellen, das in einem bestimmten geographischen Raum nicht etwa nur eine Lebensform, eine Ethik, eine Art sozialer Organisation kennt, sondern zur gleichen Zeit

2 Leider muss ich in Diskussionen unter und mit AnarchistInnen immer wieder feststellen, dass die Idee und Utopie des Kommunismus mit der Theorie des Marxismus und seiner diversen Spielarten (Marxismus-Leninismus, Maoismus etc.) gleichgesetzt wird. Doch die verschiedenen Marxismen haben keinen exklusiven Anspruch auf der Idee des Kommunismus. Daher ist es auch heute noch immer wieder erfrischend, mit welcher Selbstverständlichkeit Kropotkin den Kommunismus als Ausdruck der ökonomischen Freiheit fordert.

3 „Die letzte Schlacht gewinnen wir" (*Ton Steine Scherben*).

4 „Auf zum letzten Gefecht" (Zeile aus der *Internationalen*).

5 Gustav Landauer: Revolution, Münster 2003, S. 33.

viele verschiedene nebeneinander, die sich je nach Interessen, Neigung, Notwendigkeiten und Bedürfnissen frei verbinden.“[6]

Postmoderne – Globalisierung – Neoliberalismus haben die gesellschaftlichen Realitäten und deren Wahrnehmung verändert, so dass einige der Grundannahmen des klassischen Anarchismus überholt sind und in Frage gestellt, andere weiterentwickelt werden müssen. Staat, Kapital, Patriarchat und andere Formen der Ausbeutung und Unterdrückung haben ihr Gesicht verändert und werden dies auch weiterhin tun, die anarchistische Theorie und Praxis muss dies immer wieder reflektieren und in die eigene Entwicklung und eigenen Kämpfe einbeziehen. Dabei können uns immer wieder Texte des klassischen Anarchismus – wie *Die Eroberung des Brotes* – inspirieren, wenn wir nicht versuchen, diese eins zu eins auf die heutige Situation zu übertragen, sondern sie kritisch lesen und den zeitgenössischen Kontext berücksichtigen, in dem sie entstanden und geschrieben wurden. Dieses *Einleitende Vorwort* wird sich in erster Linie mit einigen zentralen Aspekten des kommunistischen Anarchismus beschäftigen.

Ich bin froh, dass der *Alibri Verlag* nicht auf Helmut Rüdiger[7] (1903–1966) gehört hat, der in einem Diskussionsbrief aus dem Jahr 1949 für seine deutschen FreundInnen der *Föderation Freiheitlicher Sozialisten*[8] schrieb: „[...] bei aller Verehrung für den wunderbaren Menschen Kropotkin würde ich mich hingegen der Verbreitung oder gar einer Neuherausgabe der ‘Eroberung des Brotes’ widersetzen. Auch dieses schöne Buch enthält gute Anregungen, wird wohl immer in der Bibliothek eines freiheitlichen Sozialisten seinen Platz verteidigen, aber zu den Werken, die uns helfen können, in Kontakt mit Kreisen außerhalb unserer engen Reihen – die es zu

6 Horst Stowasser: Freiheit pur. Die Idee der Anarchie, Geschichte und Zukunft, Frankfurt am Main 1995, S. 20.

7 Helmut Rüdiger, anarchosyndikalistischer Theoretiker, Ende der 1920er Jahre Redakteur der anarchosyndikalistischen Zeitung *Der Syndikalist*. Während des Spanischen Bürgerkrieges (1936-1939) Sekretär der anarchosyndikalistischen *Internationalen Arbeiter-Assoziation*. Nach dem Krieg im schwedischen Exil geblieben.

8 Die *Föderation Freiheitlicher Sozialisten* (FFS) wurde Pfingsten 1947 von ehemaligen Mitgliedern der *Freien Arbeiter Union Deutschlands* (FAUD) gegründet. Die FFS verstand sich nicht als Neugründung der FAUD, war aber eine Sektion der anarchosyndikalistischen *Internationalen Arbeiter-Assoziation*. Zur FFS siehe auch: Hans Jürgen Degen: Anarchismus in Deutschland 1945–1960. Die Föderation freiheitlicher Sozialisten, Ulm 2002.

sprengen gilt – Grundfragen eines modernen freien Sozialismus zu diskutieren, gehört es nicht [...].“[9] Dabei ist die Kritik von Rüdiger an Kropotkin durchaus berechtigt. Er bezeichnet Kropotkins Theorie des kommunistischen Anarchismus als „das Endprodukt der optimistisch-aufklärerischen Strömung des 18. Jahrhunderts, deren Grundlagen in den letzten 35 Jahren, seit 1914, zusammengebrochen sind“.[10] Der Erste Weltkrieg (1914–1918) als erster industrieller Krieg stellt tatsächlich diesen Bruch dar. Aber nicht nur durch den Ersten Weltkrieg wird das Menschenbild von Kropotkin in Frage gestellt, nach Auffassung postanarchistischer Ansätze[11] muss die an Jean-Jacques Rousseau angelehnte Vorstellung von einer „guten Natur“ des Menschen aufgegeben werden. Bei Kropotkin ist der Mensch nicht nur „von Natur aus“ gut[12], sondern auch solidarisch und kooperativ. Er versucht, seine Konzeption der „Gegenseitigen Hilfe“[13] auf eine „wissenschaftliche“ Grundlage zu stellen und bezieht sich dabei auf die Evolutionstheorie von Charles Darwin. Er erklärt die „Gegenseitige Hilfe“ zu einer anthropologischen Verhaltenskonstante und zum dominierenden Gestaltungskonzept der Entwicklung menschlicher Gesellschaften. Diese – wie jede andere – Naturalisierung lehnt der Postanarchismus ab, damit stellt er auch das Subjektverständnis des klassischen Anarchismus in Frage.

Zur Kritik an der „guten Natur“ gehört als wesentlicher Aspekt der Realisierung der Anarchie, dass das utopische Denken in der Postmoderne das von Platon bis Kant aufgestellte Ideal einer „Vollkommenheit“ von Mensch und Gesellschaft in Frage stellen muss. Die anarchistische Utopie muss auch mit unvollkommenen Menschen funktionieren. Tut sie es nicht, ist sie untauglich. So wird es auch in anarchistischen Gesellschaften Ungerech-

---

9 Helmut Rüdiger: Über Proudhon, Syndikalismus und Anarchismus. In: Hans-Jürgen Degen (Hrsg.), Anarchismus heute. Positionen. Berlin 1991, S. 180. Rüdiger war ein großer Anhänger von Pierre-Joseph Proudhon (1809-1965) und zugleich ein Kritiker von Kropotkin.

10 Ebenda, S. 165.

11 Vgl. Jürgen Mümken: Postanarchismus. Anarchistische Theorie (in) der Postmoderne. In: Hans Jürgen Degen / Jochen Knoblauch (Hrsg.): Anarchismus 2.0. Bestandsaufnahmen. Perspektiven, Stuttgart 2009.

12 „Kropotkin hat zwar nie behauptet, daß der Mensch gut sei, aber dennoch ständig versucht es zu belegen. Und dabei war er nicht gerade wählerisch“ (Stowasser, Freiheit pur, 1995, S. 248).

13 Vgl. Peter Kropotkin: Gegenseitige Hilfe im Tier- und Menschenreich, Aschaffenburg 2011.

tigkeiten und Aggressionen geben. „Anarchistische Modelle versprechen kein Paradies, sondern versuchen, Strukturen zu entwickeln, in denen sich soziales Fehlverhalten soweit reduziert, daß man mit dem verbleibenden Rest anders verfahren kann.“[14]

Trotz der Kritik an dem Menschenbild von Kropotkin, die ich teile, bin ich glücklich über diese Neuauflage, denn *Die Eroberung des Brotes* hat meine Vorstellung einer anarchistischen – genauer gesagt anarcho-kommunistischen – Gesellschaft bis heute geprägt, wenn auch neue Einflüsse hinzugekommen sind. Einer dieser Einflüsse ist der französische Philosoph Michel Foucault (1926-1984) und dies hat u.a. genau mit der Kritik am Menschenbild des klassischen Anarchismus zu tun.[15] Aber dies soll hier nicht das Thema sein.[16] Foucault teilt die verschiedenen Kämpfe um Befreiung, die wir zu führen haben, in drei Typen ein:

„Die einen richten sich gegen die (ethnischen, sozialen und religiösen) Formen der Herrschaft; andere prangern die Ausbeutung an, die den Einzelnen von seinem Erzeugnis trennt; und wieder andere kämpfen gegen alles, was den Einzelnen an sich selbst bindet und dadurch seine Unterwerfung unter die anderen sicherstellt (Kämpfe gegen die ‘Objektivierung’ und die verschiedenen Formen der Unterordnung).“[17] Und ein wenig später: „heute gewinnt der Kampf gegen die Formen der ‘Objektivierung’ – gegen die Unterwerfung durch Subjektivität – immer größere Bedeutung, auch wenn der Kampf gegen Herrschaft und Ausbeutung nicht verschwunden ist, im Gegenteil“.[18] Für das Ziel einer freien Gesellschaft sind alle drei

14 Stowasser, Freiheit pur, 1995, S. 23.

15 Foucault ist der Ansicht, dass der Mensch, „zu dessen Befreiung man einlädt, […] bereits in sich das Resultat einer Unterwerfung [ist], die viel tiefer ist als er“ (Michel Foucault: Überwachen und Strafen. Die Geburt des Gefängnisses, Frankfurt am Main 1977, S. 42). Diese Auffassung hat weit reichende Konsequenzen für eine Theorie und Praxis der Befreiung, denn auch diejenigen, die die herrschenden Verhältnisse radikal verändern wollen, sind eben durch diese konstituiert, werden durch diese subjektiviert. „RevolutionärInnen“ stehen nicht außerhalb der gesellschaftlichen Verhältnisse, sondern sind Teil von ihnen, damit auch Teil ihrer Reproduktion.

16 Vgl. Jürgen Mümken: Freiheit, Individualität und Subjektivität. Staat und Subjekt in der Postmoderne aus anarchistischer Perspektive, Frankfurt am Main 2003.

17 Michel Foucault: Dits et Ecrits. Schriften. Bd. 4 (1980–1988), Frankfurt am Main 2004, S. 275.

18 Ebd., S. 276.

Kämpfe notwendig, die nicht als isolierte Kämpfe betrachtet werden können und dürfen. Alle sozialen und ökonomischen Ausbeutungs- und Unterdrückungsverhältnisse funktionieren über Verschränkungen, eine isolierte Bekämpfung führt zwangsläufig zum Scheitern, aber sicherlich nicht zur Befreiung und damit zur Freiheit.

Für Kropotkin stand aus der Perspektive der realen Lebens- und Arbeitsverhältnisse all derjenigen, die gezwungen waren und sind, ihre Arbeitskraft zu verkaufen, die Eroberung des Brotes im Vordergrund und es war für ihn selbstverständlich, dass eine grundlegende Neuordnung der Gesellschaft in allen ökonomischen, politischen, sozialen und kulturellen Belangen nicht ohne eine soziale und politische Revolution möglich war. Kropotkin sah auch die Gefahren, denen eine Revolution ausgesetzt war, diese resultierten aus seiner Auseinandersetzung mit der Französischen Revolution 1789,[19] der Revolution von 1848 und der Pariser Kommune 1871.[20] Vor diesem Hintergrund formulierte er auch eine Kritik am autoritären Sozialismus und am anarchistischen Kollektivismus von Michael Bakunin (1814-1876).

Die Pariser Kommunen von 1793 und 1871 waren nicht in der Lage, die Bedürfnisse – vor allem die Versorgung mit Lebensmitteln[21] – der PariserInnen zu befriedigen, darin sah er einen – aber nicht den einzigen – Grund des Scheiterns. Ausgangspunkt von *Die Eroberung des Brotes* ist deshalb die reale soziale Lage der Menschen in Paris. So greift Kropotkin auch immer wieder auf die Pariser Erfahrungen von 1789/1793, 1848 und 1871 zurück. Die Pariser Kommune von 1793 wurde vom Land ausgehungert, obwohl die Getreideproduktion in den Jahren 1792/93 gestiegen war (vgl. S. 97). Die Idee der Selbstversorgung der Städte entwickelte Kropotkin aus dieser Erfahrung und Erkenntnis. Kropotkin ging davon aus, dass es sein könnte, dass die soziale Revolution zunächst nur in Paris oder einigen an-

---

19 Peter Kropotkin: Die Große Französische Revolution. 1789-1793, 2 Bände, Leipzig/Weimar 1982.

20 Peter Kropotkin: Die Pariser Kommune. In: Pariser Kommune 1871, Band 1. Texte von Bakunin, Kropotkin und Lavrov. Texte des Sozialismus und Anarchismus, herausgegeben von Dieter Marc Schneider, Reinbek bei Hamburg 1971, S. 23-37.

21 „Darum stellte sich das soziale Problem während der Großen Revolution hauptsächlich in der Form des Problems der Lebensmittelversorgung und des Problems des Grund und Bodens dar" (Kropotkin, Die Große Französische Revolution, 1982, Band II, S. 177).

deren Großstädten ausbricht, und diese revolutionären Städte dann auf sich selbst gestellt sind. Dass Paris sich durch seine Vororte mit Hilfe der modernen Landwirtschaft selbst ernähren kann, legte er in seiner Schrift *Landwirtschaft, Industrie und Handwerk* dar. Hier stellt sich aber die Frage, ob so eine lokale – auf engen Raum begrenzte – soziale Revolution überhaupt möglich ist, wenn es schon schwierig sein wird, wenn eine Revolution auf ein Land begrenzt bleibt.

Bei seinen Beschreibungen der (nach-)revolutionären Notwendigkeiten und Aufgaben geht es direkt um die „aufständische Stadt" Paris, und Kropotkin bezieht dabei die revolutionären Erfahrungen der Stadt mit ein. Die RevolutionärInnen müssen derart handeln, „dass der Arbeiter mit dem ersten Tag der Revolution weiß, dass eine neue Ära angebrochen ist: dass zukünftig niemand mehr gezwungen ist, unter den Brücken – neben Palästen – zu schlafen, ohne Nahrung zu bleiben, wo es so viele Nahrungsmittel gibt, vor Kälte zittert – neben Pelzmagazinen. Alles soll Allen gehören in Wirklichkeit wie im Prinzip. Endlich soll in der Geschichte eine Revolution stattfinden, welche an die Bedürfnisse des Volkes denkt, bevor sie Pflichten predigt" (S. 54f.). So vertritt Kropotkin die Auffassung, „dass jeder nach Bedürfnis essen soll und kann und dass die Revolution durch die Beschaffung des Brotes für Alle allein siegen kann. Wir haben die Kühnheit, zu behaupten, [...] die Revolution könne und müsse Allen Wohnung, Kleidung und Nahrung sichern" (S. 82). Darin sieht Kropotkin die dringlichsten Aufgaben der Revolution. So widmet er auch den Lebensmitteln, der Wohnung und der Kleidung jeweils ein eigenes Kapitel. Das wichtigste Mittel zu Erreichung dieser Ziele ist die *Expropriation der ExpropriateurInnen.*[22] Ohne diese ist weder eine grundlegende ausreichende Versorgung *aller* möglich, noch eine grundlegende ökonomische Transformation der Gesellschaft. Der Bruch mit dem Privateigentum kann für Kropotkin nur eine Konsequenz haben: „Jede Gesellschaft, welche mit dem Privateigentum gebrochen hat, wird nach unserer Meinung gezwungen sein, sich in anarchistisch-kommunistischer Form zu organisieren. Die Anarchie führt zum Kommunismus, und der Kommunismus zur Anarchie" (S. 57).

Kropotkin ging es nicht einfach nur um eine Vergesellschaftung der Produktionsmittel und Steigerung und bessere Nutzung der Produktivkräfte, sondern um eine völlige Umwälzung der Gesellschaft. Er wollte mit Hilfe von Wissenschaft und Maschinerie die Arbeit so verändern, dass „abstoßende und ungesunde Arbeit" (S. 139) verschwindet, die Arbeit soll

22 Siehe das Kapitel *Die Expropriation* (S. 68-79).

zu etwas Angenehmem werden.[23] Durch die Neugestaltung der Gesellschaft sollte eine Aufhebung der Arbeitsteilung auf volkswirtschaftlicher und internationaler Basis stattfinden. Er kritisierte nicht nur die Trennung von Hand- und Kopfarbeit, sondern auch die Zerstückelung des Wissens über die Gesamtheit der Produktion. Kropotkin will nicht nur die kapitalistischen Eigentumsverhältnisse an den Produktionsmitteln überwinden, sondern damit auch die kapitalistische Produktionsweise. Dazu gehörte für ihn die Dezentralisierung der Industrie, denn im Gegensatz zu den meisten seiner ZeitgenossInnen sah er in der sich zu der Zeit schnell entwickelnden Großindustrie keinerlei Fortschritt für die Emanzipation der Menschen. Im Gegenteil, er erhoffte sich durch eine Dezentralisierung basierend auf

23 Siehe das Kapitel *Die angenehme Arbeit* (S. 137-145). Aber es geht hier um mehr, als nur ungesunde und körperlich schwere Arbeit überflüssig zu machen, sondern um eine andere Produktionsweise, wie auch Rudolf Rocker und Emma Goldman anmerken.
Rudolf Rocker: „Nicht darauf kommt es an, daß durch eine sich fortwährend steigernde technische Entwicklung, welche den Menschen zur einfachen Maschine degradiert, die Arbeitspflicht des einzelnen im steigenden Maße verkürzt wird. Was hilft sogar eine gesellschaftlich notwendige Arbeitszeit von wenigen Stunden am Tage, wenn sie der Mensch als lästige Pflicht empfindet, der er sich leider nicht entziehen kann? Auch diese wenigen Stunden können sich zu einer unerträglichen Sklaverei auswirken, wenn sie nicht imstande sind, die Arbeit anziehend zu gestalten und Schöpferfreuden im Menschen zu wecken. Eine der großen Aufgaben des Sozialismus sollte ja gerade darin bestehen, daß der Mensch wieder Freude an seinem Werk empfindet und seine Arbeit nicht bloß als gesellschaftliche Notwendigkeit, sondern in erster Linie wieder als einen Ausfluß schöpferischer Betätigung auffassen lernt. Es kommt letzten Endes durchaus nicht darauf an, welche Zeit ein Mensch produktiv beschäftigt ist, sondern welche Summe von Glück und innere Zufriedenheit ihm seine Arbeit gewährt" (Rudolf Rocker: Die Rationalisierung der Wirtschaft und die Arbeiterklasse [1927]. Frankfurt am Main 1980, S. 46).
Emma Goldman: „Es ist schwer nachvollziehbar, aber es gibt Menschen, die diese abstumpfende Methode zentralisierter Produktion als beste Errungenschaft unserer Zeit preisen. Ihnen fehlt komplett das Verständnis für die Erkenntnis, dass, wenn wir uns weiter in den Dienst von Maschinen stellen, unsere Sklaverei größer ist, als es unsere Bindung an den König war" (Emma Goldman: Anarchismus – wofür er wirklich steht. In: Dies.: Anarchismus & andere Essays, Münster 2013, S. 44).

Kleinindustrie bzw. Industriedörfern und gemeinschaftlichem Eigentum wesentliche Produktivitätsvorteile.[24]

Aufgrund der ungleich verteilten natürlichen Ressourcen und unterschiedlicher (klimatischer) Bedingungen für die Landwirtschaft stellt sich die Frage, ob die Forderung von Kropotkin „Jede Nation ihr eigener Landwirt und Fabrikant"[25] überhaupt möglich bzw. sinnvoll ist. Oder brauchen wir nicht eher eine „anarcho-kommunistische Globalisierung" mit einer neuen nichthierarchischen Verknüpfung von Lokalem und Globalem, die auf einer Dezentralisierung der Industrie und einer regionalorientierten Landwirtschaft basiert. Es gilt dabei selbstverständlich auch die internationale Arbeitsteilung, wie sie die fordistische Produktionsweise und die neoliberale Globalisierung hervorgebracht hat, zu überwinden, trotzdem wird es sinnvollerweise einen Austausch von Rohstoffen, Lebensmitteln und anderer Dingen geben müssen. Eine anarcho-kommunistische Gesellschaft ist grenzenlos und kennt keine Nationen mehr.

Bei der Neugestaltung der Gesellschaft als eine kommunistisch-anarchistische ist es notwendig zu berücksichtigen, dass nicht die Arbeit als solche die Gesellschaft konstituiert, dies ist nur im Kapitalismus der Fall.[26] Wenn aber die Arbeit das Wesen der kapitalistischen Gesellschaft ist, kann diese Gesellschaftsordnung nur überwunden werden, wenn das „Wesen selbst, also die historisch spezifische Form und Funktion der Arbeit"[27] abgeschafft wird. Eine anarcho-kommunistische Gesellschaft dagegen wird nicht durch Arbeit allein konstituiert. Mit seiner Forderung nach *Vereinigung von Industrie und Landwirtschaft, von geistiger und körperlicher Arbeit*[28] wendet sich Kropotkin gegen die historisch spezifische Form der entfremdeten und abstrakten Arbeit im Kapitalismus.

Seine Kritik an der Arbeitsteilung kann auch als eine frühe Kritik an der um die Jahrhundertwende sich im Entstehen befindenden „Wissenschaftli-

---

24 Vgl. die Kapitel *Die Dezentralisation der Industrien* (S. 20-56) und *Kleinindustrien und Industriedörfer* (S. 188-211). In: Peter Kropotkin: Landwirtschaft, Industrie und Handwerk, Berlin 1976.

25 Kropotkin, Landwirtschaft, Industrie und Handwerk, 1976, S. 23.

26 Vgl. Moishe Postone: Zeit, Arbeit und gesellschaftliche Herrschaft. Eine neue Interpretation der kritischen Theorie von Marx, Freiburg 2003, S. 244.

27 Ebenda, S. 259.

28 So der Untertitel seines 1899 (dt. 1921, 1976) erschienenen Buches *Landwirtschaft, Industrie und Handwerk*, das aus einer Reihe von Aufsätzen aus den Jahren 1888 bis 1890 entstand.

chen Arbeitsorganisation"[29] (Scientific Management) – auch Taylorismus genannt – von u.a. Frederick Winslow Taylor (1856-1915) gelesen werden.[30] Taylor wollte auf der Grundlage von Zeit- und Bewegungsstudien die Arbeit neu und effektiver organisieren. Der Produktionsprozess sollte in einzelne Arbeitsgänge zergliedert werden; die ArbeiterInnen sollten in „PlanerInnen" und „Ausführende" aufgeteilt werden. Es fand eine weitere Ausdifferenzierung durch eine Funktionalisierung und Hierarchisierung statt. In der Fabrik von Taylor werden die ArbeiterInnen von geistiger Arbeit „befreit", das Wissen über die Produktionsabläufe geht vollständig in die Planungs- und Arbeitsbüros über. Der Taylorismus ist in erster Linie eine Enteignung von Produktionswissen, um so die ArbeiterInnen besser kontrollieren zu können. Der Taylorismus verkörpert das Prinzip der Teilung und der kontrollierten Fügung.[31] Diese Produktionsweise ist in

---

29 Siehe zur Entstehungsgeschichte: Angelika Ebbinghaus: Arbeiter und Arbeitswissenschaft. Zur Entstehung der „Wissenschaftlichen Betriebsführung", Opladen 1984.

30 Lenin glaubte dagegen, dass der Taylorismus auch für den Sozialismus nützlich sei, so schrieb er im März 1914 in einem Zeitungsartikel: Das Taylorsystem bereite „ohne Wissen und gegen den Willen der Erfinder – die Zeit vor, wo das Proletariat die ganze gesellschaftliche Produktion in seine Hände nehmen und eigene Arbeiterkommissionen einsetzen wird, um die gesamte gesellschaftliche Arbeit richtig zu verteilen und regeln" (Lenin: Das Taylorsystem – Die Versklavung des Menschen durch die Maschine. In: Werke, Bd. 20, Berlin 1971, S. 147). Zur Bedeutung der „Wissenschaftlichen Arbeitsorganisation" in Russland bzw. der UdSSR siehe: Angelika Ebbinghaus: Taylor in Russland. In: Bergmann/Jannssen/Klein (Hrsg.): Autonomie im Arbeiterkampf. Beiträge zum Kampf gegen die Fabrikgesellschaft, Hamburg/München 1978.

31 „Die tayloristische Neuorganisation der Arbeit brachte die Rationalisierung der Arbeit und damit einhergehend eine Produktivitätssteigerung nicht dadurch, dass sie das Wissen über die Arbeitszusammenhänge erhöhte und die einzelnen Handgriffe und ihre Abläufe verbesserte. So weist Taylor darauf hin, dass die Rationalisierung der Maurerarbeit durch seinen Kollegen Frank Gilbreth keinerlei Erkenntnisse gebracht hätte, die die unzähligen Maurergenerationen in den vier Jahrtausenden dieses Metiers nicht schon erworben hätten. Entscheidend ist im Gegenteil, dass den Arbeitenden diese Erkenntnisse und Fertigkeiten enteignet werden und fortan von der Betriebsleitung zusammengetragen, klassifiziert, neu gegliedert und in Netzpläne, Tabellenform und dergleichen eingebracht werden. Ziel ist die Verschiebung der Akkumulation von Wissen über den Produktionsprozess von den Arbeitenden weg und damit hin auf die Ebene der Betriebsleitung" (Res Strehle: Kapital und Krise. Einführung in die politische Ökonomie, Berlin 1991, S. 104).

ihrem ganzen Inhalt gegen jede Selbstbestimmung und Emanzipation der ArbeiterInnen gerichtet. Oder wie Emma Goldman (1869-1940) in einem anderen Zusammenhang schrieb: „Der Anarchismus kann solche Produktionsformen nur ablehnen: Sein Ziel ist, dass sich alle latenten Kräfte des Individuums so frei wie möglich entfalten können."[32] Bei der grundlegenden Kritik an der Arbeitsteilung stellt sich natürlich auch die Frage nach der geschlechtsspezifischen Arbeitsteilung, die Haltung von Kropotkin dazu:

„Weil diejenigen, welche die Befreiung des Menschengeschlechtes wollen, die Frau in ihrem Emanzipationstraum nicht begriffen haben und es mit ihrer hohen männlichen Würde für unvereinbar halten, an die Geschäfte der Küche zu denken; [...]. Die Frau zu emanzipieren heißt nicht, ihr die Pforten der Universität, des Advokatenstandes und des Parlaments öffnen. Dies letztere sagt weiter nichts, als dass die befreite Frau ihre häuslichen Arbeiten nun einer anderen zur Last legen kann. Die Frau emanzipieren heißt, sie von der abstumpfenden Arbeit der Küche und des Waschhauses befreien; das heißt, eine Organisation schaffen, die ihr erlaubt, ihre Kinder zu nähren und zu erziehen, wie es ihr gut scheint, vor allem aber ihr genug Muße lässt, um an dem sozialen Leben teilzunehmen." (S. 144f.)

Mit dieser Äußerung wird deutlich, dass für Kropotkin ohne die Emanzipation und Befreiung der Frau keine anarcho-kommunistische Gesellschaft aufgebaut werden kann. Er spricht von der „Knechtschaft des Herdes" und „der Sklaverei des Kochherdes" (S. 145), sieht die Lösung aber nicht in der Überwindung der geschlechtsspezifischen Arbeitsteilung, sondern in der Maschinisierung der Hausarbeit und in der Assoziierung mehrerer Haushalte, damit die häusliche Arbeit durch die Gemeinschaft leichter auszuführen ist. Wie Silke Lohschelder zurecht bemerkt, schafft er es nicht, „sich die Freiheit und Gleichheit in anderen Begriffen und Rahmenbedingungen vorzustellen, als den durch sein kulturelles Umfeld vorgegebenen. Sein Modell beläßt die Frauen in traditionellen Rollenklischees: Die Kindererziehung wird ihnen quasi natürlich zugeordnet."[33] Es liegt hier an uns, den kommunistischen Anarchismus zu einem queeren kommunistischen Anarchismus weiterzuentwickeln. Anschlüsse finden sich genug.

Ein zentraler Punkt des Kommunismus als ökonomische Freiheit bei Kropotkin ist die Ablehnung jedwedes Lohnsystems. Dies war ihm so wichtig,

---

32 Goldman, Anarchismus & andere Essays, 2013, S. 44.

33 Silke Lohschelder: AnarchaFeminismus. Auf den Spuren einer Utopie, Münster 1999, S. 33.

dass er dem Thema ein eigens Kapitel widmete.[34] Damit wandte er sich gegen die bürgerliche und wie auch Marxsche Arbeitswertlehre: „Es kann kein exaktes Wertmaß für das, was man unkorrekter Weise Tauschwert genannt hat, geben und ebensowenig für den Gebrauchswert.“ (S. 187) In *Die Eroberung des Brotes* legt er dar, dass jeder Gedanke oder jede Erfindung, jede Maschine und nahezu alle Arbeitsprodukte das Ergebnis von Kollektivarbeit sind. Überall finden sich Anteile vom Schaffen vergangener Generationen, ebenso wie die unzähliger Hand- und KopfarbeiterInnen verschiedenster Sparten, deren einzelnen Wertanteil man unmöglich bemessen könne. Es gibt für Kropotkin kein Maß – weder der Tauschwert noch die Arbeitszeit – nach dem ein gerechter Lohn berechnet werden könnte. Folgerichtig lehnte er alle Forderungen der KollektivistInnen aller Schattierungen seiner Zeit ab, die das Lohnsystem – mit dem einzigen Unterschied, anstelle der Entlohnung mit Geld die mittels Arbeitsbons zu setzen – auch nach der Revolution aufrechterhalten wollten.[35] Für Kropotkin war schließlich nicht die Ausbeutung der Arbeit das entscheidende Übel der kapitalistischen Produktionsweise, sondern die Art und Weise der Produktion sowie deren Ziel, das eben nicht in der Bedürfnisbefriedigung aller lag.

Mit seiner Forderung nach Abschaffung der Lohnarbeit und der damit verbundenen Neugestaltung der Produktion und Konsumtion steht Kropotkin Marx näher als Proudhon und Bakunin. So formuliert Moishe Postone in seiner Interpretation der kritischen Theorie von Marx: „Darum verlangt die Aufhebung des Kapitalismus, wie sie in den *Grundrissen* skizziert ist, implizit die Aufhebung sowohl der formalen als auch der materiellen Aspekte der auf Lohnarbeit gegründeten Produktionsweise. Sie fordert die Abschaffung eines Verteilungssystems, das auf dem Tausch der Ware Arbeitskraft gegen Lohn basiert, mit dem Konsumgüter erworben werden, ebenso wie die Abschaffung eines Produktionssystems, das auf proletarischer Arbeit basiert, also auf der einseitigen und fragmentierten Arbeit, wie sie für die kapitalistische Industrieproduktion charakteristisch ist. Mit

34 Das kollektivistische Lohnsystem, S. 178-192.

35 „Zwei beachtenswerte Schriftsteller, die heute von den Sozialisten hartnäckig totgeschwiegen werden, propagierten 1848 ebenfalls die Idee der das Geld ersetzenden Arbeitsscheine: Pecqueur und Vidal, die ihrem System den Namen Kollektivismus gaben. Sie verbanden die Idee mit der Vorstellung, daß der Staat Besitzer allen Bodens, aller Bergwerke, Eisenbahnen und Fabriken würde“ (Peter Kropotkin: Der Anarchismus, Ideal und Philosophie, Grafenau 1993, S. 75).

anderen Worten: Die Aufhebung des Kapitalismus bedeutet auch die Aufhebung der durch das Proletariat verrichteten konkreten Arbeit.“[36]

Die Ablehnung der Lohnarbeit und dessen Begründung kann als eine Form der frühen Wertkritik gelesen werden, so jedenfalls Paul Pop in seinem Aufsatz *Rot-Schwarze Flitterwochen: Marx und Kropotkin für das 21. Jahrhundert*:

„In die *Eroberung des Brotes* finden sich einige Stellen, die man als frühe Werkkritik deuten kann, auch wenn der Fürst nur sehr rudimentäre Kenntnisse im Bereich Ökonomie besaß und davon auszugehen ist, dass er das *Kapital* nie studiert hat. Er hielt vielmehr die Staatskapitalismus-Konzeption von 1848, die die deutsche Sozialdemokratie übernahm, für die Position von Marx oder warf sie mit der Politischen Ökonomie in einen Topf.“[37] Er belegt die „frühe Wertkritik“ mit folgendem Zitat aus *Die Eroberung des Brotes*: „Das Übel der gegenwärtigen Produktion besteht nicht darin, dass der ‘Mehrwert’ der Produktion dem Kapitalisten zufällt – wie Rodbertus und Marx gesagt haben [...]. Das Übel liegt darin, dass es einen Mehrwert geben kann [...] denn, damit es einen Mehrwert geben kann, ist, es notwendig, dass Männer, Frauen und Kinder gezwungen sind, ihre Arbeitskräfte für einen Lohn, der gegenüber dem Werte dessen, was sie produzieren und namentlich dessen, was sie zu produzieren imstande wären, verschwindet, zu verkaufen.“ (S. 118) Hier wird noch mal deutlich, dass es Kropotkin nicht um eine gerechte Verteilung, sondern um eine andere Art

36 Moishe Postone, Zeit, Arbeit und gesellschaftliche Herrschaft, 2003, S. 59. Postone bezieht sich hier auf die *Grundrisse der Kritik der politischen Ökonomie* (MEW 42). Die *Grundrisse* wurde 1857/58 vom Marx in London verfasst und erstmals 1939-1941 vom *Institut für Marxismus-Leninismus beim ZK der KPdSU* in Moskau veröffentlicht. Ein fotomechanischer Nachdruck dieser Ausgabe erschien 1953 im Ost-Berliner Dietz Verlag. Die Grundrisse wurden vor allem von MarxistInnen rezipiert, die sich vom Marxismus-Leninismus abgrenzen wollten. Innerhalb der Theorie des Operaismus werden die Grundrisse als vollständiges und klassisches Hauptwerk aufgefasst. Der postoperaistische Theoretiker Antonio Negri betont die Bedeutung der *Grundrisse* zum Verständnis des postmodernen, postfordistischen, neoliberalen Kapitalismus. Große Bedeutung in der Bewegung des Postoperaismus gewann Marx’ Konzept des „general intellect“ im *Maschinenfragment der Grundrisse* für eine Analyse von immaterieller Arbeit, Kognitivem Kapitalismus und der Struktur abstrakter Dominanz, welche durch Wissen zu einem bio-politischen Kommando führt.

37 Paul Pop: Rot-Schwarze Flitterwochen: Marx und Kropotkin für das 21. Jahrhundert, Texte zu Marxismus und Anarchismus 1, Moers 2005, S. 22.

und Weise der Produktion und Konsumtion geht. Aber diese „frühe Wertkritik" findet sich auch in seiner Äußerung über den Wert eines Hauses:

„Der Wert eines Hauses in bestimmten Vierteln von Paris beträgt eine Million, nicht weil es für eine Million Arbeit enthält, sondern weil es in Paris liegt; weil seit Jahrhunderten Arbeiter, Künstler, Denker, Gelehrte und Schriftsteller ihre Mühen vereinigt haben, um Paris zu dem zu machen, was es heute ist: ein Zentrum der Industrie, des Handels, der Politik, der Kunst und der Wissenschaft; weil es eine Vergangenheit hat; weil seine Straßen dank der Literatur bekannt sind — in der Provinz wie im Ausland; weil es ein Produkt der Arbeit von 18 Jahrhunderten, von 50 Generationen der gesamten französischen Nation ist. Wer hat da das Recht, den kleinsten Teil dieses Terrains oder das letzte der Häuser sein Eigen zu nennen, ohne eine schreiende Ungerechtigkeit zu begehen? Wer hat da ein Recht, das kleinste Teilchen des gemeinsamen Erbteils zu verkaufen, an wen es auch sei?" (S. 104). An dieser Darstellung wird deutlich, dass die Parole Eigentum ist Diebstahl von Proudhon richtig ist, und dass die Interpretation dieser Parole von Proudhon zu kurz greift. Kropotkin hat mit seiner Äußerung über den Wert eines Hauses präzise belegt, warum er zurecht fordert: „Alles soll Allen gehören" (S. 46). Und dies ist nichts anderes als die heutige Parole: „Alles für Alle und zwar umsonst". Deshalb gilt heute und morgen genauso wie zu Zeiten Kropotkins: „Fort also mit jenen zweideutigen Forderungen, wie 'das Recht auf Arbeit' oder 'Jedem der vollständige Ertrag seiner Arbeit'. Was wir proklamieren, das ist das Recht auf Wohlstand, den Wohlstand für Alle." (S. 46)

Her mit dem schönen Leben!

Jürgen Mümken Kassel, März 2014

Einleitung

Die *Die Eroberung des Brotes* (frz. *La Conquête du Pain*) ist eine Textsammlung, die Kropotkin 1892 zusammenstellte. Die Grundlage bildete eine im Voraus konzipierte, zusammenhängende Artikelserie für die anarchistische Zeitschrift *La Révolte* (Paris). Eine daran orientierte ähnliche Schrift aus der englischsprachigen Zeitschrift *Freedom*, *Act for Yourselves*, wurde erst 1988 von Heiner Becker und Nicolas Walter als Buch realisiert.[1] Die Herausgeber betonen in ihrem Vorwort die Themenverwandtschaft zwischen *La Conquête du Pain* und *Act for Yourselves*, die beide als konstruktive Gesellschaftsutopien zu werten sind, im Gegensatz etwa zu den „Worten eines Rebellen", in denen die Kritik der bestehenden Verhältnisse Hauptanliegen ist. Der eigentliche Unterschied zwischen der französischen und der englischen Arbeit liegt in der Konkretisierung der anarchokommunistischen Vorstellungen durch den jeweiligen zeitgenössischen Hintergrund beider Staaten. Im Falle von *La Conquête du Pain* wird die Utopie aufgrund der Ereignisse der Pariser Commune am Beispiel einer Stadt entwickelt, im Fall von *Act for Yourselves* für den englischen Staat.

Dieses Bestreben Kropotkins, seine theoretischen Ansichten zu konkretisieren, macht die eigentliche Problematik einer heutigen Ausgabe aus. Viele konkrete Anspielungen auf die Pariser Commune, die für Kropotkins damalige Leserschaft hilfreich waren, sind uns heute hinderlich, weil uns die Geschichte der Commune doch nur oberflächlich präsent ist. Seine Beispiele, insbesondere seine Zahlenbeispiele sind selbstverständlich historischer Natur und für heutige Argumentationen unbrauchbar. So beweist seine Rechnung für den 4-Stunden-Arbeitstag für die aktuellen Verhältnisse nichts mehr, zu sehr hat sich die internationale Verflechtung der Industrie, der Weltmarkt, die Bevölkerungsdichte, der Lebensstandard etc.

1 Peter Kropotkin: Act for Yourselves. Articles from Freedom 1886-1907. Edited by Nicolas Walter und Heiner Becker, Freedom Press, London 1988, 131 S.

verändert. Annähern können wir uns seiner These allerdings aufgrund der Tatsache, dass sich die Produktivkraft der Industrieländer im gleichen Zeitraum ebenfalls um ein Vielfaches gesteigert hat. Stimmen wir also auch heute Kropotkins Thesen zu, so stimmen wir ihnen politisch zu, d. h. wir fordern mit ihm andere Eigentumsverhältnisse und in deren Konsequenz andere Arbeitsverhältnisse wie z. B. die Abschaffung der Lohnarbeit, die Kürzung der Arbeitszeit und die gerechte Verteilung der Produkte. Damit fallen wir einerseits hinter Kropotkins Anspruch zurück, die Möglichkeit für eine solche Umgestaltung zu beweisen, stellen aber andererseits seinen Positivismus in Frage, der da meinte, anarchistischen Forderungen durch eine wissenschaftliche Absicherung zu mehr Durchsetzungsfähigkeit und gesellschaftlicher Akzeptanz zu verhelfen. Wenn wir heute nicht daran gehen, zeitgenössische Beispiele und Zahlenmaterial als aktualisierende Anmerkungen einzuarbeiten, liegt darin die Überzeugung, dass es eines solchen Beweises nicht bedarf, und dass sie den Argumenten und utopischen Entwürfen kein größeres Gewicht verleihen könnten. Wir umgehen damit gleichzeitig die für die damalige Zeit typische Gefahr, der Wissenschaft – durch die Versuche politische Forderungen „wissenschaftlich" abzustützen – den Rang einer neuen, nur scheinbar neutralen Autorität einzuräumen. Kropotkins Überzeugung, dass der zunehmende Einfluss der Wissenschaft sich auch positiv auf die gesellschaftlichen Zustände auswirken müsse, ist heute zu hinterfragen. Diese Wissenschaftsgläubigkeit war zudem Ursache für seinen Optimismus, der ihn bewog, in vielen gesellschaftlichen Entwicklungen bereits den Vorschein der anarchistischen Gesellschaft zu sehen („Post, freie Benutzung der Straßen, einheitlicher Tarif für die Eisenbahn" etc.).

Auch die deutsche Bearbeitung Bernhard Kampffmeyers weist Schwächen auf, die kurz skizziert werden sollen. Die hier vorliegende Übersetzung erschien erstmals 1896 in Zürich unter dem Titel ihres zweiten Kapitels „Der Wohlstand für Alle". 1918 wurde von dieser Ausgabe die 3. Auflage gedruckt. Parallel dazu erschienen – in Umkehrung des Entstehungsprozesses – immer wieder einzelne Kapitel zu Propagandazwecken separat als billige Brochüren.[2]

1919 veröffentlichte die *Freie Arbeiter Union* (FAUD) in Berlin die von Rudolf Rocker neu eingeleitete und von Heinrich Vogeler illustrierte

2 Z. B. *Der Wohlstand für Alle*, Verlag Karl Büchner, Erfurt 1919, (20 Pf.), bis hin zu *Die anarchistisch-kommunistische Gesellschaft*, Libertad-Verlag, 2. Auflage, Berlin 1981.

Ausgabe des Verlags *Der Syndikalist*, die wir als Grundlage für die vorliegende Ausgabe genommen haben. Die Übersetzung Bernhard Kampffmeyers, der ähnlich wie Gustav Landauer, Rudolf Rocker u. a. aus der sozialdemokratischen Oppositionsbewegung der „Jungen" zur anarchistischen Bewegung gekommen war, wurde 1919 an einigen Stellen überarbeitet. Offensichtliche Satzfehler der Züricher Ausgabe wurden korrigiert. [z. B. Kap. 1, Abs. 2, S. 5 steht am Ende einer Beschreibung damaliger – und heutiger – gesellschaftlicher Verhältnisse: „Das ist das Wesen des Sozialismus!"; diese widersinnige Schlussformel wurde ersetzt durch die passende „Das ist das Wesen des Kapitalismus!"]. Auffällig ist auch, dass Begriffe verändert wurden, weil sich der Sprachgebrauch der anarchistischen Bewegung verändert hatte. [z. B. „Befreiungskampf" (1896) wird zu „Emanzipationskampf" (1919). Dabei gilt es anzumerken, dass Kropotkin im Original von „Revolution" sprach. 1919, so darf spekuliert werden, wurde dieser Begriff angesichts der russischen Revolution vermutlich als zu vage empfunden und die Betonung der „Emanzipation", die die Rolle des Individuums hervorhob, sollte wohl helfen, sich von einer Revolution abzugrenzen, die zur Machtergreifung eines Parteiapparats im Staat und zu neuer Regierung geführt hatte.]

Einige Sätze wurden, entweder bereits 1896 oder erst 1919 ganz weggelassen. In den meisten Fällen handelt es sich um eine Straffung des Textes, d. h. es wurde auf eine sich wiederholende Aussage verzichtet. Auch einige wenige Passagen, die sich namentlich auf Mitglieder der Pariser Commune bezogen, wurden weggelassen, ebenso wie ein schlecht übersetzter und dadurch missverständlicher Satz aus der Ausgabe von 1896.[3] Dass dieser Praxis nicht in jedem Fall zuzustimmen ist und dass andererseits der Übersetzung Kampffmeyers einige Schwächen anhaften, hat Hans G. Helms 1973

3 Vgl. Kapitel 2 – Der Wohlstand für Alle. Die Auslassung müsste auf Seite 14 an den ersten Absatz anschließen. Helms übersetzte 1973 für unsere Lesegewohnheiten vertrauter als Kampffmeyer 1896: „dass sie über Nacht ausbrechen kann. Im Lauf des letzten Halbjahrhunderts hat eine Evolution im Denken stattgefunden: doch von der Minderheit, d. h. von den besitzenden Klassen, unterdrückt und ohne Aussicht auf Verwirklichung, muss es die Hindernisse mit Gewalt aus dem Weg räumen und sich durch Revolution gewaltsam verwirklichen."
Peter Kropotkin: Die Eroberung des Brotes und andere Schriften, herausgegeben und mit einem Nachwort versehen von Hans G. Helms, Carl Hanser Verlag 1973, S. 86.

in seiner Neuausgabe aufgezeigt.[4] Sein Verdienst wird allerdings dadurch entwertet, dass er seine Veröffentlichung als anti-anarchistische Publikation anlegte und eine größere Anzahl marxistischer Interpretationen und Verleumdungen einarbeitete als Mängel seiner Vorgänger aufdeckte. Da sich ein Großteil seiner kritischen Anmerkungen zudem auf die englische Ausgabe von 1913 bezieht, bleiben nur drei, mir wesentlicher erscheinende Korrekturen, die hier zitiert werden sollen:

In Kapitel 2 – Der Wohlstand für Alle – wurde, meines Erachtens unmotiviert – der letzte Satz weggelassen. Die parolenhafte Aufforderung lautet: „Es ist höchste Zeit, dass der Arbeiter sein Recht auf das gemeinsame Erbe anmeldet und es in Besitz nimmt!"

In Kapitel 5 – Die Lebensmittel (S. 86, Mitte des 2. Absatzes) übersetzt Helms – in der marxistischen Terminologie besser zu Hause als Kampffmeyer – deutlicher „die Arbeit des [ungelernten] Handarbeiters ist in den Augen der Kollektivisten lediglich einfache Arbeit, wohingegen der Handwerker, [der Mechaniker], der Ingenieur, der Gelehrte usw. das verrichte, was Marx zusammengesetzte Arbeit nennt, und somit Anrecht auf höheren Lohn habe."

In Kapitel 6 – Die Wohnung (S. 104, Beginn des letzten Absatzes) – übersetzt Helms sinnvoller: „Ob nun Revolution herrscht oder nicht, der Arbeiter braucht ein Obdach, eine Wohnung."[5]

Bleibt die Frage nach der Aktualität des theoretischen Inhalts; eine Frage, die wir uns vor allem deshalb stellen, weil es selbstkritischer Konsens unter bundesdeutschen AnarchistInnen zu sein scheint, dass die Bewegung zu aktueller Analyse weitgehend unfähig sei und im Reprint von Klassikern verharre.[6] Eine Kritik, die für die 70er Jahre, die Jahre der Wiederaneignung anarchistischer Traditionen, ihre Berechtigung hat und die für einen Teil anarchistischer Publikationen auch Ende der 80er Jahre noch zutrifft. Dennoch ist der eigene Umgang und die eigene Theoriebildung, das Bemühen um die Aktualisierung des Anarchismus, besonders über das Medium Zeitschrift im Gange. Auch die Situation auf dem Buchmarkt hat sich wie-

4 Peter Kropotkin: Die Eroberung des Brotes und andere Schriften, herausgegeben und mit einem Nachwort versehen von Hans G. Helms, Carl Hanser Verlag 1973.

5 Ebenda, S. 94, S. 128 und S. 149.

6 Vgl. zuletzt Jörg Auberg: „Anarchie als Reprint", 7. Abschnitt aus Desperado Blues: Marginalien über Intellektuelle, Anarchismus und Kultur(Revolution), in: Schwarzer Faden Nr. 31, 2/89, S. 41-46.

der dahingehend verändert, dass selbst grundlegende Schriften nicht mehr greifbar sind, oder dass etabliertere Verlage, die aus Zeitgeiststimmung in den 70er Jahren einige Klassiker mitpubliziert hatten, aufgrund des wenig lukrativen Umsatzes, diese Titel wieder aus ihren Programmen herausgenommen haben. Dies allein scheint uns die Publikation von einigen der wichtigeren Schriften zu rechtfertigen. Trotzdem wollen wir exemplarisch skizzieren, warum wir *Die Eroberung des Brotes* für lesenswert halten und wo wir, über das bereits Gesagte hinaus – vom heutigen Standpunkt aus – Schwächen sehen, über die eine aktuelle Beschäftigung und Theoriebildung hinausgelangen muss.

Die Anarchistinnen müssen sich fragen lassen, wie ihre Wunschgesellschaft aussehen könnte, wie sie spezielle Probleme sinnvoller lösen würden etc. Dabei zeugt es nicht gerade von großer Ernsthaftigkeit, wenn solchen Fragen mit dem Hinweis, „das muss Jede/r selbst mitbestimmen", „das lässt sich nicht im Voraus festschreiben" ausgewichen wird. Natürlich kann kein theoretischer Entwurf alle Fragen einer zukünftigen Praxis erfassen oder gar beantworten. Auch kann ein solcher Entwurf niemals verbindlich sein für diejenigen, die damit beginnen, anarchistische Ideen in die Praxis umzusetzen. Dennoch müssen Vorstellungen vorhanden sein, müssen theoretische Entwürfe vorgestellt werden können, müssen die Ideen über konkrete Problemstellungen erläuterbar sein. In diesem Sinne ist Kropotkins Vorstellung einer libertären Gesellschaft eine interessante Diskussionsgrundlage, – auch für diejenigen Aspekte, denen wir heute aus guten Gründen nicht mehr zuzustimmen vermögen. In *Die Eroberung des Brotes* versucht Kropotkin, die Voraussetzungen für eine anarchokommunistische Gesellschaftsform an einigen existentiellen Problemstellungen (Lebensmittel, Wohnen, Kleidung, Arbeit etc.) zu klären. Er versucht, bessere Lösungen für eine egalitäre Gesellschaft zu entwickeln, die das Wohlergehen der Gemeinschaft und des Individuums gleichermaßen im Auge behalten. Dabei bezieht er sich vorsichtig auf alle Menschen, d. h. er macht keinen Unterschied zwischen den Geschlechtern oder Rassen. Er versucht, den notwendigen Prozess einer gesellschaftlichen Umwandlung zu verdeutlichen und geht immer wieder auf die Situation im Kapitalismus ein, die unser Leben und Denken nach wie vor prägt.

Einige dieser Rückkopplungen Kropotkins zum Kapitalismus haben sich augenscheinlich verändert, so ist die Kinderarbeit (Kapitel 1) in den Industrieländern weitgehend eingedämmt und eine grundsätzliche Erziehung gewährleistet. Die Einschränkung „in den Industrieländern" verrät bereits, dass sich eine aktuelle Analyse der herrschenden Zustände nicht mehr auf einen Staat beschränken lässt, sondern die Situation weltweit, vor allem den Nord-Süd-Gegensatz, einbeziehen muss. Auch der Verweis auf eine „grundsätzliche Erziehung“ verdeutlicht den Abstand zu Kropotkins Welt, geht es heutigen Anarchisten doch eher um die Infragestellung jeder Erziehung und um die Konzeption eines eigenen libertären Bildungsbegriffs, der das Kind als gleichwertige Persönlichkeit erkennt und akzeptiert.

Die Einschränkung auf die Industrieländer gilt auch für das zweite Kapitel – Der Wohlstand für Alle. Kropotkins Beispiele klammern den Nord-Süd-Gegensatz aus, wodurch allerdings die grundsätzliche Forderung dieses Kapitels, nach dem „Recht auf Wohlstand“ (anstelle des sozialdemokratischen „Rechts auf Arbeit“) mittels der Expropriation der Produktionsmittel nicht entwertet wird. Auch hat sich das Verhältnis der Arbeiterinnen, die in der Produktion beschäftigt sind, zu denen, die anderen Tätigkeiten nachgehen, eindeutig zuungunsten der ersteren verschärft, so dass dem eigentlichen Argumentationsansatz Kropotkins nicht die Grundlage entzogen wurde. Der Grundgedanke dieser Schrift, dass gesellschaftlicher Reichtum gesellschaftlich produziert wurde und deshalb nicht von einzelnen zu ihrem Eigentum erklärt werden kann, sondern allen gehört, d. h. allen verfügbar sein muss, ist angesichts der Umstrukturierung der Wirtschaft Ende der 80er/Anfang der 90er Jahre des 20. Jahrhunderts, angesichts zunehmender Automation und der Einführung neuer Technologien, angesichts neoliberaler Wirtschaftskonzepte etc. für eine sozialrevolutionäre Gegenbewegung höchstaktuell. So enthält die vieldiskutierte Forderung nach einem Mindesteinkommen den Gedanken des gesellschaftlich produzierten Reichtums, wird aber verkehrt, wenn der kapitalistische Staat zum Verteiler dieses Mindesteinkommens würde, weil sich seine Machtposition darüber nur neu festigen kann. Folgen wir Kropotkin, so muss die Forderung nach einem Mindesteinkommen in den Kontext der Forderung nach Expropriation und nach gesellschaftlicher Selbstverwaltung eingebettet bleiben.

Stellt die Diskussion um das Mindesteinkommen immerhin den Zusammenhang zwischen Arbeit und Lohn in Frage, so stellt Kropotkin das Lohnsystem – in Kapitel 3 – an sich in Frage und macht deutlich, dass es an die „individuellen“ Eigentumsverhältnisse gekoppelt ist. Vom heutigen Standpunkt deutlich zu kritisieren ist, dass Kropotkin im gleichen Kapitel aufgrund willkürlich hervorgehobener Beispiele die kommunistischen (von ihm im Gegensatz zu „individualistischen“ benutzt) Tendenzen seiner Zeit überbetont und linear weiterdenkt, – als unaufhaltsame Entwicklung zur Anarchie. Trotz seiner Vorsicht und seiner Fähigkeit zu utopischen Entwürfen beweist er in seinem zehnten Kapitel – Die angenehme Arbeit –, dass auch er sich nicht ganz aus seinen Rollenvorstellungen lösen konnte. Gerade an seinem Frauenbild wird deutlich, dass er ein Mann des 19. Jahrhunderts ist. Zwar ist es sein Anliegen, dass auch „die Knechtschaft am Herde beseitigt" wird und dass die Gesellschaft die „häusliche Arbeit" nicht auf „das Leidens- und Schmerzenskind der Menschheit – auf die Frau abwälzt", auch erkennt er die Problematik, dass die Hausfrauenarbeit niemals bezahlt wurde, aber seine Lösung dieser Frage beinhaltet nicht den naheliegenden Gedanken, dass die Männer über eine Auflösung der Rollenverteilung die Hälfte dieser Arbeit zu übernehmen haben. Stattdessen stellt er sich – nach dem Vorbild der USA – vor, dass ein zunehmender Maschineneinsatz in den Küchen sowie die Einrichtung von Gemeinschaftsküchen dazu führt, die einzelne Frau zu entlasten und ihr den notwendigen Freiraum für eine Beteiligung am sozialen und politischen Leben zu ermöglichen. Dass sich dadurch zwar die Arbeitsstunden reduzieren, nicht aber die grundsätzliche Gefangenheit in einer gesellschaftlichen Rollenzuweisung, schien ihm kein Problem; im Gegenteil belässt er es im selben Kapitel wie selbstverständlich dabei, dass die Frau allein Erzieherin der Kinder sein muss (S. 141).

Kropotkins Schriften werden, wie die Bakunins, Stirners, Malatestas, Emma Goldmans u. a., aufgrund ihrer grundlegenden Beiträge zur Theorie des Anarchismus zu Recht als „anarchistische Klassiker" gewertet. Wenn wir einige dieser „Klassiker" neu auflegen, sollte beim Lesen allerdings die Assoziation, die diese Klassifizierung weckt, vergessen werden, denn keiner dieser historischen Texte enthält allgemeine, auch heute noch gültige Wahrheiten, keiner ist vollständig frei von der Sichtweise und den Vorurteilen der Gesellschaft, in der er entstanden ist, aber alle geben nach wie vor Diskussionsanstöße.[7]

Wolfgang Haug

7 Die Einleitung ist erstmals erschienen in: Peter Kropotkin: Die Eroberung des Brotes, herausgegeben und mit Anmerkungen versehen von Wolfgang Haug, Edition Anares und Trotzdem Verlag, Bern/Grafenau, 1989.

Vorrede zum französischen Original

Peter Kropotkin hat mich gebeten, seinen Ausführungen einige Worte voranzuschicken. Ich muss gestehen, dass ich mich nur mit einem gewissen Widerwillen seinem Wunsche füge. Da ich zu dem Strauß der Argumente, welche er in seinem Werke beibringt, nichts hinzufügen kann, so laufe ich Gefahr, die Macht seiner Worte abzuschwächen. Doch die Freundschaft wird mich entschuldigen. In einer Zeit, wo es das höchste Ideal der französischen „Republikaner" ist, sich vor die Füße des Zaren zu werfen, tut es mir wohl, mich den freien Männern zu nähern, welche er mit Ruten peitschen, in die Verließe einer Zitadelle einschließen oder in einem abgelegenen Hofe hängen ließ. In der Gemeinschaft dieser Freunde vergesse ich für einen Augenblick meinen Abscheu vor jenen Renegaten, welche sich in ihrer Jugend mit dem Rufe: „Freiheit, Freiheit" heiser schrien und sich heute bemühen, die beiden Weisen „La Marseillaise" und „Boje Tsara Khrani" zu vermählen.

Das letzte Werk Kropotkins *Les Paroles d'un Révolté* widmete sich vornehmlich einer scharfen Kritik der ebenso grausamen wie korrumpierten bürgerlichen Gesellschaft und appellierte zum Kampfe gegen den Staat und das kapitalistische System an energische Revolutionäre. Das vorliegende Werk, eine Fortsetzung der *Paroles*, ist friedlicher Natur. Es wendet sich an alle wohlmeinenden Menschen, welche aufrichtig wünschen, an einer Umgestaltung der Gesellschaft mitzuwirken, und entwirft ihnen in großen Zügen die Phasen der kommenden Geschichte, wo es uns erlaubt sein wird, auf den Ruinen der Banken und Staaten die menschliche Familie zu begründen.

Der Titel des Buches: *La Conquête du Pain* muss in weiterem Sinne verstanden werden, denn „der Mensch lebt nicht vom Brot allein". Zu einer Zeit, wo die Edelsten und Wackersten ihr Ideal sozialer Gerechtigkeit zu lebender Wirklichkeit zu machen suchen, kann sich unser Ehrgeiz nicht auf die Eroberung des Brotes, selbst wenn es von Wein und Salz begleitet ist, beschränken. Es gilt alles zu erobern, was notwendig oder nützlich für den Komfort des Lebens ist, es gilt allen die volle Befriedigung ihrer materiellen wie ideellen Bedürfnisse zu sichern. Solange wir nicht jene erste „Eroberung“ gemacht haben, solange es „noch Arme unter uns gibt“, ist es nichts als bitterer Hohn, jenem Haufen menschlicher Wesen, welche sich hassen und sich gegenseitig gleich wilden in einer Arena eingeschlossenen Tieren zerfleischen, den Namen „Gesellschaft“ beizulegen.

In dem ersten Kapitel seines Werkes zählt der Verfasser die ungeheuren Reichtümer auf, welche die Menschheit schon besitzt, und führt uns den wunderbaren Werkzeugs- und Maschinenapparat vor Augen, den sie sich mittels kollektiver Arbeit erworben hat. Die heute schon erzielten Produkte genügten vollkommen, um Allen während des Jahres das Brot zu sichern, und wenn das enorme Kapital der Städte und Häuser, der bebaubaren Felder, der Werkstätten, der Transportmittel und Schulen anstatt Privateigentums Gemeineigentum würde, so wäre es ein Leichtes, den Wohlstand zu erobern: die Kräfte, welche zu unserer Verfügung stehen, würden dann nicht mehr für unnütze und widersinnige Arbeiten angewendet werden, sondern auf die Produktion dessen gerichtet werden, was der Mensch in Gestalt von Nahrung, Wohnung, Kleidung, Komfort, wissenschaftlichem Studium und Kunstpflege bedarf.

In jedem Fall: die Wiedereroberung des Besitztums der Menschheit, die Expropriation in einem Wort, kann einzig auf dem Wege des anarchistischen Kommunismus vollbracht werden; es gilt die Regierung zu zerstören, die Gesetzestafeln zu zertrümmern, ihre Moral an den Pranger zu stellen, ihre Diener zu ignorieren und sich an das Werk des Aufbaus zu machen, in dem man sicher seiner eigenen Initiative folgt und sich, entsprechend seinem Sich-Eignen, seinen Interessen, seinem Ideal und der Natur der unternommenen Arbeiten, zu Gruppen vereinigt. Diese Frage der Expropriation, die wichtigste des Buches, hat der Verfasser ausführlicher als alle anderen, mit großer Vorsicht, ohne Wortschwall und mit einer Ruhe und Klarheit der Vision behandelt, wie es eben das Studium einer kommenden, überdies unvermeidlichen Revolution erfordert. Erst nach dem Sturz des Staates werden sich die Gruppen der befreiten Arbeiter – nicht mehr im Frondienste von Ausbeutern und Parasiten stehend – den Reizen einer frei gewählten Arbeit widmen und mit Hilfe der Wissenschaft an die Kultur des Bodens und die industrielle Produktion schreiten und eine Abwechslung und Erholung im Studium oder Vergnügen suchen können. Die Seiten des Buches, welche von den landwirtschaftlichen Arbeiten handeln, bieten ein spezielles Interesse, denn sie berichten Fakta, .welche die Praxis schon bestätigt hat und deren Verallgemeinerung auf großer Stufenleiter dem Nutzen aller, nicht allein der Bereicherung einiger weniger dienen könnte, und keineswegs unüberwindliche Schwierigkeiten bietet.

Spaßmacher sprechen uns vom „fin de siècle“ und scherzen über die Laster und Verschrobenheiten der eleganten Jugend; doch es handelt sich heute um viel mehr als das Ende eines Jahrhunderts, wir stehen vor dem Ende einer geschichtlichen Epoche, vor dem Ende einer sozialen Ära; wir stehen vor dem Todeskampf der antiken Zivilisation. Das Recht der Gewalt und die Laune der Autorität, die harte jüdische Tradition und die grausame römische Jurisprudenz verlieren unsere Ehrfurcht, wir bekennen uns zu einem neuen Glauben, und mit dem Momente, wo dieser Glaube, der zugleich Wissenschaft ist, derjenige aller, welche die Wahrheit suchen, geworden ist, wird er auch in der Welt der Wirklichkeit Gestalt annehmen, – denn das erste aller historischen Gesetze ist, dass die Gesellschaft sich nach ihrem Ideal bildet. Ja, die Verteidiger der veralteten Weltordnung bemühen sich vergeblich, diese aufrechtzuerhalten! Sie haben den Glauben an ihre Sache verloren und, weder Führer noch Fahne habend, unternehmen sie einen Kampf ins Ungewisse. Gegen die Neuerer haben sie Gesetze, und Gewehre, knüppeltragende Polizisten und Artillerieparks, aber alles dies wiegt nicht einen Gedanken auf, und das ganze alte Regime der Willkür und des Zwanges wird man bald zu den prähistorischen Erscheinungen rechnen.

Sicherlich, die bevorstehende Revolution, so wichtig sie auch in der Entwicklung der Menschheit sein möge, wird sich keineswegs von früheren Revolutionen darin unterscheiden, dass sie einen plötzlichen Sprung vollbringt – die Natur macht deren nicht. Aber es handelt sich auch um gar keinen Sprung, wir können heute schon Tausende Phänomene, Tausende einschneidende Veränderungen verzeichnen, welche das lang vorbereitete, ständige und starke Wachstum der anarchistischen Gesellschaft andeuten. Sie zeigt sich überall, wo der freie Gedanke sich vom Buchstaben des Dogmas frei macht, überall, wo das Genie des Forschers die alten Formeln ignoriert, wo der menschliche Wille sich in unabhängigen Handlungen dokumentiert, überall, wo aufrichtige Männer, Rebellen gegenüber jeder aufgezwungenen Disziplin, sich in freiem Entschlusse und nach ihrem Gefallen vereinigen, um sich gegenseitig zu unterrichten und um vereint und ohne Führer ihren Anteil am Leben und der vollständigen Befriedigung ihrer Bedürfnisse wieder zu erobern. Alles dies ist Anarchismus, selbst wenn er sich dessen nicht bewusst ist, und mehr und mehr gelangt er auch zum Bewusstsein. Und wie sollte er nicht triumphieren, da er sein Ideal und die

Kühnheit des Wollens hat, während die Masse seiner Gegner – ohne Glauben – sich dem Geschicke überlässt mit dem Rufe „Fin de siècle!“

Die Revolution, welche sich ankündigt, wird also zur Tat werden, und unser Freund Kropotkin handelt in seinem Recht als Historiker, indem er sich für den Zweck, seine Ideen über die Wiedereroberung des Allen zukommenden Kollektiveigentums auseinanderzusetzen, auf den Tag der Revolution versetzt und an die Zaghaften appelliert, welche sich wohl Rechenschaft über die herrschenden Ungerechtigkeiten geben, aber nicht den Mut haben, sich in offene Revolte zu einer Gesellschaft zu setzen, von der sie mit tausend Banden des Interesses und der Tradition abhängen. Sie wissen, dass das Gesetz ungerecht und lügnerisch ist, dass die Beamten die Schleppenträger der Starken und die Unterdrücker der Schwachen sind, dass ein geordnetes Leben und die Ehrlichkeit, welche von ihrer Hände Arbeit leben will, keineswegs immer mit der Sicherheit des täglichen Brotes gelohnt wird, und dass die zynische Schamlosigkeit des Börsenmannes, die rücksichtslose Grausamkeit des Wucherers für die „Eroberung des Brotes“ und des Wohlstands bessere Waffen sind als alle Tugenden. Doch anstatt ihr Denken und Wünschen, ihre Vorsätze, ihr Handeln mit den klaren Weisungen der Gerechtigkeit in Einklang zu bringen, flüchtet sich die Mehrzahl in eine Seitengasse, um so den Gefahren einer offenen Haltung zu entgehen. Zu jener Klasse gehören die Neu-Religiösen. Diese können sich wohl nicht mehr zu einem „absurden Glauben“ bekennen, aber sie geben sich dafür irgend einem Mysterienkultus hin, welcher vielleicht ein wenig origineller erscheint, keine präzisen Dogmen kennt und sich in einem Nebel konfuser Empfindungen verliert: sie nennen sich Spiritisten, Anbeter des „rose-croix“, Buddhisten oder Thaumaturgen. Angeblich Schüler von Cakyamouni, doch ohne sich die Mühe zu geben, die Doktrin ihres Meisters zu studieren, suchen jene melancholischen Herren und duftigen Damen ihren Seelenfrieden in dem Aufgehen im Nirwana.

Aber da sie unaufhörlich vom Ideal sprechen, so mögen diese „schönen Seelen“ darin ihre Stärkung finden. Materielle Wesen, wie wir es einmal sind, haben wir, wir müssen es zugestehen, die Schwäche, an die Nahrung zu denken, denn sie hat uns oft gefehlt; doch jenseits des Brotes, jenseits des Wohlstandes und allen kollektiven Reichtums, welchen uns eine Bewirtschaftung unserer Felder beschaffen könnte, sehen wir in der Ferne eine neue Welt vor uns erstehen. In ihr werden wir uns aus vollem Herzen lieben und jener edlen Leidenschaft nach dem Ideal genügen können, welche die Verächter des materiellen Lebens, jene ätherischen Anbeter des Schönen, den unlöschlichen Durst ihrer Seele nennen! Wenn es weder Reich noch

Arm mehr gibt, wenn der Hungerleider nicht mehr neidischen Blickes den Gesättigten zu betrachten hat, wenn die natürliche Freundschaft unter den Menschen wiedererstanden ist, wenn die Religion der Solidarität, bis zum heutigen Tage unterdrückt, die Stelle jener vagen Religion eingenommen hat, welche flüchtige Bilder auf die eilenden Wolken des Himmels zeichnet, dann werden auch für uns die Zeiten ideeller Genüsse gekommen sein.

Die Revolution wird mehr als ihre Versprechungen halten. Sie wird die Quellen des Lebens erneuern, indem sie uns von dem ansteckenden Kontakt aller Polizei befreit und uns endlich jener niedrigen Beschäftigung mit dem Gelde, die unsere Lebensexistenz vergiftet, enthebt. Dann wird ein Jeder frei seinem Wege folgen können: der Arbeiter wird das ihm zusagende Werk vollbringen, der Forscher wird ohne Neben- und Hintergedanken studieren, der Künstler wird nicht mehr sein Schönheitsideal für seinen Broterwerb prostituieren, und als Freunde und in voller Harmonie werden wir alle das verwirklichen können, was der Seherblick des Poeten erschaut hat.

Dann ohne Zweifel wird man sich auch der Namen jener Männer und Frauen erinnern, welche durch ihre aufopfernde, mit Verbannung oder Gefängnis belohnte Propaganda die neue Gesellschaft vorbereitet haben. An sie denken wir, wenn wir *La Conquête du Pain* herausgeben. Sie werden sich ein wenig gestärkt fühlen, indem sie dieses Zeugnis des Gemeingeistes durch das Gitter ihres Gefängnisses oder auf fremder Erde empfangen. Der Verfasser wird mir sicherlich zustimmen, wenn ich sein Buch allen jenen widme, welche für die Sache leiden, und besonders einem geliebten Freunde, dessen ganzes Leben ein Kampf für die Gerechtigkeit war. Ich mag hier nicht seinen Namen nennen, doch wenn er diese Worte eines Bruders liest, wird er am Schlagen seines Herzens wissen, dass er gemeint ist.

Elisée Reclus

Peter Kropotkin

Die Eroberung des Brotes

Unsere Reichtümer

I.

Die Menschheit hat einen weiten Weg seit jenen verflossenen Zeitaltern zurückgelegt, in welchen der Mensch noch aus Kieselsteinen seine kümmerlichen Werkzeuge formte, wo er noch von den Zufälligkeiten der Jagd lebte und als gesamte Erbschaft seinen Kindern einen Schlupfwinkel unter Felsen, ein paar armselige Steinwerkzeuge hinterließ, und im Übrigen sie der Natur preisgab, der gewaltigen, furchtbaren Natur, mit der sie den Kampf aufnehmen mussten, um ihre elende Existenz zu fristen. Indes, während dieser wirren Epoche, welche tausend und abertausend Jahre gewährt hat, hat das Menschengeschlecht unerhörte Schätze gesammelt. Es hat den Boden urbar gemacht, die Sümpfe getrocknet, die Wälder gerodet, Straßen angelegt, gebaut, erfunden, beobachtet, gedacht; es hat einen komplizierten Werkzeugapparat geschaffen, der Natur ihre Geheimnisse entrissen, den Dampf gebändigt; kurz, man hat es dahin gebracht, dass das Kind des zivilisierten Menschen heute bei seiner Geburt ein unermessliches, von seinen Vorfahren aufgehäuftes Kapital vorfindet. Und dieses Kapital erlaubt heute jedem, falls er nur seine Arbeit mit der anderer kombiniert, Reichtümer zu gewinnen, welche die Träume der Orientalen in ihren Erzählungen von „Tausend und eine Nacht" weit übertreffen.

Der Boden, soweit er kultiviert ist, und wenn man ihn nur zweckmäßig bestellt und für die Saat ausgewählte Körner verwendet, ist bereit, sich mit üppigen Ernten zu schmücken, reicheren Ernten, als es die Befriedigung aller menschlichen Bedürfnisse erforderte. Und die Mittel, deren sich die Landwirtschaft dazu bedient, sind bekannt. Auf dem jungfräulichen Boden der Prärien Amerikas produzieren hundert Menschen mit Hilfe gewaltiger Maschinen in einigen Monaten so viel Getreide, als zur Erhaltung von 10.000 Menschen während eines ganzen Jahres notwendig ist. Da, wo der Mensch seinen Ertrag verdoppeln, verdreifachen, verhundertfachen will, fabriziert er sich den geeigneten Boden, wendet er jeder Pflanze die Sorge zu, deren sie bedarf, und er erzielt geradezu fabelhafte Ernten. Und während der Jäger sich ehemals hundert Quadratkilometer bemächtigen musste, um die Nahrung für seine Familie zu finden, lässt der zivilisierte Mensch heute mit unendlich geringer Mühe und weit größerer Sicherheit auf einem Zehntausendstel dieses Raumes alles hervorsprießen, was die Erhaltung der Seinigen erheischt.

Das Klima ist kein Hindernis mehr. Wenn die Sonne nicht scheint, so ersetzt sie der Mensch durch künstliche Wärme, und es steht zu erwarten, dass er zur Beschleunigung des Wachstums auch das Licht bald künstlich herstellen wird. Mit Hilfe von Glasdächern und Wasserheizung erntet er auf einem gegebenen Raum das Zehnfache von dem, was man früher auf ihm erzielte.

Die in der Industrie vollbrachten Wunder sind noch viel erstaunlicher. Mit Hilfe jener mit Intelligenz begabten Wesen, – der modernen Maschinen (die Frucht dreier oder vier Generationen meist unbekannter Erfinder) fabrizieren heute hundert Menschen das, wovon 10.000 Menschen während zweier Jahre sich kleiden können. In den gut organisierten Kohlebergwerken fördern in jedem Jahre hundert Menschen soviel Heizmaterial, als zur Erwärmung der Wohnungen von 10.000 Familien im kältesten Klima ausreicht. Man kann eine ganze Stadt voller wunderbarer Schönheit in wenigen Monaten entstehen sehen, ohne dass dabei auch nur die geringste Unterbrechung in den gewöhnlichen Arbeiten eingetreten ist.

Und wenn auch heute in der Industrie und im Ackerbau, wie in der Gesamtheit unserer sozialen Organisation die Arbeit unserer Vorfahren nur einer kleinen Minderzahl zugutekommt – so ist es doch nicht weniger sicher, dass sich heute schon die Menschheit eine Existenz in Reichtum und Luxus würde schaffen können, – unter einziger Hilfe jener Diener aus Eisen und Stahl, welche sie besitzt.

Ja, wir sind reich, unendlich viel reicher, als wir gemeinhin denken: reich durch das, was wir schon besitzen, reicher noch durch das, was wir mit Hilfe des gegenwärtigen Werkzeugmechanismus produzieren können und unermesslich viel reicher durch das, was wir aus unserem Boden, aus unseren Manufakturen, mit Hilfe der Wissenschaft und unserem technischen Wissen werden erzielen können, wenn diese erst dazu dienen würden, um allen den Wohlstand zu schaffen.

II.

Wir sind reich in unseren zivilisierten Gesellschaften.

Woher also das Elend, das um uns herum herrscht? Warum da die harte, die Massen abstumpfende Arbeit? Warum diese Unsicherheit, wie es einem morgen ergehen wird, die selbst den bestbezahlten Arbeiter nicht verschont? Warum alles dies inmitten der von der Vergangenheit ererbten Reichtümer und trotz der gewaltigen Produktionsmittel, welche bei einer täglichen Arbeit von nur wenigen Stunden allen den Wohlstand schaffen könnten?

Die Sozialisten haben es ausgesprochen und es bis zum Überdruss wiederholt; sie wiederholen es jeden Tag und belegen es durch Beweise, die den gesamten Wissenschaften entlehnt sind: Weil alles, was zur Produktion nötig ist, der Boden, die Bergwerke, die Maschinen, die Verkehrswege, die Nahrungsmittel, die Wohnungen, die Erziehung, das Wissen, weil alles dieses der ausschließliche Besitz einiger Weniger geworden ist – im Verlauf einer langen Geschichtsperiode voller Raub Auswanderungen, Kriege, Unwissenheit und Unterdrückung, welche die Menschheit durchlebte, ehe sie die Naturkräfte zu bändigen gelernt hatte.

Weil diese Wenigen sogenannte Rechte, welche sie in der Vergangenheit erworben haben wollen, vorschützen und auf Grund dessen sich heute zwei Drittel des Ertrages der menschlichen Arbeit, mit der sie die unsinnigste und empörendste Verschwendung treiben, aneignen; weil sie die Massen dahin gebracht haben, dass diese nie mehr für einen Monat, kaum einmal für acht Tage genug zu leben haben, weil sie infolgedessen die Macht haben (welche sie auch ausnutzen), niemanden arbeiten zu lassen, der ihnen nicht stillschweigend den Löwenanteil am Gewinn überlässt; weil sie die Produktion dessen erzwingen, was dem Ausbeuter den größten Gewinn verheißt.

Das ist das Wesen des Kapitalismus!

Wie sieht ein zivilisiertes Land heute aus? Die Wälder, welche es ehemals bedeckten, sind gelichtet, die Sümpfe sind getrocknet, das Klima ist ein gesundes, kurz, das Land ist bewohnbar geworden. Der Boden, welcher ehemals nur Gras und Kräuter trug, liefert heute reichliche Getreideernten. Die Felsen, welche seiner Zeit die Täler des Südens überhingen, sind in Terrassen umgewandelt, an denen der Weinstock mit seiner goldigen Frucht emporklettert. Die wilden Kräuter und Sträucher, welche früher nur herbe Früchte und ungenießbare Wurzeln lieferten, sind auf dem Wege schrittweiser Veredelung in nahrhafte Gemüse, in Bäume, die ausgesuchte Früchte tragen, verwandelt worden.

Tausende von Straßen, mit Steinen und Eisen gepflastert, durchschneiden das Land, durchbohren die Berge; die Lokomotive pfeift in den wilden Schluchten der Alpen, des Kaukasus, des Himalaya. Die Flüsse sind schiffbar gemacht worden. Die Küsten, ausgelotet und sorglich vermessen, gestatten ein leichtes Landen; künstliche Häfen, unter unsäglichen Mühen ausgegraben und gegen das Wüten des Ozeans geschützt, gewähren Schiffern sichere Zufluchten. Tiefe Schächte durchstechen die Felsen; ganze Labyrinthe unterirdischer Gänge breiten sich überall dort aus, wo es Kohle zu fördern oder Erze zu graben gibt. An allen Punkten, wo Straßen sich kreuzen, sind Städte emporgewachsen, zu Großstädten geworden, und in ihren Mauern finden sich alle Schätze der Industrie, der Kunst und der Wissenschaft.

Ganze Generationen, geboren und gestorben im Elend, unterdrückt, entkräftet durch Überarbeit und misshandelt von ihren Herren, haben diese ungeheuere Erbschaft dem neunzehnten Jahrhundert vermacht.

Während Tausenden von Jahren haben Millionen von Menschen daran gearbeitet, die Wälder zu lichten, die Sümpfe auszutrocknen, die Straßen zu bahnen, die Flüsse einzudeichen. Jeder Hektar Erde, welchen wir in Europa bebauen, ist gedüngt mit dem Schweiße mehrerer Rassen; jede Straße hat eine ganze Geschichte von Frondiensten, von übermenschlicher Arbeit, von Leiden des Volkes. Jede Meile Eisenbahn, jeder Meter eines Tunnels haben Menschenblut erfordert.

Die Gänge der Bergwerke tragen noch ganz frische Spuren von den Hieben, die der Bergmann gegen den Felsen geführt hat, und schon könnte jeder Pfeiler der unterirdischen Galerien gekennzeichnet sein durch das Grab eines Bergmanns, der in der Blüte der Jahre vom schlagenden Wetter, durch einen Einsturz oder eine Überschwemmung hinweggerafft wurde; und man weiß, was für Tränen, Entbehrungen und namenloses Elend jedes dieser Gräber der Familie gekostet hat, welche von dem mageren Lohn des im Schutte verscharrten Mannes gelebt hat.

Die Städte, untereinander durch Eisenbahngürtel und Schifffahrtslinien verbunden, sind Organismen von einem Jahrhunderte langen Leben. Durchgrabet ihren Untergrund, und ihr werdet die Schichten finden, welche davon Zeugnis ablegen, welche aber jetzt durch Straßen, Häuser, Theater, Spielplätze und öffentliche Bauten verdeckt sind. Vertieft Euch in die Geschichte, und Ihr werdet sehen, wie die Zivilisation der Städte, ihre Industrie, ihr Geist ganz allmählich herangewachsen und herangereift sind durch die vereinigten Bemühungen aller ihrer Bewohner; so allein konnten sie das werden, was sie heute sind.

Und weiter – der Wert eines jeden Hauses, einer jeden Fabrik, eines jeden Bergwerkes, eines jeden Magazins ist wieder nur das Resultat der aufgehäuften Arbeit von Millionen begrabener Arbeiter, und sie bewahren ihn einzig nur durch die Anstrengungen ganzer Legionen von Menschen, welche über den ganzen Erdball hin wohnen. Jedes Atömchen dessen, was wir Nationalreichtum nennen, erwirbt seinen Wert erst durch die Tatsache, dass es ein Teil dieses unermesslichen Ganzen ist. Was würde ein Dock in London, ein großes Magazin in Paris sein, wenn es nicht in diesen großen Zentren des internationalen Handels gelegen wäre? Was wären unsere Bergwerke, unsere Fabriken, unsere Bauplätze, unsere Eisenbahnen ohne die Masse der täglich zu Wasser und zu Lande transportierten Waren?

Millionen menschlicher Wesen haben daran gearbeitet, diese Zivilisation, deren wir uns heute rühmen, zu schaffen. Andere Millionen, verstreut über alle Teile des Erdballs, arbeiten daran, sie zu erhalten. Ohne sie würden nach Verlauf von 50 Jahren nur noch Schutthaufen von vergangener Herrlichkeit zeugen.

Es gibt nichts, und sei es ein Gedanke oder eine Erfindung, was nicht Kollektivarbeit wäre, was nicht in der Vergangenheit und der Gegenwart zugleich seinen Ursprung hätte. Tausende von Erfindern, bekannt oder unbekannt, gestorben im Elend, haben die Erfindungen dieser Maschinen, in denen der Mensch von heute sein Genie bewundert, vorbereitet. Tausende von Schriftstellern, Dichtern und Gelehrten haben an dem Aufbau unseres Wissens, an der Beseitigung der Irrtümer, an der Schaffung jener wissenschaftlichen Atmosphäre, ohne welche keines der Wunder unseres Jahrhunderts hätte in Erscheinung treten können, gearbeitet. Aber diese Tausende von Philosophen, Gelehrten, Erfindern sind selbst wieder nur durch die Arbeit vergangener Jahrhunderte angeregt worden. Sind sie nicht während ihres Lebens ernährt und erhalten worden (in körperlicher wie geistiger Beziehung) durch Legionen von Arbeitern und Handwerkern aller Art? Haben sie nicht ihre treibende Kraft aus ihrer ganzen Umgebung geschöpft?

Das Genie eines Séguin, eines Mayer und eines Grove haben sicherlich mehr dazu getan, die Industrie auf neue Bahnen zu lenken, als alle Kapitalisten der Welt. Aber diese Genies sind selbst wieder nur die Kinder der Industrie, nicht weniger als die der Wissenschaft. Denn es war notwendig, dass Tausende von Dampfmaschinen von Jahr zu Jahr unter aller Augen die Wärme in dynamische Kraft und diese wieder in Schall und Licht und in Elektrizität umsetzten, bevor diese genialen Geister den mechanischen

Ursprung und die Einheit der physischen Kräfte proklamieren konnten. Und wenn wir, die Kinder des 20. Jahrhunderts, endlich diese Idee begriffen haben, wenn wir verstanden haben, sie praktisch zu verwenden, so rührt dies wieder nur daher, weil wir durch die Masse der Erfahrungen aller früheren Tage fast darauf gestoßen wurden. Die Denker des verflossenen Jahrhunderts hatten sie gleichfalls erfasst und ausgesprochen: aber sie war unbegriffen geblieben, weil das 18. Jahrhundert nicht wie wir mit der Dampfmaschine aufgewachsen war.

Man denke nur, wie lange Jahre noch in Unkenntnis jenes Gesetzes, welches uns erlaubte, die ganze moderne Industrie zu revolutionieren, verflossen wären, wenn nicht Watt in Soho Arbeiter gefunden hätte, die geschickt genug waren, seine theoretischen Anschläge in Metallkonstruktionen und in vollendeter Form aller Teile auszuführen, und so den Dampf, eingeschlossen in einem vollständigen Mechanismus, gelehriger als das Pferd; fügsamer als das Wasser, zur Seele der modernen Industrie gemacht hätten.

Jede Maschine hat die gleiche Geschichte: eine lange Geschichte erfolglos durchwachter Nächte, von Enttäuschungen und Freuden, von partiellen Verbesserungen, ausfindig gemacht durch mehrere Generationen unbekannter Arbeiter, welche der primitiven Erfindung jene kleinen Unbedeutendheiten hinzufügen sollten, ohne welche die fruchtbare Idee unfruchtbar geblieben wäre. Überhaupt jede neue Erfindung ist eine Verbindung – ein Resultat von tausend vorangegangenen Erfindungen auf dem unermesslichen Gebiete der Mechanik und Industrie.

Wissenschaft und Industrie, das Wissen und seine Anwendung, Erfindung und ihre Verwirklichung, die wieder zu neuen Erfindungen führt, Gehirnarbeit und Handarbeit – Gedanke und Muskelanstrengung – alles steht in inniger Verbindung. Jede Entdeckung, jeder Fortschritt, jede Vermehrung des Reichtums der Menschheit hat seinen Ursprung in der Gesamtheit von Hand- und Hirnarbeit der Vergangenheit und Gegenwart.

Also mit welchem Recht darf sich irgendjemand auch nur des geringsten Teiles dieses unermesslichen Ganzen bemächtigen und sagen: „Das gehört mir und nicht euch?“

III.

Aber in der Reihe der von der Menschheit durchlebten Zeitalter ist es dahin gekommen, dass alles, was dem Menschen zur Produktion notwendig ist, und was zur Vergrößerung seiner Produktionskraft dient, von einigen Wenigen an sich gerissen worden ist. Wir werden seiner Zeit vielleicht näher darauf eingehen und erzählen, wie dieses vor sich gegangen ist. Für den Augenblick genügt es uns, diese Tatsache zu konstatieren und die Konsequenzen aus ihr zu ziehen.

Heute, wo der Grund und Boden gerade durch die Bedürfnisse einer immer wachsenden Bevölkerung seinen Wert erhält, gehört er einer kleinen Minderzahl, welche das Volk verhindern kann – und es auch tut –, ihn überhaupt zu kultivieren, oder es doch verwehrt, ihn entsprechend den modernen Bedürfnissen zu bebauen. Die Bergwerke, welche die Arbeit mehrerer Generationen repräsentieren und ihren Wert erst wohl durch die Bedürfnisse der Industrie und die Dichtigkeit der Bevölkerung erhalten, gehören wieder nur einigen wenigen Personen, und diese wenigen Personen beschränken die Ausbeute der Gruben oder verhindern sie völlig, wenn sie eine günstige Anlage für ihre Kapitalien finden. Auch die Maschine ist das Eigentum Einzelner, und selbst wenn eine solche unbestreitbar den Stempel der Vervollkommnung seitens dreier Arbeitergenerationen an sich trägt, sie gehört nichtsdestoweniger einigen Kapitalisten; und wenn die Enkel desselben Erfinders, welcher vor hundert Jahren die erste Spitzenwebmaschine konstruiert hat, heute in einer Manufaktur von Basel oder Nottingham aufträten und ihr Recht geltend machten, so würde man ihnen antworten: „Macht, dass Ihr fortkommt, diese Maschine ist nicht Euer Eigentum“, und man würde sie füsilieren, wenn sie ernsthaft von ihr Besitz ergreifen wollten.

Die Eisenbahnen, welche ohne die dichte Bevölkerung Europas, ohne seine Industrie, ohne seinen Handel und Wandel nur altes Eisen sein würden, gehören einigen Aktionären, die vielleicht nicht einmal wissen, wo die Strecken liegen, welche ihnen Revenuen, weit größer, als die eines mittelalterlichen Königs, eintragen. Und wenn die Kinder derer, die zu Tausenden bei Durchstichen und Tunnelbauten umkamen, sich eines Tages versammelten und, eine zerlumpte und ausgehungerte Masse, von den Aktionären Brot fordern wollten, so würden sie Bajonetten und Kanonen begegnen, die sie auseinandertreiben und die „wohlerworbenen Rechte“ schützen würden.

In Folge dieser ungeheuerlichen Organisation der Gesellschaft findet der Sohn des Arbeiters, wenn er in das Leben tritt, weder ein Feld, das er bebauen, noch eine Maschine, die er bedienen, noch ein Bergwerk, in dem er graben könnte – wenn er nicht einen großen Teil seines Arbeitsproduktes an den Herrn dieser Produktionsmittel abführt. Er muss seine Arbeitskraft für einen kärglichen Bissen Brot, der ihm jeden Augenblick auch noch ganz verloren gehen kann, verkaufen. Sein Vater und sein Großvater haben sich gemüht, dieses Feld trocken zu legen, jenes Hüttenwerk zu erbauen, jene Maschinen zu vervollkommnen; sie hatten gearbeitet nach voller Maßgabe ihrer Kräfte – und wer kann mehr als dies tun? –, und er, er kommt ärmer als der letzte der Wilden auf die Welt. Wenn er die Erlaubnis erhält, ein Feld zu bebauen, so geschieht dies nur unter der Bedingung, dass er ein Viertel der Regierung abtreten muss. Und diese Steuer, welche von ihm im Voraus vom Staate, vom Kapitalisten, vom Gutsherrn, vom Vermittler erhoben wird, vergrößert sich täglich und lässt ihm in den seltensten Fällen die Möglichkeit, eine Verbesserung des Bodens vorzunehmen. Ist er in der Industrie tätig, so erlaubt man ihm gleichfalls nur zu arbeiten – und dies übrigens nicht einmal immer – unter der Bedingung, dass er sich mit der Hälfte oder gar einem Drittel des von ihm Erzeugten begnügt; der Rest fällt dem zu, welchen das Gesetz als Eigentümer der Maschine anerkennt.

Wir zetern gegen den Feudal-Baron, welcher dem Bauer nicht gestattet, das Land zu berühren, wenn er ihm nicht ein Viertel seiner Ernte überließ. Wir nennen jene Zeit eine barbarische. Indes nur die Form der Ausbeutung hat gewechselt, der Grad derselben ist der gleiche geblieben. Der Arbeiter nimmt heute unter dem Namen des freien Kontraktes Feudallasten auf sich; denn nirgends würde er bessere Bedingungen finden. Wo einmal alles das Eigentum eines Herren geworden, muss er sich fügen oder Hungers sterben.

Bei dieser Lage der Dinge ist es nur natürlich, dass unsere gesamte Produktion eine widersinnige Richtung angenommen hat. Die kapitalistische Unternehmung entspringt nicht den wirklichen Bedürfnissen der Gesellschaft: ihr einziges Ziel ist, die Einkünfte des Unternehmens zu steigern. Daher das fortwährende Fluktuieren in der Industrie, daher die chronischen Krisen, von denen eine jede die Arbeiter zu Hunderttausenden auf das Straßenpflaster wirft.

Da die Arbeiter mit ihrem geringen Lohn die Reichtümer, welche sie produziert haben, nicht kaufen können, so sucht die Industrie ihre Waren im Ausland unter den Ausbeutern anderer Nationen abzusetzen. Im Orient, in Afrika, ganz gleich wo, Ägypten, Tonkin oder Kongo, muss der Europäer unter diesen Umständen die Zahl seiner Hörigen vermehren. Aber überall findet er Konkurrenten, denn alle Nationen entwickeln sich im gleichen Sinne. *Und damit sind die Kriege – der Krieg in Permanenz – gegeben; sie müssen ausbrechen, weil jeder der Herr der Märkte sein will. Kriege für die Besitzungen im Orient, Kriege für die Herrschaft der Meere, Kriege, um Einfuhrzölle aufzuzwingen und seinen Nachbarn Bedingungen vorzu-*

schreiben; Kriege gegen diejenigen, welche sich dagegen auflehnen. Der Donner der Kanonen verstummt nicht mehr in Europa, ganze Generationen sind hingeschlachtet worden, die europäischen Staaten verwenden ein Drittel ihres Budgets auf Rüstungen; – und man weiß, was die Steuern sind und was sie den Armen kosten.

Die Erziehung bleibt das Privilegium einer verschwindenden Minorität. Denn kann man von Erziehung sprechen, wenn das Kind des Arbeiters gezwungen ist, mit 10 Jahren, oft schon früher, in der Industrie tätig zu sein, oder dem Vater bei schwerer landwirtschaftlicher Arbeit zu helfen? Darf man dem Arbeiter, der abends mit zerschlagenen Gliedern von einer langen, aufgezwungenen und stets abstumpfenden Arbeit heimkehrt, von Studien sprechen?! Die Gesellschaft spaltet sich in zwei feindliche Lager, und unter diesen Umständen ist die Freiheit ein bloßes Wort. Fordert der Radikale auch zuweilen eine größere Ausdehnung der politischen Freiheiten, so wird er sich indessen gewöhnlich bald bewusst, dass der Hauch der Freiheit leicht zu einer Erhebung des Proletariats führen kann; und dann macht er kehrt, ändert seine Meinung und nimmt zu Ausnahmegesetzen und zur Regierung mittels des Säbels seine Zuflucht.

Ein großer Apparat von Gerichtshöfen, Richtern, Henkersknechten, Gendarmen und Kerkermeistern ist zur Stütze der Privilegien notwendig; und dieser Apparat wird selbst wieder der Ursprung für ein ganzes System von Angebereien, Täuschungen, Drohungen und Korruptionen.

Außerdem wirkt dieses System der Entwicklung gesellschaftlicher Empfindungen entgegen. Ein jeder sieht ein, dass ohne Redlichkeit, ohne Selbstachtung, ohne Mitgefühl, ohne gegenseitige Unterstützung die Gattung verkommen muss, ebenso wie die Tiergattungen, die nur vom Raube und der Knechtung leben, verkommen. Aber dies ist keine Warnung für die herrschenden Klassen, sie erfinden eine ganze, absolut falsche „Wissenschaft“, um das Gegenteil zu beweisen.

Man redet wohl allerlei Schönes über die Notwendigkeit, den Besitz mit denen zu teilen, welche nichts besitzen. Aber wer es sich einfallen lassen sollte, dieses Prinzip in Wirklichkeit umzusetzen, der wird sogleich belehrt, dass alle solche hohen Empfindungen wohl in die Dichtung gehören – aber keineswegs in das Leben. „Lügen“, denken wir, „das heißt sich erniedrigen, sich demütigen“ – gleichwohl wird aber das ganze zivilisierte Leben mehr und mehr zu einer immensen Lüge. Wir gewöhnen uns, gewöhnen unsere Kinder daran, mit einer doppelgesichtigen Moral, als Heuchler zu leben. Und widersetzt sich dein, unser Gehirn, so gewöhnen wir es an den Sophismus. Heuchelei und Sophisterei werden die zweite Natur des zivilisierten Menschen.

Aber eine Gesellschaft kann nicht so leben; sie muss zur Wahrheit zurückkehren oder verschwinden.

So erstreckt die einfache Tatsache der Kapitalkonzentration ihre verhängnisvollen Konsequenzen über das gesamte soziale Leben. Unter der Gefahr des Untergangs sind die menschlichen Gesellschaften gezwungen, auf folgende Fundamentalprinzipien zurückzukommen: die Produktionsmittel müssen als Kollektivprodukt der Menschheit wieder in Kollektivbesitz der Menschheit gelangen; der individuelle Besitz ist weder gerecht noch nutzbringend; Alles soll Allen gehören, da Alle dessen bedürfen, da Alle nach Maßgabe ihrer Kräfte den Reichtum haben schaffen helfen, und da es faktisch unmöglich ist, den Anteil zu bestimmen, welcher in der gegenwärtigen Produktion einem Jeden zufallen könnte.

Alles soll Allen gehören! Sehet jenen ungeheuren Werkzeugmechanismus, welchen das 19. Jahrhundert geschaffen hat, jene Millionen Eisensklaven, Maschinen genannt, die hobeln, sägen, spinnen, weben, die die Rohstoffe zerlegen und neue bilden, und welche die Wunder unserer Zeitepoche ausmachen. Niemand hat das Recht, sich einer einzigen dieser Maschinen zu bemächtigen und zu sagen: „Dieselbe gehört mir; wenn Ihr Euch ihrer bedienen wollt, so müsst Ihr mir auf jedes Eurer Erzeugnisse einen Tribut bezahlen“; ebenso wenig wie der Lehnsherr des Mittelalters das Recht hatte, zum Bauer zu sagen: „Dieser Hügel, diese Wiese gehören mir, und Ihr müsst mir einen Tribut auf jede Garbe Getreide, die Ihr erntet, für jeden Schober Heu, den Ihr aufschichtet, entrichten.“

Alles soll Allen gehören! Vorausgesetzt, dass Mann und Weib die ihnen mögliche Arbeit liefern, haben sie ein Recht auf den ihren Bedürfnissen entsprechenden Teil des Gesamtprodukts. Dieser Anteil wird genügen, um ihnen den Wohlstand zu sichern.

Fort also mit jenen zweideutigen Forderungen, wie „das Recht auf Arbeit“ oder „Jedem der vollständige Ertrag seiner Arbeit“. Was wir proklamieren, das ist *das Recht auf Wohlstand, den Wohlstand für Alle.*

Der Wohlstand für Alle

I.

Der Wohlstand für Alle ist nicht ein Traum. Er ist möglich, realisierbar nach alledem, was unsere Vorfahren getan haben, um unsere Arbeitskraft zu befruchten. Wir wissen, dass die eigentlichen Produzenten, welche kaum ein Drittel der Einwohner in den zivilisierten Ländern bilden, schon heute genügend produzieren, um dem Herde einer jeden Familie einen gewissen Wohlstand bescheren zu können. Wir wissen außerdem, dass, wenn alle gezwungen wären, ihre Mußezeit mit nützlichen Arbeiten auszufüllen, unser Reichtum in vielfachem Verhältnis zur Zahl der produzierenden Arme wachsen würde. Wir wissen endlich, dass im Gegensatz zur Theorie des Priesters der bürgerlichen Wissenschaft – Malthus – die Produktivkraft des Menschen viel schneller wächst, als seine Fortpflanzung vonstattengeht. Je mehr Menschen sich auf ein Territorium zusammendrängen, umso größer ist das Wachstum ihrer Produktivkräfte.

Während die Bevölkerung Englands vom Jahre 1844 ab nur um 62 Prozent wuchs, hat sich seine Produktivkraft in der gleichen Zeit, schlecht gerechnet, verdoppelt – um 130 Prozent vermehrt. In Frankreich, wo sich die Bevölkerung weniger stark vermehrt hat, ist ihre Steigerung gleichwohl eine äußerst rapide gewesen. Trotz der Krise, welche auf der Landwirtschaft lastet, trotz der schwankenden Leitung des Staates, trotz der Blutsteuer, trotz der ungünstigen Lage des Bankwesens, der Finanzen und der Industrie, hat sich während der letzten 80 Jahre die Weizenproduktion daselbst vervierfacht und die industrielle Produktion verzehnfacht. In den Vereinigten Staaten ist das Wachstum ein noch erstaunlicheres gewesen: Trotz der Einwanderung oder vielmehr gerade wegen dieses auf Amerika sich abwälzenden „Überschusses“ an europäischen Arbeitern haben die Vereinigten Staaten ihre Produktion in kurzer Zeit verzehnfachen können.

Aber diese Zahlen geben uns nur eine schwache Vorstellung von dem, was unsere Produktion unter günstigeren Bedingungen leisten könnte.

Wenn sich heute die Produktionsfähigkeit steigert, so wächst zu gleicher Zeit die Zahl der Müßiggänger und Schmarotzerexistenzen in erschreckendem Maße. Im Gegensatz zu dem, was früher die Sozialisten annahmen, nämlich, dass sich das Kapital bald innerhalb einer so geringen Anzahl Hände konzentriert haben würde, so dass man, um in den Besitz der gemeinsamen Reichtümer zu gelangen, nur einige Millionäre zu expropriieren hätte, wird gerade die Zahl derer, welche auf Kosten fremder Arbeit leben, immer beträchtlicher.

In Frankreich kommen auf 30 Einwohner kaum 10 direkte Produzenten. Der ganze jährlich erzeugte landwirtschaftliche Reichtum Englands ist das Werk von kaum 7 Millionen Menschen, und in den beiden großen Industrien – dem Bergwerkswesen und der Weberei – zählt man kaum 2,5 Millionen Arbeiter. Wie hoch beziffern sich dagegen die Ausbeuter der Arbeit? In England (ohne Schottland und Irland) fabrizieren 1.030.000 Arbeiter (Männer, Frauen und Kinder) die gesamten Webstoffe; etwas über eine und eine halbe Million beutet die Bergwerke aus, kaum eine und eine halbe Million arbeitet in der Landwirtschaft, und die Statistiker müssen noch die Zahlen übertreiben, um bei einer Einwohnerschaft von 26 Millionen Menschen zu einem Maximum von 8 Millionen Produzenten zu kommen. In Wirklichkeit sind höchstens 6 bis 7 Millionen Arbeiter die Schöpfer der Reichtümer, welche aus England nach allen Windrichtungen der Welt verschickt werden. Und wie hoch beläuft sich dagegen die Zahl der Renteneinnehmer und der Schmarotzer, welche, abgesehen von allgemeinen Steuern, sich vom Konsumenten 5 oder 20 mal so viel für jede Ware zahlen lassen, als sie dem produzierenden Arbeiter gezahlt haben.

Doch dies ist nicht alles. Diejenigen, welche sich im Besitze des Kapitals befinden, reduzieren ständig die Produktion dadurch, dass sie sie vielfach überhaupt verhindern. Sprechen wir nicht von jenen Tonnen Austern, die man ins Meer warf, um zu verhindern, dass die Auster ein Nahrungsmittel des Volkes würde und aufhörte, eine Delikatesse für die bemittelte Welt zu sein; sprechen wir nicht von jenen tausend und abertausend Luxusobjekten – Stoffen, Nahrungsmitteln usw. usw. –, mit denen man in gleicher Weise verfuhr, wie mit den Austern. Rufen wir uns nur ins Gedächtnis zurück, in welcher Weise man die Produktion der für Jedermann notwendigen Gegenstände einschränkt. Ganze Armeen von Bergmännern verlangen nichts sehnlicheres, als täglich Kohle zu fördern und an diejenigen zu versenden, welche vor Kälte vergehen. Aber sehr häufig sind ein Drittel oder gar zwei Drittel dieser Armeen verhindert, mehr als 3 Tage in der Woche zu arbeiten – es könnten ja sonst die hohen Kohlenpreise ins Sinken geraten. Tausende von Webern können nicht ihrem Berufe nachgehen, zu einer Zeit, wo ihre Frauen und ihre Kinder sich nur mit Lumpen bekleiden können und drei Viertel der Europäer eine Kleidung tragen, die diesen Namen kaum rechtfertigt.

Hunderte von Hochöfen, Tausende von Manufakturen bleiben ständig untätig, andere arbeiten nur halbe Tage; es gibt Millionen Individuen, welche nach nichts weiter als Arbeit verlangen, die man ihnen jedoch verweigert.

Millionen von Menschen würden glücklich sein, wenn sie die vielen noch unbebauten oder schlecht kultivierten Länderstrecken in Gefilde mit reichen Ernten umwandeln könnten. Ein Jahr zweckmäßiger, intelligenter Arbeit würde genügen, um den Ertrag des Bodens, welcher heute in Frankreich im Durchschnitt nur 8 Hektoliter Getreide pro Hektar liefert, zu verfünffachen. Aber diese bereitwilligen Pioniere müssen feiern, weil diejenigen, welche den Grund und Boden, die Bergwerke, die Manufakturen besitzen, es vorziehen, ihre Kapitalien – die der Allgemeinheit gestohlenen Kapitalien – in türkische und ägyptische Anleihen zu stecken oder in Gewinnanteilen der Goldminen Patagoniens anzulegen, wo dann die ägyptischen Fellahs, die aus ihrem Geburtslande vertriebenen Italiener oder die chinesischen Kulis für sie arbeiten.

Dies ist die bewusste und direkte Einschränkung der Produktion: Aber außer dieser gibt es noch eine indirekte und unbewusste Einschränkung, welche darin besteht, die menschliche Arbeit auf die Produktion von absolut unnützen Gegenständen oder von Dingen zu verschwenden, die einzig zur Befriedigung der törichten Eitelkeit der Reichen dienen.

Man könnte es nicht einmal annähernd in Ziffern wiedergeben, bis zu welchem Maße die Produktivität in indirekter Form herabgesetzt wird – durch die Verschwendung der Kräfte, welche wahrhaft produktiv tätig sein könnten und namentlich den für die nützliche Produktion so notwendigen Werkzeugapparat schaffen sollten. Es genügt, die Milliarden zu erwähnen, die in Europa für *Rüstungen* verausgabt werden, ohne einen anderen Zweck als Märkte zu erobern, als den Nachbarn nachteilige Handelsverträge aufzuzwingen und die Ausbeutung des eigenen Landes zu erleichtern; die Millionen, welche jährlich jenen Menschen gezahlt werden, deren Mission es ist, das Recht der Minoritäten auf die Leitung des ökonomischen Lebens einer Nation zu erhalten; die Millionen, welche für Richter, Gefängnisse, Gendarmen und das ganze Rüstzeug, welches man *Rechts*wesen nennt, verschleudert werden, während – man weiß es sehr wohl – eine Linderung (und sei sie noch so unbedeutend) des Elends der Großstädte genüge, um die Verbrechensziffer in bedeutenden Proportionen zu vermindern; der Millionen endlich, die verbraucht werden, um durch das Mittel der *Presse* schädliche Ideen, falsche Neuheiten im Interesse dieser Partei, der und der politischen Persönlichkeiten oder jener Kompanie von Ausbeutern zu verbreiten.

Aber auch das ist noch nicht alles; denn es wird noch viel mehr total überflüssige Arbeit verausgabt: hier, um den Reitstall, den Hundepark, das Gesinde des Reichen zu erhalten, dort, um die Launen der Demimonde und den entarteten Luxus der hohen faulenzenden Damen zu befriedigen; ferner, um den Konsumenten zu zwingen, das zu kaufen, dessen er gar nicht bedarf, oder um ihm durch Reklame einen Artikel von schlechter Qualität aufzuzwingen; endlich noch, um absolut schädliche Lebensmittel zu produzieren, die allerdings dem Unternehmer einen schönen Gewinn abwerfen. Was auf diesem Wege an Produktionskräften verschwendet wird, würde genügen, um die nützliche Produktion zu verdoppeln, oder um die Manufakturen und die Fabriken mit besseren Werkzeugmaschinen auszustatten, welche dann in kurzer Zeit die Magazine mit allem, was zur Notdurft des Menschen gehört, dessen indes heute zwei Drittel der Nation ermangeln, überschwemmen würden.

Daraus resultiert, dass selbst diejenigen, welche in jeder Nation produktiven Arbeiten obliegen, zu einem Viertel regelmäßig während dreier oder vier Monate im Jahre feiern müssen, und dass die Arbeit eines zweiten Viertels, wenn nicht der Hälfte, keinen andern Zweck hat als das Amüsement der Reichen oder die Ausbeutung des Volkes.

Wenn man also in Betracht zieht, mit welcher Schnelligkeit auf der einen Seite die zivilisierten Nationen ihre Produktivkraft steigern, welche Beschränkungen auf der andern Seite der Produktion, sei es direkt oder indirekt, durch die gegenwärtigen Verhältnisse auferlegt werden, so muss man zu dem Schlusse kommen, dass eine einigermaßen vernünftige Organisation den zivilisierten Nationen es möglich machen würde, innerhalb weniger Jahre so viele nützliche Produkte anzuhäufen, dass man sich sagen müsste: „Vollauf genug Kohle, genug Brot, genug Kleidung; ruhen wir einmal, sammeln wir uns, um unsere Kräfte besser zu verwenden, um unsere Muße besser zu verwerten!“

Der Wohlstand für Alle ist kein Traum mehr. Er konnte schon damals herrschen, wo es dem Menschen nur unter unsäglichen Mühen gelang, 8 oder 10 Hektoliter Getreide vom Hektar zu ernten, oder wo er noch mit eigener Hand die Werkzeuge, deren er für die Industrie oder die Landwirtschaft bedurfte, verfertigen musste. Er ist umso weniger ein Traum, seitdem der Mensch den Motor erfunden hat, welcher ihm vermittels eines wenig Eisens und einiger Kilo Kohle die Kraft eines gelehrigen und fügsamen Pferdes gibt, ihm die Möglichkeit gewährt, die komplizierteste Maschine in Bewegung zu setzen.

Aber damit der Wohlstand zur Wirklichkeit werde, ist es notwendig, dass dieses ungeheure Kapital – Städte, Häuser, kultivierte Ländereien, Fabriken, Verkehrswege, Bildung usw. – nicht mehr als ein Privateigentum bewertet wird, worüber der Kapitalist nach Belieben verfügen kann.

Es ist notwendig, dass dieser unendlich reiche Werkzeugapparat, unter unsäglichen Mühen durch unsere Vorfahren erworben, erbaut, gefertigt und erfunden, *Gemeindeeigentum* werde, damit der Kollektivgeist zu Gunsten Aller den größtmöglichen Vorteil daraus ziehe. Dies bedingt die Expropriation. Der Wohlstand für Alle ist das Ziel, die Expropriation das Mittel.

II.

Die Expropriation, das ist also das Problem, welches uns, den Menschen des Anfangs des 20. Jahrhunderts, die Geschichte gestellt hat: Rückkehr zum Gemeineigentum an allem, was der Menschheit dazu dienen könnte, sich den Wohlstand zu schaffen.

Doch dieses Problem wird nicht auf dem Wege der Gesetzgebung gelöst werden können. Dies bildet sich auch niemand ein. Der Arme, wie der Reiche begreift, dass weder die gegenwärtigen Regierungen, noch diejenigen, welche aus einer *politischen* Revolution als *Regierende* hervorgehen könnten, im Stande sein würden, die Lösung zu finden. Man fühlt die Notwendigkeit der *sozialen* Revolution, und Reiche, wie Arme verheimlichen es sich nicht, dass diese Revolution nahe ist, dass sie jeden Tag ausbrechen kann.

Von wo wird die Revolution kommen? Wie wird sie sich ankündigen? Niemand kann diese Fragen beantworten. Dies liegt alles im Dunkeln. Aber diejenigen, welche beobachten und denken, gehen nicht in dieser ihrer Empfindung fehl: Arbeiter und Ausbeuter, Revolutionäre und Reaktionäre, Geistes- und Handarbeiter, alle fühlen, dass sie vor den Toren ist.

Und was werden wir tun, wenn die Revolution ausgebrochen ist?

Wir haben im Allgemeinen die dramatische Seite der Revolutionen studiert, aber ihr wahrhaft revolutionäres Werk liegt nicht in der Inszenierung, in dem Kampf der ersten Tage, im Barrikadenbau usw., denn dieser Kampf, dieses erste Scharmützel ist bald entschieden. Erst nach der Niederlage der alten Regierungen beginnt das eigentliche Werk der Revolution.

Unfähig und ohnmächtig, von allen Seiten angegriffen, werden die Regierungen schnell vom Hauche der Revolution weggefegt sein. Nach Verlauf weniger Tage gab es im Jahre 1848 keine bürgerliche Monarchie mehr, und als ein Fiaker Louis-Philipp über die Grenze führte, dachte Paris nicht mehr an den Ex-König. Am 18. März 1871 war Paris innerhalb weniger Stunden von der Regierung Thiers befreit und damit eigener Herr seiner Geschicke. Und trotzdem waren die Erhebungen von 1848 und 1871 nur *politischer* Natur. Vor der Volksrevolution werden die Regierenden mit überraschender Schnelligkeit verschwinden. Ihr erstes wird die Flucht sein, unter dem Vorbehalt allerdings, noch anderswo zu konspirieren und sich so die Rückkehr zu ermöglichen.

Die alte Regierung ist beseitigt, die Armee zaudert gegenüber den hochgehenden Wogen der Volkserhebung und gehorcht nicht mehr ihren Führern; diese haben sich übrigens auch klugerweise aus dem Staub gemacht. Die Arme gekreuzt, lässt das Heer den Dingen ihren Gang oder geht auch mit gesenkter Waffe zu den Aufständischen über. Die Polizei – mit schlenkernden Armen – weiß nicht mehr, ob sie dreinschlagen oder „vive la Commune" rufen soll; und die Schutzleute suchen ihr Heim auf – „der neuen Regierung entgegengehend". Die Großbürger schnallen ihre Reisekoffer und suchen einen sicheren Ort zu gewinnen. Das Volk allein bleibt auf dem Schauplatze. So wird sich die Revolution ankündigen.

In mehreren Großstädten zugleich wird die Kommune proklamiert. Tausende von Menschen drängen sich auf den Straßen und eilen abends in die improvisierten Klubs; man fragt sich: „Was ist zu tun?" und diskutiert eifrig die öffentlichen Angelegenheiten. Jedermann interessiert sich für sie, die Indifferenten von gestern sind vielleicht die Eifrigsten. Überall der beste Wille und der lebhafteste Wunsch, den Sieg zu sichern. Großer Opfermut offenbart sich. Das Volk verlangt nichts sehnlicher als vorwärts zu schreiten.

Alles dies ist schön, ist erhaben. Aber es ist noch nicht die Revolution. Im Gegenteil, erst jetzt beginnt die Arbeit des Revolutionärs.

Die Staatssozialisten, die Radikalen, die verkannten Genies des Journalismus, die effektvollen Redner – Bourgeois oder Ex-Arbeiter – werden zum Stadthaus eilen, in die Ministerien sich begeben und werden auf den verlassenen Sesseln Platz nehmen. Die einen werden sich nach Herzenslust Tressen verleihen, sie werden sich in den Spiegeln der Ministersalons bewundern, sie werden sich einüben, mit gravitätischer Miene von der Höhe ihrer Situation herab Befehle zu erteilen; als unumgänglich wird sich eine rote Schärpe erweisen, eine betresste Jakobinermütze und vor allem eine

Amtsmiene, um ihren ehemaligen Ex-Kameraden von der Redaktion oder der Werkstatt zu imponieren. Andere werden sich in die Akten vertiefen – mit dem besten Willen, etwas darin zu verstehen. Sie werden Gesetze ausarbeiten, Dekrete in feierlichen Tiraden erlassen, um deren Ausführung sich niemand kümmern wird – gerade deswegen, weil man sich in der Revolution befindet.

Um sich eine Autorität zu verschaffen, welche sie nicht besitzen, werden sie die alten Regierungsformen zu sanktionieren suchen. Sie werden Namen wählen, wie provisorische Regierung, Komitee der öffentlichen Sicherheit, Bürgermeister, Kommandant des Stadthauses, Chef der Sicherheit – und was weiß ich für Namen. Durch Abstimmung oder Akklamation gewählt, werden sie sich in Parlamenten oder Ratsversammlungen der Kommune zusammenfinden. Daselbst werden sich nun Männer treffen, die zehn, zwanzig verschiedenen Schulen angehören, die, wie man häufig gesagt hat, nicht persönliche Kirchen sind, aber welche den verschiedenen Auffassungen über die Ausdehnung, Tragweite und Aufgabe der Revolution entsprechen. Possibilisten, Kollektivisten, Radikale, Jakobiner, Blanquisten sehen wir dort, gezwungenermaßen vereint, und ihre Zeit mit leerem Diskutieren verlierend. Ehrliche Männer zusammen mit Ehrgeizigen, die nur von ihrer Herrschsucht träumen und die Masse, der sie entstammen, verachten. Alle, von diametral sich entgegenlaufenden Standpunkten ausgehend, gezwungen, Scheinallianzen einzugehen, um Majoritäten, die nicht länger als einen Tag währen, zu Stande zu bringen, ständig im Streit, einer den anderen als Reaktionär, als Schurke behandelnd, unfähig, sich über irgendeine ernsthafte Maßnahme zu verständigen; genötigt, sich über Kleinigkeiten herumzuzanken; höchstens dazu gelangend, sich selbst alle außerordentlich wichtig dünkend, während die wahre Kraft der Bewegung auf der Straße sich dokumentiert.

Alles dieses mag diejenigen amüsieren, welche das Theater lieben. Aber noch einmal, es ist *nicht* die Revolution; nichts ist damit geleistet.

Während dieser Zeit leidet das Volk. Die Fabriken feiern, die Werkstätten sind geschlossen, der Handel liegt brach. Der Arbeiter bezieht nicht einmal mehr den geringen Lohn, welchen er vordem hatte, die Preise der Lebensmittel steigen.

Mit jener heroischen Ergebenheit, welche stets das Volk charakterisiert hat, und welche sich in allen außerordentlichen Zeiten zur Erhabenheit steigerte, geduldet es sich. Das Volk war es, welches im Jahre 1848 ausrief: „Ertragen wir drei Monate des Elends im Dienst der Republik“, während die „Repräsentanten“ und die Herren der neuen Regierung bis auf den letzten Polizisten herab regelmäßig ihr Gehalt bezogen. Das Volk leidet. Mit seinem kindlichen Vertrauen, mit der sorglosen Gutmütigkeit der Masse, welche an ihre Anführer glaubt, erwartet es, dass man dort oben, in der Kammer, im Stadthaus, im Komitee der öffentlichen Sicherheit sich seiner annähme.

Aber dort oben denkt man eher an alles andere, nur nicht an die Leiden des Volkes. Als die Hungersnot im Jahre 1793 Frankreich verheert und die Revolution selbst in Frage stellt, als das Volk zum tiefsten Elend angelangt ist – während die Elyseeischen Gefilde von prächtigen Wagen bevölkert werden, in denen Frauen ihren luxuriösen Schmuck zur Schau tragen –, da drängt Robespierre die Jakobiner, eine Diskussion seiner Denkschrift über die englische Verfassung herbeizuführen. Als der Arbeiter im Jahre 1848 unter dem allgemeinen Stillstand der Industrie leidet, streiten sich die provisorische Regierung und die Kammer über die Militärpensionen und die Gefängnisarbeit herum, ohne sich zu fragen, wovon während dieser Krisis das Volk lebte. Und wenn man der Kommune von Paris, welche unter dem Kanonendonner der Preußen geboren wurde und nur 70 Tage gewährt hat, einen Vorwurf machen will, so ist es wieder der, dass sie noch nicht begriffen hatte, dass die kommunale Revolution ohne gut gespeiste Kämpfer nicht triumphieren könnte, dass man mit 30 Sous (Mk. 1,20) täglich nicht auf den Befestigungen kämpfen und zu gleicher Zeit seine Familie erhalten könne.

Das Volk leidet und fragt: „Was soll geschehen, damit das Elend endet?“

III.

Es scheint uns, dass es auf diese Frage nur eine Antwort geben kann: Anzuerkennen und laut zu proklamieren, dass Jeder, welches auch sein sogenannter Stand in der Vergangenheit war, mag er stark oder schwach, tüchtig oder unfähig sein, vor allem das *Recht zu leben* besitzt; und dass die Gesellschaft unter Alle ohne Ausnahme die Existenzmittel, über welche sie verfügt, zu verteilen hat. Dies anzuerkennen, zu proklamieren und danach zu handeln.

Derart zu handeln, dass der Arbeiter mit dem ersten Tag der Revolution weiß, dass eine neue Ära angebrochen ist: dass zukünftig niemand mehr gezwungen ist, unter den Brücken – neben Palästen – zu schlafen, ohne Nahrung zu bleiben, wo es so viele Nahrungsmittel gibt, vor Kälte zu zittern – neben Pelzmagazinen. Alles soll Allen gehören in Wirklichkeit wie im Prinzip. Endlich soll in der Geschichte eine Revolution stattfinden, welche an die *Bedürfnisse* des Volkes denkt, bevor sie Pflichten predigt.

Dieses wird sich nicht durch Dekrete verwirklichen, sondern einzig durch die unmittelbare und wirkliche Besitzergreifung alles dessen, was zur Sicherung des Lebens Aller gehört: das ist die einzige, auch wissenschaftliche Art, vorzugehen, die einzige auch, welche von der Masse des Volkes ersehnt und begriffen wird. Besitzergreifen im Namen des revoltierenden Volkes von den Getreidelagern, von den Magazinen, welche strotzen von Bekleidungsmitteln, von den Wohnhäusern. *Nichts zu verschwenden*, sofort sich zu organisieren, jeglicher Notdurft Rechnung tragen, um allen Bedürfnissen zu genügen, um zu produzieren, nicht mehr im Interesse von irgendjemandes Einkünften, sondern zur Sicherung des Lebens und der Entwicklung der Gesellschaft.

Fort mit jenen zweideutigen Forderungen, wie das „Recht auf Arbeit", mit welchen man das Volk im Jahre 1848 gelockt hat und noch heute zu locken sucht. Haben wir den Mut, anzuerkennen, dass der Wohlstand, da er möglich, sich auch um jeden Preis verwirklichen muss.

Als die Arbeiter im Jahre 1848 das „Recht auf Arbeit" forderten, organisierte man National- und Munizipal-Werkstätten und schickte die Arbeiter hinein, damit sie sich dort für tägliche 40 Sous (Mk. 1,60) abquälen sollten! Als sie die „Organisation der Arbeit" forderten, antwortete man ihnen: „Geduldet Euch, meine Freunde, die Regierung wird sich damit beschäftigen, und für heute nehmt diese 40 Sous (Mk. 1,60). Ruhet Euch aus, Ihr armen Arbeiter, die Ihr Euer ganzes Leben Euch gequält habt." Und unterdessen fuhr man die Kanonen auf. Man zog die Reserve und den Landsturm ein, man vernichtete die Organisation der Arbeiter durch tausenderlei Mittel. Und eines schönen Tages sagte man zu ihnen: „Geht nach Afrika, um dort Kolonien zu gründen oder wir schießen Euch über den Haufen."

Ganz anders wird das Resultat sein, wenn die Arbeiter das Recht auf den Wohlstand fordern. Sie proklamieren dadurch zugleich ihr Recht, sich des ganzen sozialen Reichtums zu bemächtigen, Besitz von den Häusern zu ergreifen und sich in ihnen entsprechend den Bedürfnissen jeder Familie einzurichten, die aufgehäuften Lebensmittel an sich zu reißen, zu genießen, damit sie endlich einmal den Wohlstand kennen lernen, nach dem sie so lange sich gesehnt haben. Sie proklamieren ihr Recht auf alle Reichtümer – als der Frucht der Arbeit vergangener und gegenwärtiger Generationen; und sie werden sich ihrer bedienen, um endlich einmal die hohen Genüsse der Kunst und der Wissenschaft kennen zu lernen, die nur zu lange das ausschließliche Eigentum der Bourgeoisie gewesen sind.

Und indem sie ihr Recht auf den Wohlstand erklären, erklären sie gleichzeitig – was das Wichtigste ist – ihr Recht, selbst darüber zu entscheiden, worin dieser Wohlstand bestehen soll, was zu seiner Sicherung zu produzieren ist und was als wertlos nicht mehr produziert werden soll.

Das Recht auf Wohlstand bedeutet die Möglichkeit, als menschliche Wesen zu leben und die Kinder so aufzuziehen, damit aus ihnen gleichberechtigte Glieder einer besseren Gesellschaft als der unsrigen werden können, während das „Recht auf Arbeit" das Recht bedeutet, ewig Lohnsklave zu bleiben, ein Arbeitstier, das geleitet und ausgebeutet wird durch den Bourgeois von morgen. *Das Recht auf Wohlstand ist die soziale Revolution, das Recht auf Arbeit ist günstigstenfalls ein industrielles Zuchthaus.*

Der anarchistische Kommunismus

I.

Jede Gesellschaft, welche mit dem Privateigentum gebrochen hat, wird nach unserer Meinung gezwungen sein, sich in anarchistisch-kommunistischer Form zu organisieren. Die Anarchie führt zum Kommunismus, und der Kommunismus zur Anarchie; das Eine wie das Andere ist nur der Ausdruck einer in den modernen Gesellschaften vorherrschenden Tendenz: des Strebens nach der Gleichheit.

Es gab eine Zeit, wo eine Bauernfamilie das Getreide, welches sie gebaut, die Wollkleider, die sie in ihrer Hütte gewebt, vielleicht als Früchte ihrer eigenen Arbeit betrachten konnte. Aber selbst damals war diese Anschauung nicht ganz zutreffend. Es gab damals Straßen und Brücken, – Produkte gemeinschaftlicher Arbeit; Ländereien, wo ehemals Sümpfe waren, die man durch Kollektivarbeit ausgetrocknet hatte; Gemeindewiesen, von Hecken umschlossen, an deren Pflege alle mitwirkten. Eine Verbesserung in den Webinstrumenten oder im Färbungsverfahren der Wollstoffe kam Allen zugute; in dieser Epoche schon konnte eine Bauernfamilie nur unter der Bedingung existieren, dass sie bei tausend Gelegenheiten Schutz am Dorfe oder an der Kommune fand.

Aber heute, bei einem Zustand der Industrie, wo alles eng verwachsen und verschlungen ist, wo jeder Produktionszweig sich aller anderen bedienen muss, ist das Bestreben, den Produkten einen individualistischen Ursprung beizumessen, etwas Anmaßendes und absolut Unhaltbares. Wenn die Textilindustrie oder die Metallwarenbranche in den zivilisierten Ländern eine erstaunliche Vervollkommnung erfahren haben, so verdanken sie es der gleichzeitigen Entwicklung von tausend anderen großen wie kleinen Industrien; sie verdanken es der Ausbreitung des Eisenbahnnetzes, der transatlantischen Schifffahrt, der Geschicklichkeit von Millionen von Arbeitern, einem gewissen Grade allgemeiner Kultur in der ganzen Arbeiterklasse, kurz, den gesamten Arbeitsleistungen der Welt.

Die Italiener, welche beim Durchstich des Suezkanals an der Cholera starben, oder an der Gicht im Gotthardtunnel, ebenso die Amerikaner, welche scharenweise im Geschützregen dahinsanken – im Kriege für die Abschaffung der Sklaverei –, haben zur Entwicklung der Baumwollindustrie in England und Frankreich beigetragen, und zwar in dem gleichen Maße, als jene Mädchen, welche in den Manufakturen von Manchester und Rouen verkümmern, oder jener Ingenieur, welcher (infolge des schmerzlichen Eindrucks, den das Bild einer solchen Arbeiterin in ihm hinterlassen) auf irgendeine Vervollkommnung der Webinstrumente gekommen ist.

Wie will man den Teil abschätzen, welcher von den Reichtümern, an deren Aufhäufung wir alle mitarbeiten, auf Jeden entfällt?

Wenn wir uns der Produktion gegenüber auf einen allgemeinen vergleichenden Standpunkt stellen, so können wir uns nicht der Meinung der Kollektivisten anschließen, dass eine Entschädigung nach der Anzahl der geleisteten Arbeitsstunden ein Ideal oder auch nur ein Schritt dem Ideal zu ist. Wir wollen hier nicht darüber diskutieren, ob sich in der gegenwärtigen Gesellschaft der Tauschwert der Waren wirklich nach der in ihnen enthaltenen Arbeitsmenge bemisst, – was Smith und Ricardo behauptet haben und was Marx von ihnen übernommen hat; es genügt mir, unter Vorbehalt, später noch einmal darauf zurückzukommen, hier zu konstatieren, dass das kollektivistische Ideal uns unausführbar erscheint in einer Gesellschaft, welche die Produktionsmittel als ein Allen überkommenes Erbe ansieht. Basiert man eine Gesellschaft auf diesem letzteren Prinzip, so wird man sich auch gezwungen sehen, zu gleicher Zeit das ganze Lohnsystem aufzugeben.

Wir sind der Überzeugung, dass der gemilderte Individualismus des kollektivistischen Systems unvereinbar ist mit jenem partiellen Kommunismus, den es in Gestalt des Gemeineigentums am Grund und Boden und an Arbeitsinstrumenten aufweist. Eine neue Produktionsform bedingt auch eine neue Verteilungsform der Produkte. Eine neue Produktionsweise kann ebenso wenig, als sie sich der alten politischen Organisationsform anpassen konnte, die alte Konsumtionsform beibehalten.

Das Lohnsystem hat seinen Ursprung in der persönlichen Aneignung des Grund und Bodens und der Arbeitsinstrumente durch einige Wenige. Es war dies eine notwendige Bedingung für die Entwicklung der kapitalistischen Produktion; das Lohnsystem wird mit dieser verschwinden, selbst wenn man es unter der Form der „Arbeitsbons“ wird vermummen wollen. Der Gemeinbesitz an den Arbeitsinstrumenten führt notwendig zum gemeinschaftlichen Genuss der aus gemeinsamer Arbeit stammenden Produkte.

Wir behaupten außerdem, dass der Kommunismus nicht allein wünschenswert ist, sondern auch, dass die gegenwärtigen Gesellschaften, begründet auf dem Individualismus, gezwungen sind, sich ständig dem Kommunismus zu nähern.

Die Entwicklung des Individualismus während der letzten drei Jahrhunderte erklärt sich hauptsächlich aus den Bemühungen des Menschen, sich gegen die Macht des Staates und des Kapitals zu schützen. Er hatte einen Augenblick geglaubt, und diejenigen, welche seine Ideen predigten, gleichfalls, dass er sich ganz vom Staate und der Gesellschaft befreien könnte. „Mittels Geldes", sagte er, „kann ich alles, dessen ich bedarf, kaufen." Aber das Individuum ist fehl gegangen, und die moderne Geschichte führt es zu der Erkenntnis zurück, dass es ohne das Zusammenwirken Aller nichts vermag, selbst mit seinen Geldspinden voller Gold.

In der Tat: neben dem individualistischen Zuge konstatieren wir in der ganzen modernen Geschichte die Tendenz, einerseits zu erhalten, was von dem partiellen Kommunismus des Altertums übrig geblieben ist, und andererseits das kommunistische Prinzip in tausend und abertausend Kundgebungen des Lebens wieder zur Geltung zu bringen.

Als es den Kommunen des 10., 11. und 12. Jahrhunderts geglückt war, sich von den weltlichen oder kirchlichen Herren zu emanzipieren, gaben sie sofort dem Prinzip der gemeinschaftlichen Arbeit und des gemeinschaftlichen Genusses eine große Ausdehnung.

Die Stadt – nicht die Privatleute – befrachtete die Schiffe und entsendete die Karawanen für den fernen Handel, ihr Ertrag kam Allen und nicht einzelnen Individuen zugute. Die Stadt kaufte auch die Lebensmittel für ihre Bewohner. Die Spuren dieser Institutionen haben sich bis zum 19. Jahrhundert erhalten und die Völker bewahren ihnen noch heute in ihren Legenden ein frommes Andenken.

Dies alles ist verschwunden. Aber die Landgemeinde kämpft noch heute für die Aufrechterhaltung der letzten Überbleibsel des Kommunismus, und dies stets mit Erfolg, wenn nicht der Staat sein gewichtiges Schwert in die Waagschale wirft.

Zu gleicher Zeit entstehen unter tausend verschiedenen Gesichtspunkten neue Organisationen, basiert auf diesem selben Prinzip: „Jedem nach seinen Bedürfnissen", denn ohne eine gewisse Dosis Kommunismus können die gegenwärtigen Gesellschaften nicht existieren. Trotz der engherzigen egoistischen Richtung, welche der Geist durch die Warenproduktion erhalten hat, offenbart sich die kommunistische Tendenz alle Augenblicke und bürgert sich in unseren Beziehungen unter allen möglichen Formen ein.

Die Brücke, für deren Passage einst von den Passanten ein Zoll bezahlt wurde, ist öffentliches Eigentum geworden. Eine Bezahlung für die Benutzung der gepflasterten Landstraßen, die ehemals nach Meilen bemessen wurde, besteht nur noch im Orient. Die Museen, die jedem offen stehenden Bibliotheken, die unentgeltlichen Schulen, die Speisungen der Kinder auf Gemeindekosten, die öffentlichen Parks und Gärten, die gepflasterten und erleuchteten Straßen, Jedermann unentgeltlich zugänglich, die Wasserleitung mit der allgemeinen Tendenz, die Bezahlung nicht nach der konsumierten Quantität zu berechnen – alle diese und noch viele andere Institutionen sind gegründet auf dem Prinzip: „Nehmet so viel, als ihr bedürft."

Die Eisenbahnen, die Pferdebahnen führen schon monatliche oder jährliche Abonnementsbilletts ein, ohne der Anzahl der Fahrten Rechnung zu tragen; und eine ganze Nation – Ungarn – hat auf seinem Eisenbahnnetz den Zonentarif eingeführt, nach welchem die Zurücklegung einer Strecke von 500 oder 1.000 Kilometer den gleichen Preis kostet. Von hier ist es nicht weit mehr zum Einheitspreis, wie er im Postdienst durchgeführt ist. In allen diesen modernen Errungenschaften und tausend anderen liegt die Tendenz vor, die Konsumtion nicht zu bemessen. Jener will 1.000 Kilometer zurücklegen, ein anderer nur 500. Dieses sind persönliche Bedürfnisse, und es ist kein Grund dafür vorhanden, den einen zweimal so viel als den andren bezahlen zu lassen, weil das Bedürfnis ein doppelt so großes war. Alle die Phänomene zeigen sich schon in unseren heutigen individualistischen Gesellschaften.

Es liegt unstreitbar, so schwach sie auch noch sein mag, die Tendenz vor, die menschlichen Bedürfnisse von der Größe der Dienste, welche der Mensch der Gesellschaft geleistet hat oder leisten wird, unabhängig zu machen. Man gelangt dahin, die Gesellschaft als ein Ganzes zu betrachten, von dem jeder Teil so intim mit dem anderen verknüpft ist, dass der einem Individuum erwiesene Dienst ein Allen erwiesener Dienst ist.

Wenn ihr in eine öffentliche Bibliothek – nicht die Nationalbibliothek von Paris, sondern, sagen wir, in die Londons oder Berlins – eintretet, so fragt der Bibliothekar euch nicht, welche Dienste ihr der Gesellschaft geleistet, um euch je nach erfolgter Antwort das eine oder die fünfzig erbetenen Bücher zu geben; und nötigenfalls unterstützt er euch auch, wenn ihr die gewünschten Bücher im Katalog nicht zu finden versteht. Wenn man ein für alle gleichmäßig bemessenes Eintrittsgeld erlegt – und sehr häufig ist es eine Steuer in Form einer Arbeitsleistung, die man jetzt vorsieht –, macht die wissenschaftliche Gesellschaft ihre Museen, ihre Gärten, ihre Bibliothek, ihre Laboratorien, ihre jährlichen Feste usw. einem jeden ihrer Mitglieder zugänglich, sei dies ein Darwin oder ein einfacher Amateur.

Wenn ihr in Petersburg einer Erfindung nachgehen wollt, geht ihr in eine besondere Werkstatt, wo man euch einen Platz, einen Werktisch, eine Drehbank, alle notwendigen Werkzeuge, alle Messinstrumente, vorausgesetzt, dass ihr sie zu handhaben versteht, anweist; – dort lässt man euch arbeiten, solange es euch gefällt. Eure Idee vereint euch mit Kameraden verschiedener Berufe, wenn ihr es nicht vorzieht allein zu arbeiten, erfindet die Flugmaschine oder erfindet sie nicht – das ist eure Sache. Eine Idee leitet euch – das genügt.

Fragt ferner die Bemannung eines Rettungsbootes die Matrosen eines sinkenden Schiffes nach ihren Namen? Sie schifft sich ein, wagt ihr Leben in den wütenden Wogen; sie ertrinkt auch zuweilen, um denen das Leben zu retten, welche sie nicht einmal kennt. Und warum sollte sie sie kennen? „Man bedarf unserer Dienste; es sind menschliche Wesen dort; das genügt, ihr Recht auf unsere Hilfe steht fest. – Retten wir sie!"

Das ist die Tendenz, und zwar eine Tendenz eminent kommunistischer Art, welche sich überall geltend macht, unter allen möglichen Formen, selbst im Schoße unserer heutigen Gesellschaften, welche den Individualismus predigen.

Und wenn morgen eine der großen Städte, sonst so egoistisch gesinnt, von irgendeinem Unglück heimgesucht wird – einer Belagerung zum Beispiel –, so wird dieselbe Stadt beschließen, dass die Bedürfnisse, welche zuerst befriedigt werden müssen, die der Kinder und der Greise sind, und zwar ohne sich zu informieren, welche Dienste sie der Gesellschaft erwiesen haben oder erweisen werden; und es gilt zuerst die Kämpfer zu ernähren und für sie Sorge zu tragen – unabhängig von der Tapferkeit oder der Klugheit, die ein jeder noch beweisen soll, und Tausende von Männern und Frauen werden in Selbstverleugnung wetteifern, um die Verwundeten zu pflegen.

Die Tendenz zum Kommunismus existiert. Sie verschärft sich mit dem Augenblicke, wo die gebieterischsten Bedürfnisse eines jeden befriedigt sind, und zwar nach Maßgabe, als die Produktionskraft des Menschen wächst; sie verschärft sich noch mit jedem Male, wo eine große Idee sich an die Stelle der kleinlichen Sorgen des täglichen Lebens setzt.

Wie kann man also zweifeln, dass an dem Tage, wo die Produktionsmittel sich im Besitze der Gesamtheit befinden werden, wo die Arbeit eine gemeinschaftliche sein wird, wo die Arbeit, den Ehrenplatz in der Gesellschaft einnehmend, produktiver sein wird, als es die Bedürfnisse Aller erfordern, – wie kann man daran zweifeln, dass an jenem Tage diese Tendenz ihre Wirkungssphäre, – schon heute so mächtig – nicht so weit ausdehnen sollte, dass sie zum Fundament des gesamten sozialen Lebens wird?

Nach diesen Anzeichen und obendrein in Erwägung der praktischen Seite der Expropriation, die uns in den folgenden Kapiteln beschäftigen wird, halten wir es für unsere erste Aufgabe, – nachdem die Revolution die Macht, welche das heutige System schützt, gebrochen hat – sofort den Kommunismus zu verwirklichen.

Doch unser Kommunismus ist nicht derjenige der Phalansterien, noch derjenige der autoritären deutschen Theoretiker. Er ist der anarchistische Kommunismus, der Kommunismus ohne Regierung – derjenige freier Menschen. Er ist die Vereinigung der beiden von der Menschheit seit alters her verfolgten Ziele: der ökonomischen Freiheit und der politischen Freiheit.

II.

Indem wir „die Anarchie“ als Ideal politischer Organisation annehmen, formulieren wir gleichfalls nur eine zweite ausgesprochene Tendenz der Menschheit. Jedes Mal, wenn es der Entwicklungsgang der europäischen Gesellschaften erlaubt hat, schüttelten diese das Joch der Autorität ab und arbeiteten ein System aus, das auf den Prinzipien der individuellen Freiheit basiert war. Und wir sehen in der Geschichte, dass die Perioden, in welchen infolge partieller oder allgemeiner Empörungen die Regierungen erschüttert waren, die Epochen eines schnellen Fortschritts auf ökonomischem, wie intellektuellem Gebiete waren.

Bald ist es die Befreiung der Kommunen, deren Errungenschaften – die Frucht der freien Arbeit freier Assoziationen – niemals wieder übertroffen worden sind; bald sind es die Bauernkriege, deren Folge die Reformation war und welche das Papsttum in Gefahr brachten; bald ist es jene Gesellschaft – frei für einen Augenblick –, welche auf der andren Seite des Atlantischen Ozeans von Männern, die des alten Europas müde waren, geschaffen wurde.

Und wenn wir die augenblickliche Entwicklung der zivilisierten Nationen beobachten, so sehen wir, wie sich in nicht misszuverstehender Weise eine Bewegung entfaltet, die nicht mit Unrecht beschuldigt wird, die Wirkungssphäre der Regierung beschränken und dem Individuum mehr und mehr Spielraum schaffen zu wollen. Darin dokumentiert sich die gegenwärtige Evolution, allerdings noch durch eine Unmasse von Institutionen und ererbten Vorurteilen eingezwängt; wie alle Evolutionen, wartet auch sie nur auf die Revolution, um das alte hinderliche Gemäuer zu stürzen, um einen freien Aufschwung in der neuen Gesellschaft zu nehmen.

Nachdem man lange Zeit vergeblich danach gestrebt hat, das unlösliche Problem zu lösen: das Problem, sich eine Regierung zu schaffen, „welche das Individuum zum Gehorsam zwingen könne, ohne jemals selbst der Gesellschaft ungehorsam zu werden", sucht die Menschheit sich von jeder Art Regierung zu befreien und ihren Organisationsbedürfnissen auf dem Wege der freien Vereinbarung zwischen den Individuen und den Gruppen mit gleichen Zielen zu genügen. Die Unabhängigkeit der kleinsten territorialen Einheit wird ein dringendes Bedürfnis; das gemeinsame Übereinkommen ersetzt das Gesetz und regelt – über die territorialen Grenzen hinaus – die Sonderinteressen mit Rücksicht auf ein allgemeines Ziel.

Alles, was man ehemals als Funktion des Staates angesehen hat, wird ihm heute streitig gemacht; man einigt sich viel leichter und besser ohne seine Einmischung. Wenn man die Fortschritte, die in dieser Richtung gemacht worden sind, studiert, so kommt man zu dem Schlusse, dass die Menschheit die Tätigkeit der Regierung auf null zu reduzieren, das heißt, den Staat, diese Personifikation von Ungerechtigkeit, Unterdrückung und Monopolbesitz, zu beseitigen bestrebt ist.

Wir können schon eine Welt sehen, in der das Individuum, nicht mehr durch Gesetze gefesselt, nur noch gesellschaftliche Neigungen haben wird. Neigungen, die in dem von einem jeden von uns gefühlten Bedürfnissen, Hilfe und Mitgefühl bei seinen Nachbarn und ein Zusammenarbeiten mit ihnen zu suchen, geboren sind.

Gewiss, die Idee einer staatslosen Gesellschaft wird eine wenigstens ebenso große Gegnerschaft finden, als die politische Ökonomie mit einer Gesellschaft, in der es kein Privateigentum geben soll. Wir alle sind in Vorurteilen von der Notwendigkeit der Vorsehungs-Funktionen des Staates großgezogen worden. Unsere ganze Erziehung, vom Unterricht in der römischen Geschichte an bis zur Einweihung in den „corpus juris", den man unter dem Namen „römisches Recht" studiert, sowie die verschiedenen auf den Universitäten gelehrten Wissenschaften haben uns daran gewöhnt, an die Regierung und an die Tugenden des Vorsehungs-Staates zu glauben.

Philosophische Systeme sind ausgearbeitet und gelehrt worden, um dieses Vorurteil zu erhalten; Rechtstheorien sind zu dem gleichen Ziele aufgestellt worden. Die ganze Politik basiert auf diesem Prinzip, und jeder Politiker, von welcher Farbe er auch sei, wird stets zum Volke sagen: „Gebt mir die Macht; ich will, ich kann Euch von dem Elend befreien, welches auf Euch lastet."

Von der Wiege bis zum Grabe stehen wir unter der Herrschaft dieses Prinzips. Öffnet ein beliebiges Buch der Soziologie, der Jurisprudenz und ihr werdet finden, dass die Regierung, ihre Organisation, ihre Handlungen einen derartigen großen Raum einnehmen, dass wir schließlich zu dem Glauben kommen müssen, es gäbe nichts weiter auf der Welt, als Regierungen und Staatsmänner.

Der gleichen Litanei begegnen wir in allen Tonarten in der Presse. Ganze Spalten sind den Debatten der Parlamente, den Intrigen der Politiker gewidmet: das tägliche, gewaltige Leben einer Nation kommt höchstens in einigen wenigen, einen ökonomischen Gegenstand behandelnden Zeiten zur Geltung – gelegentlich eines neuen Gesetzes oder (unter „Verschiedenes") durch Vermittlung der Polizei. Und wenn Ihr diese Journale liest, so kommt Ihr nicht auf den Gedanken, dass es außer einigen Persönlichkeiten, die alles neben sich in den Schatten stellen, die man in den Himmel hebt, und die nur durch unsere Unwissenheit groß sind, noch eine unberechenbare Anzahl von Wesen, – die ganze Menschheit fast – gibt, die da leben und sterben, die Schmerzen erdulden, die arbeiten und konsumieren, denken und schaffen.

Wenn man sich dagegen vom Papier zum Leben selbst wendet, wenn man einen Blick auf die Gesellschaft wirft, so wird man betroffen von der unendlich geringen Rolle, welche die Regierung in Wirklichkeit spielt. Balzac hatte schon die Bemerkung gemacht, wie viele Millionen von Bauern während ihres ganzen Lebens mit dem Staate nicht in Berührung kommen, ausgenommen, dass sie an ihn drückende Steuern bezahlen müssen. Jeden Tag werden Millionen von Verträgen ohne die Intervention der Regierung abgeschlossen, und die größten derselben – diejenigen im Handel, an der Börse – werden in einer Form abgeschlossen, dass die Regierung im Falle eines Vertragsbruches nicht einmal angerufen werden kann. Sprechet mit einem Manne, der des Handels kundig ist, und er wird Euch sagen, dass die vielen Tauschakte, welche täglich zwischen den Handelstreibenden stattfinden, ein Ding der Unmöglichkeit wären, wenn sie nicht auf *gegenseitigem Vertrauen* basiert wären. Die Gewohnheit, sein Wort zu halten, der Wunsch, seinen Kredit nicht zu verlieren, reichen vollständig hin, um diese – wenn auch äußerst relative – Ehrenhaftigkeit, die Handelsehre, zu bewahren. Derselbe Mann, der nicht Gewissensbisse empfindet, seine Kundschaft mittels unreiner, aber mit prunkenden Etiketten ausgestatteter Waren zu vergiften, betrachtet es als Ehrensache, seinen Handelsverpflichtungen nachzukommen. Ja, wenn sich diese relative Moralität unter den gegenwärtigen Verhältnissen, unter denen die Bereicherung und abermals die Bereicherung das einzige treibende Moment ist, sich entwickeln kann – können wir da zweifeln, dass die Moralität außerordentliche Fortschritte machen wird, sobald die Aneignung fremder Arbeit nicht mehr die Basis der Gesellschaft bildet?

Ein anderer überraschender Zug, der besonders unsere Generation charakterisiert, spricht noch mehr zugunsten unserer Ideen. Es ist das ständige um sich greifen von Unternehmungen, die ihren Ursprung der Privatinitiative und der wunderbaren Entwicklung von freien Gruppierungen aller Art verdanken. Wir werden davon des Längeren in den Kapiteln, die der „Freien Vereinbarung" gewidmet sind, sprechen. Es genüge uns hier, zu sagen, dass diese Gründungen so zahlreich und alltäglich sind, dass sie eigentlich das Wesen der zweiten Hälfte dieses Jahrhunderts ausmachen. Die Schriftsteller des Sozialismus und der bürgerlichen Politik ignorieren es freilich und ziehen es vor, uns ständig von den Funktionen der Regierung zu unterhalten. Diese freien, unendlich variierenden Organisationen sind ein so natürliches Entwicklungsprodukt, ihre Anzahl wächst so rapid, ihre Bildung vollzieht sich mit so außerordentlicher Leichtigkeit; sie sind ein so notwendiges Resultat der ständig wachsenden Bedürfnisse des zivilisierten Menschen, und sie ersetzen endlich in so vorteilhafter Weise jegliche Einmischung seitens einer Regierung, dass wir in ihnen einen immer wichtigeren Faktor des gesellschaftlichen Daseins erblicken müssen.

Wenn sie sich noch nicht über die Gesamtheit der Lebenskundgebungen ausdehnen, so liegt das daran, dass sie einem unübersteiglichen Hindernis in dem Elend des Arbeiters, in dem Kastengeist der gegenwärtigen Gesellschaft, in dem Monopolbesitz und dem Staate begegnen. Beseitigt diese Hindernisse, und ihr werdet sie die unermessliche Domäne der Tätigkeit der zivilisierten Menschen ausfüllen sehen.

Die Geschichte der letzten fünfzig Jahre hat den schlagendsten Beweis dafür geliefert, dass die repräsentative Regierung ohnmächtig ist, den Funktionen, die man ihr andichten wollte, gerecht zu werden. Man wird einst das neunzehnte Jahrhundert als das Datum der Fehlgeburt des Parlamentarismus zitieren.

Aber diese Ohnmacht wird für Jedermann, so einleuchtend die Mängel des Parlamentarismus, die fundamentalen Schwächen des repräsentativen Prinzips werden, so offenkundig, dass einige Denker, welche es kritisiert haben (J. S. Mill, Lederdays), nur der allgemeinen Unzufriedenheit haben Ausdruck geben können. Man sieht mehr und mehr ein, wie absurd es ist, einige Männer zu wählen und zu diesen zu sagen: „Macht uns für alle Betätigungen unseres Lebens Gesetze, auch wenn keiner von Euch eine Ahnung von ihnen hat." Man beginnt zu begreifen, dass die Herrschaft der Majoritäten ein Überlassen aller Geschäfte eines Landes an diejenigen bedeutet, welche die Majoritäten für sich zu gewinnen wissen, d. h. an „die Kröten des Sumpfes" in der Kammer und in den Kreisversammlungen, mit einem Wort an diejenigen, welche keine Meinung haben. Die Menschheit sucht und findet neue Wege.

Der internationale Postverein, die Vereinigung der Eisenbahnen, die wissenschaftlichen Gesellschaften liefern uns ein Beispiel für die Lösung, die man auf dem Wege der freien Vereinbarung an Stelle des Gesetzes gefunden hat.

Wenn heute die über alle vier Windrichtungen des Erdballs verstreuten Gruppen sich zu irgendeinem gemeinsamen Ziel organisieren wollen, so ernennen sie nicht mehr ein internationales Parlament von Deputierten mit unumschränkter Vollmacht, zu denen man sagt: „Beschließet Gesetze, wir gehorchen". Nein, wenn man sich heute nicht direkt oder auf dem Wege der Korrespondenz verständigen kann, so schickt man sachverständige Delegierte zum Verhandeln und sagt diesen: „Versucht Euch über diese oder jene Frage zu einigen und kommt dann zurück – aber nicht mit einem Gesetze in der Tasche, sondern mit einem Verständigungsvorschlag, den wir dann annehmen werden oder nicht."

In dieser Weise handeln die großen industriellen Kompagnien, die wissenschaftlichen Gesellschaften, die Vereinigungen aller Art, die sich heute schon über ganz Europa und die Vereinigten Staaten verbreiten. Und in gleicher Weise wird eine befreite Gesellschaft handeln müssen. Um die Expropriation durchzuführen, wird es ihr absolut unmöglich sein, sich nach dem Prinzip der parlamentarischen Repräsentation zu organisieren. Eine auf der Leibeigenschaft begründete Gesellschaft konnte sich mit der Monarchie abfinden, eine auf dem Lohnsystem und der Ausbeutung der Massen durch die Kapitalbesitzer basierte Gesellschaft konnte sich dem Parlamentarismus anpassen. Aber eine freie Gesellschaft, eine Gesellschaft, die in Besitz des Allen zukommenden Erbes tritt, muss in der freien Gruppierung, in der freien Föderation der Gruppen eine neue Organisation finden, eine Organisation, die der neuen ökonomischen Phase der Geschichte entspricht.

Jeder ökonomischen Phase entspricht eine politische Phase, und es wird unmöglich sein, an dem Eigentum zu rütteln, ohne zugleich einen neuen Modus des politischen Lebens zu finden

Die Expropriation

I.

Man erzählt, dass Rothschild im Jahre 1848, als er sein Vermögen durch die Revolution bedroht sah, folgende Posse erfand. „Ich will gern zugeben", sagte er, „dass mein Vermögen auf Kosten Anderer erworben ist. Aber verteilt unter soundso viele Millionen Europäer, würde auf die Person nur ein Taler entfallen. Ich verpflichte mich nun, jedem seinen Taler zurückzustellen, falls er ihn fordern sollte."

Nachdem er dies erklärt und gehörig publiziert hatte, ging unser Millionär ruhig in den Straßen Frankfurts spazieren. Drei oder vier Passanten forderten ihren Taler, und er verabreichte ihnen diesen mit sardonischem Lächeln; und der Zweck war erreicht: die Familie des Millionärs ist heute noch im Besitz ihrer Schätze.

Einer ähnlichen Logik huldigen jene Schlauköpfe der Bourgeoisie, die uns sagen: „Ah! die Expropriation? ich weiß schon: Ihr nehmt allen die Überzieher und legt sie auf einen Haufen, und Jeder kommt dann, sich einen zu holen. Folge davon? – Man wird sich um den besten prügeln."

Es ist dies ein fauler Scherz. Wir werden nicht sämtliche Röcke auf einen Haufen werfen, um sie alsdann zu verteilen; davon würden die, welche vor Kälte zittern, kaum einen Nutzen haben. Es handelt sich noch weniger für uns darum, die Taler Rothschilds zu verteilen. Unser Ziel geht dahin, uns derart zu organisieren, dass jedes menschliche Wesen, das zur Welt kommt, die Sicherheit hat, erstens, eine produktive Arbeit zu erlernen und an ihr Gefallen zu finden, und zweitens, diese Arbeit leisten zu können, ohne den Grundeigentümer oder Fabrikbesitzer erst um Erlaubnis zu fragen und ohne an diese den Löwenanteil von seinen Erzeugnissen abzuführen.

Was die Reichtümer aller Art, die sich in den Händen der Rothschilds und Vanderbilts befinden, anbelangt, so werden diese uns einzig dazu dienen, unsere gemeinschaftliche Produktion besser zu organisieren.

An dem Tage, wo der Landarbeiter den Boden wird bestellen können, ohne dass er die Hälfte seiner Produkte abzugeben hat; an dem Tage, wo die Maschinen, die notwendig sind, um den Boden für große Ernten ertragsfähig zu machen, im Überfluss vorhanden sein und den Landwirten zur freien Verfügung stehen werden; an dem Tage, wo der Arbeiter des Hüttenwerkes für die Allgemeinheit und nicht mehr für das Monopol produzieren wird, werden die Arbeiter nicht mehr in Lumpen einherzugehen brauchen, und es wird keine Rothschilds mehr, noch andere Ausbeuter geben.

Niemand wird es dann mehr notwendig haben, seine Arbeitskraft für einen Lohn zu verkaufen, der nur einen Teil dessen, was er in Wirklichkeit produziert hat, repräsentiert.

„Nun gut", erwidert man uns, „so werden die Rothschilds von außerhalb kommen. Könnt Ihr es verhindern, dass ein Mann, der sich in China Millionen zusammengescharrt hat, sich unter Euch niederlässt, Arbeiter gegen Lohn annimmt, sie ausbeutet und sich auf ihre Kosten bereichert?"

„Ihr könnt doch nicht die Revolution auf der Erde mit einem Male machen. Oder werdet Ihr etwa Zollschranken an den Grenzen errichten, die Ankömmlinge durchsuchen und ihnen das Geld, welches sie bei sich tragen konfiszieren? – Gendarmen, die auf Schmuggler schießen – das wäre eine nettes Bildchen."

Nun, in diesem Räsonnement steckt ein großer Irrtum. Er besteht darin, dass man sich niemals gefragt hat, woher denn eigentlich die Vermögen der Reichen stammen. Eine kurze Überlegung würde den Nachweis erbringen, dass der Ursprung dieser Vermögen das Elend der Armen ist.

Dort, wo es keine Elenden mehr geben wird, wird es auch keine Reichen mehr geben, welche sie ausbeuten könnten.

Werfen wir einen Blick auf das Mittelalter, in welchem sich die großen Vermögen zu bilden anfingen.

Ein Feudalbaron hat sich eines fruchtbaren Tales bemächtigt. Aber solange diese Ländereien nicht bevölkert sind, repräsentieren sie für unseren Feudalbaron keinen Reichtum. Sein Grund und Boden liefert ihm keine Erträge; die Tatsache, Güter auf dem Monde zu besitzen, hätte für ihn den gleichen Wert gehabt. Was wird er also tun, um sich zu bereichern? Er muss sich Bauern suchen.

Indessen, wenn jeder Landbebauer ein pachtfreies Stück Land, wenn er außerdem für die Bestellung die nötigen Gerätschaften und das nötige Vieh hätte, würde er dann hingehen und die Ländereien des Barons urbar machen? Jeder würde auf seinem Besitztum bleiben. Aber es gibt ja ganze

Bevölkerungen von Elenden. Sie sind durch Kriege, Dürre und Seuchen an den Rand des Abgrundes gebracht, sie haben weder Pferd noch Pflugschar. (Das Eisen war teuer im Mittelalter, noch teurer das Arbeitspferd.)

Alle diese Elenden streben nach besseren Existenzbedingungen. Sie sehen eines Tages an der Landstraße, an dem Grenzrain der dem Baron gehörigen Ländereien einen Pfahl mit einem Schilde; auf diesem findet sich in bestimmten verständlichen Zeichen die Ankündigung, dass der Landarbeiter, der sich auf diesen Ländereien niederlassen wolle, mit dem Boden zugleich auch die Arbeitsinstrumente und das Material zum Bau seiner Hütte und zum Bestellen des Feldes empfangen würde, ohne dass er während einer bestimmten Anzahl von Jahren einen Grundzins zu bezahlen brauche. Diese Anzahl von Jahren ist auf dem Grenzpfahl mit eben so viel Kreuzen markiert: der Bauer begreift, was diese Kreuze bedeuten.

Die Elenden überfluten die Ländereien des Barons. Sie bauen Straßen, trocknen Sümpfe aus, schaffen Dörfer. Nach neun Jahren vielleicht wird ihnen der Baron eine Pacht auflegen; nach weiteren fünf Jahren wird er einen im Voraus zu bezahlenden Grundzins erheben, welchen er dann bald wieder verdoppelt, und so fort! – und der Landbebauer wird immer diese neuen Bedingungen annehmen, weil ihm anderwärts nicht bessere geboten werden. Und allmählich, unter Hilfe des von dem Herrn Baron gemachten Gesetzes, wird das Elend des Bauern eine Quelle des Reichtums des Edelmannes, und nicht allein des Edelmannes, sondern einer ganzen Schar von Wucherern, welche sich in den Dörfern niederlassen und sich im gleichen Maße vermehren, als der Bauer mehr und mehr verarmt.

So ging es im Mittelalter, so geht es heute noch. Wenn es heute freie Ländereien gäbe, welche der Bauer nach seinem Belieben kultivieren könnte, dann würde er dem gnädigen Herrn Grafen, der ihm ein Teilchen Landes verkaufen will, nicht 800 Mk. pro Hektar zahlen; noch würde er ihm eine lästige Pacht zahlen, die ihn eines Drittels dessen beraubt, was er produziert, noch würde er sich zum Halbbauer hergeben, der die Hälfte seiner Ernte dem Eigentümer überlassen muss?

Aber es gibt deren keine; also muss er alle Bedingungen annehmen, vorausgesetzt, dass er nur sein kümmerliches Leben bei dem Ackerbau fristen kann; und den Herrn Edelmann wird er bereichern.

Wie im Mittelalter, ist es auch heute immer noch die Armut des Bauern, welche den Reichtum des Grundeigentümers bedingt.

II.

Der Eigentümer des Bodens bereichert sich also an dem Elend des Bauern. Ebenso steht es mit dem industriellen Unternehmer. Nehmt einen Bourgeois, welcher auf die eine oder andere Weise in den Besitz eines Vermögens von 500.000 Mk. gekommen ist. Er könnte dieses leicht bei einem jährlichen Verbrauch von 50.000 Mk. verzehren – eine nicht zu hohe Summe bei dem phantastischen und unsinnigen Luxus unserer Tage. Aber dann hätte er nichts mehr nach Verlauf von 10 Jahren. Als „praktischer" Mann wird er es vorziehen, sein Vermögen intakt zu erhalten und sich ein kleines, nettes jährliches Einkommen zu verschaffen.

Es ist doch ein Leichtes in unserer Gesellschaft, wo unsere Städte und Dörfer von Arbeitern wimmeln, die nicht einmal alle 14 Tage, geschweige denn für einen Monat zu leben haben. Unser Bourgeois entschließt sich also, eine Fabrik zu erbauen. Die Bankiers leihen ihm sofort weitere 500.000 Mk. zu diesem Zweck, namentlich wenn er in dem Ruf steht, „gewandt" zu sein. Mit seiner Million kann er jetzt 500 Arbeiter beschäftigen.

Wenn es nun in der Umgebung der Fabriken nur Männer und Frauen gäbe, deren Existenz gesichert wäre – wer würde da zu unserem Bourgeois arbeiten gehen? Niemanden würde es einfallen, ihm für einen täglichen Lohn von 3 Mk. Waren im Werte von 5 oder gar 10 Mk. herzustellen.

Leider wimmeln aber – wir wissen es nur zu gut – die armen Viertel der Stadt und die benachbarten Dörfer von Tausenden von Männern, deren Kinder vor leeren Speiseschränken tanzen. Die Fabrik ist noch nicht einmal vollendet, so strömen schon die Arbeiter herbei, um sich einstellen zu lassen. Bedarf der Bourgeois nur 100 Arbeiter, so kommen deren 1.000. Und wenn die Fabrik erst im Gange ist, so wird er – falls er nicht ein sehr großer Einfaltspinsel ist – ein hübsches Sümmchen von 1.000 Mk. im Jahre an jedem Mann, der bei ihm arbeitet, verdienen.

Unser Fabrikbesitzer wird sich auf diese Weise ein nettes Einkommen verschaffen. Und wenn er einen lukrativen Industriezweig erwählt hat, wenn er ein „Geschäftsmann" ist, so wird er allmählich seine Fabrik vergrößern und seine Einkünfte erhöhen, dadurch, dass er die Zahl der Männer, welche er ausbeutet, verdoppelt.

Dann wird er ein angesehener Mann in seiner Gegend. Er wird andere angesehene Männer, die Herren Stadträte, den Herren Deputierten zum Dejeuner einladen können. Er wird sein Vermögen mit einem anderen verheiraten und später seinen Kindern vorteilhafte Stellungen verschaffen, endlich irgendwelche staatliche Konzession erlangen. Man wird ihm eine

Armeelieferung zuwenden, ihn für die Präfektur vorschlagen; und alle diese Gelegenheiten wird er natürlich dazu benutzen, sein Vermögen immer mehr nach oben abzurunden. Und wenn schließlich ein Krieg kommt oder das Gerücht eines solchen auftaucht, wird er mittels einer Börsenspekulation einen großen Coup machen.

Neun Zehntel der kolossalen Vermögen in den Vereinigten Staaten (Henry George erzählt es uns in seinen *Sozialen Problemen*) stammen aus irgendeiner großen Schurkerei, verübt mit der Hilfe des Staates. In unseren europäischen Monarchien oder Republiken haben sie denselben Ursprung: es gibt eben nur einen Weg, auf dem man Millionär werden kann.

Die ganze Wissenschaft, reich zu werden, besteht darin, Barfüßler zu finden, diese mit 3 Mk. zu bezahlen und sie dafür Produkte im Werte von 10 Mk. fabrizieren zu lassen, auf diese Weise ein Vermögen zusammenzuraffen, und es dann durch irgendeinen großen Coup und unter Hilfe des Staates „abzurunden".

Ist es noch notwendig, von den kleinen Vermögen zu reden, deren Entstehen von den Ökonomisten der Sparsamkeit zugeschrieben wird? Man weiß doch nur zu gut, dass die Sparsamkeit durch sich selbst nichts „einbringt" und nichts einbringen kann, solange nicht die „ersparten" Pfennige zur Ausbeutung von Hungerleidern verwendet werden. Betrachten wir uns einen Schuhmacher. Nehmen wir an, dass seine Arbeit gut bezahlt wird, dass er gute Kundschaft hat und dass er mittels Entbehrungen dahin gelangt ist, täglich 2 Mk., also monatlich 60 Mk. beiseitezulegen.

Nehmen wir weiter an, dass er niemals in seinem Leben krank ist, dass er sich stets satt isst, trotz seines Eifers, zu sparen, dass er sich nicht verheiratet, dass er keine Kinder hat, dass er nicht an der Schwindsucht stirbt – nehmen wir dies alles an!

Nun im Alter von 50 Jahren hätte er noch nicht einmal 15.000 Mk. erspart; und er würde während seines Alters nicht genug zum Leben haben, falls er arbeitsunfähig wird. Sicherlich nicht auf diese Weise sammeln sich die großen Vermögen an.

Aber betrachten wir jetzt einmal einen anderen Schuhmacher. Sobald er einige Pfennige erübrigt hat, legt er sie auf die hohe Kante, und die Sparkasse leiht sie gegen hohe Zinsen einem Bourgeois, der gerade im Begriff steht, eine Ausbeutung von Barfüßlern vorzunehmen. Alsdann wird er sich einen Lehrling nehmen, das Kind irgendeines armen Mannes, welcher sich glücklich schätzt, wenn sein Sohn nach Verlauf von fünf Jahren das

Handwerk erlernt hat und dahin gelangt ist, seinen Lebensunterhalt zu gewinnen.

Der Lehrling „verdient“ seinem Meister natürlich etwas und wenn seine Kundschaft wächst, wird er sich beeilen, einen zweiten Lehrling zu nehmen. Später wird er sich noch zwei oder drei Arbeiter dazu halten, elende Menschen, welche glücklich sind, wenn sie für eine Tagesarbeit im Werte von 6 Mk. 3 Mk. beziehen. Und wenn unser Schuhmacher „Glück“ hat, das heißt, wenn er genügend „gerieben“ ist, so werden ihm seine Arbeiter und Lehrlinge einige 20 Mk. pro Tag zu seiner eigenen Arbeit „hinzuverdienen“. Er wird sein Unternehmen vergrößern, allmählich immer wohlhabender werden und es nicht mehr nötig haben, seinen Lebensunterhalt auf das gerade Notwendige zu beschränken. Seinem Sohne wird er schließlich etwas hinterlassen. Das ist es, was man einen „sparsamen und soliden Mann“ nennt. Im Grunde genommen ist er aber auch weiter nichts, als ein Ausbeuter von Hungerleidern.

Der Handel scheint eine Ausnahme von dieser Regel zu machen. „So ein Mann“, sagt man uns, „kauft Tee in China, importiert ihn nach Frankreich und erzielt auf sein Anlagekapital einen Gewinn von 30 Prozent. Er hat Niemanden ausgebeutet.“

Und dennoch ist der Fall der gleiche. Wenn unser Kaufmann den Tee auf seinem Rücken von China nach Frankreich transportiert hätte – alle Ehre! Ehemals, im Anfange des Mittelalters, betrieb man wohl den Handel auf diese Weise. Aber man gelangte auch niemals zu den erstaunlichen Vermögen unserer Tage: kaum, dass damals ein Kaufmann nach einer mühevollen und gefährlichen Reise einige Taler beiseitelegen konnte. Es war vielfach auch weniger das Verlangen nach Gewinn, als die Lust am Reisen und an Abenteuern, welche ihn zum Handel drängte.

Heute ist die Methode einfacher. Der Kaufmann, welcher ein Kapital besitzt, hat es zum Zwecke seiner Bereicherung nicht notwendig, sich aus seinem Kontor zu rühren. Er telegraphiert an einen Kommissionär die Order, hundert Tonnen Tee zu kaufen; er befrachtet Schiffe und in wenigen Wochen oder in drei Monaten (wenn es ein Segelschiff ist) wird ihm die gewünschte Ladung gebracht werden. Er trägt nicht einmal die Gefahren der Überfahrt – denn sein Tee und sein Schiff sind versichert. Und wenn er 100.000 Mk. an das Geschäft gewagt hat, so wird er 130.000 Mk. herausziehen, – vorausgesetzt, dass er nicht auf einen neuen Handelsartikel hatte spekulieren wollen, in welchem Falle er sein Vermögen verdoppeln konnte, aber auch Gefahr lief, es ganz zu verlieren.

Aber wie hat er Menschen finden können, welche sich entschlossen, den Transport zu bewirken, während dieser Zeit hart zu arbeiten, Strapazen zu ertragen, ihr Leben für einen mageren Lohn aufs Spiel zu setzen? Wie hat er in den Docks Auf- und Ablader finden können, welche er gerade so hoch bezahlte, dass sie nicht während dieser Arbeit vor Hunger starben? Wie kam dies? – Weil diese Leute im Elend waren! Gehet nach einem unserer Häfen, besuchet die Strandcafés und beobachtet jene Menschen, welche dort nach Arbeit verlangen, welche sich an den Docktoren schlagen, die sie vom Sonnenaufgang ab belagern, um nur zur Arbeit an den Schiffen zugelassen zu werden. Sehet Euch auch jene Seeleute an, die glücklich sind, nach wochen- und monatelangem Warten endlich für eine weite Reise engagiert zu werden; während ihres ganzen Lebens sind sie von Schiff zu Schiff gegangen und sie werden deren neue besteigen, bis sie schließlich eines Tages in den Wellen umkommen.

Tretet in ihre Hütten, betrachtet diese zerlumpten Weiber und Kinder, welche während der Abwesenheit des Vaters leben, man weiß nicht wie, – und ihr habt die Antwort.

Vermehrt diese Beispiele, wählt sie, wo es euch gut dünkt, denket über den Ursprung aller Vermögen nach, der großen wie der kleinen, ob sie aus dem Handel, aus dem Bankwesen, aus der Industrie oder der Landwirtschaft stammen. Überall werdet ihr konstatieren können, dass der Reichtum der einen aus der Armut der anderen stammt. Deswegen hat eine anarchistische Gesellschaft keinen Rothschild zu fürchten, der sich in ihrem Schoße niederlassen wollte. Wenn jedes Glied der Gesellschaft weiß, dass es nach einigen Stunden produktiver Arbeit ein Recht auf alle Freuden hat, welche die Zivilisation schafft, auf alle tiefen und wahren Genüsse, welche die Wissenschaft und die Kunst ihrem Jünger gewährt, so wird er nicht für einen mageren Bissen Brotes mehr seine Arbeitskraft verkaufen. Niemand wird jenen Rothschild bereichern, Seine Taler werden Metallstücke sein, nützlich für verschiedene Verwendungen, aber unfähig, sich zu vermehren.

Mit der Antwort auf den obigen Einwurf haben wir zu gleicher Zeit den Umfang der Expropriation bestimmt.

Die Expropriation soll sich auf alles das erstrecken, was jemanden – den Bankiers, den Industriellen oder den Landwirt – in Stand setzen könnte, sich den Arbeitsertrag anderer anzueignen. Diese Forderung ist einfach und verständlich.

Wir wollen nicht jeden seines Rockes entblößen, sondern wir wollen den Arbeitern alles das zurückgeben, was ihrer Ausbeutung Vorschub leisten könnte. Mit allen uns zu Gebote stehenden Kräften wollen wir auf einen gesellschaftlichen Zustand hinarbeiten, in dem niemand mehr Mangel leiden soll, in dem auch nicht ein einziger Mann gezwungen ist, zu seiner und seiner Kinder Ernährung seine Arbeitskraft zu verkaufen.

Dies verstehen wir unter der „Expropriation", und ihre Verwirklichung ist unsere Aufgabe während der kommenden Revolution, deren Ausbruch wir nicht nach zwei Jahrhunderten, sondern innerhalb der nächsten Zukunft erhoffen.

III.

Die anarchistische Idee im Allgemeinen und die der Expropriation im Besonderen finden unter den unabhängigen Charakteren und den Männern, für welche der Müßiggang nicht das höchste Ideal ist, viel mehr Sympathie, als man glaubt. „Hütet euch indessen", entgegnen uns häufig unsere Freunde, zu weit zu gehen. Die Menschheit wird sich eines Tages nicht mäßigen können; und wenn ihr zu weit in euren Forderungen bezüglich der Expropriation und der Anarchie geht, so könntet ihr Gefahr laufen, etwas zu schaffen, was ohne Bestand ist."

Nun, was wir hinsichtlich der Expropriation befürchten, ist keineswegs, zu weit zu gehen. Wir fürchten im Gegenteil, dass die Expropriation sich in zu engen Grenzen vollzieht, um von Dauer zu sein; dass die revolutionäre Begeisterung auf halbem Wege schwindet, sich in halben Maßregeln, welche niemanden befriedigen werden, erschöpft; dass eine halbe Expropriation, die eine gewaltige Umwälzung in der Gesellschaft und einen Stillstand ihrer Funktionen zur Folge haben würde, nicht lebensfähig ist, vielmehr allgemeine Unzufriedenheit sät und den Triumph der Reaktion unvermeidlich macht.

Es haben sich in unseren Gesellschaften tatsächlich derartig enge Beziehungen herausgebildet, dass eine Änderung in ihnen unmöglich geworden ist – auf dem Wege von partiellen Reformen. Die verschiedenen Teile unserer ökonomischen Organisation stehen in solchem unbedingten Abhängigkeitsverhältnis zueinander, dass man nicht, an dem einen eine Änderung vornehmen kann, ohne das Ganze in Mitleidenschaft zu ziehen: man wird diese Beobachtung machen, sobald man einmal an einer Stelle mit der Expropriation beginnen wird.

Nehmen wir einmal an, dass in irgendeiner Gegend eine teilweise Expropriation vorgenommen wird: dass man sich zum Beispiel – wie unlängst Henry George gefordert hat – darauf beschränkt, die Großgrundbesitzer zu expropriieren, ohne zu gleicher Zeit Hand an die Fabriken zu legen; dass man in irgendeiner Stadt die Häuser enteignet, ohne die Lebensmittel als Gemeingut zu erklären; oder dass man in irgendeinem industriellen Landstrich die Fabriken expropriiert und die großen Güter im Privatbesitz lässt.

Das Resultat wäre stets das gleiche: eine gewaltige Umwälzung im ökonomischen Leben, ohne die Möglichkeit, es auf neuer Grundlage zu organisieren; Stillstand in der Industrie, im Handel, ohne Rückkehr zu gerechten Prinzipien; eine absolute Unmöglichkeit für die Gesellschaft, ein harmonisches Ganzes zu schaffen.

Wenn der Landarbeiter sich vom Großgrundbesitzer befreit, ohne dass die Industrie sich vom industriellen Kapitalisten, vom Kaufmann, vom Bankier befreit – nichts wäre damit geschehen. Der Landmann leidet unter der Gesamtheit der bestehenden Verhältnisse; er leidet unter dem Tribut, den ihm der Industrielle auferlegt, indem er ihn 3 Mk. für einen Spaten, der – im Verhältnis zur Arbeit des Landmanns – nur 0,75 Mk. wert ist, zahlen lässt; unter den vom Staate erhobenen Steuern, der einmal nicht ohne eine entsetzliche Beamtenhierarchie existieren kann; unter den Unterhaltungskosten der Heere: der Staat hält sie, da sich die Industriellen der verschiedenen Nationen in fortwährendem Kampfe um die Märkte befinden, da mit jedem Tag infolge eines Streites wegen der Ausbeutung irgendeines Teiles von Asien oder Afrika ein Krieg ausbrechen kann.

Der Landmann leidet unter der Entvölkerung des flachen Landes, dessen Jugend sich von den Fabriken der Großstädte anziehen lässt, sei es durch den Köder höherer Löhne, die zeitweise von den Fabrikanten der Luxusartikel gezahlt werden, sei es durch die Annehmlichkeiten des regen, bewegten Großstadtlebens; er leidet ferner unter der künstlichen Bevorzugung der Industrie, unter der Ausbeutung der Nachbarländer durch den Handel, unter dem Börsenspiel, unter der Schwierigkeit, den Grund und Boden und den Werkzeugmechanismus zu verbessern usw. usw. Kurz, der Ackerbau leidet nicht allein unter der Grundrente, sondern unter der Gesamtheit unseres gesellschaftlichen Lebens, – das auf der Ausbeutung beruht. Und wenn die Expropriation Allen nur die Möglichkeit schaffte, den Boden zu kultivieren und ihn auszunutzen, ohne dass man an jemand Renten zu zahlen brauchte, so würde – selbst wenn der Ackerbau dadurch einen zeitweisen Aufschwung erlebte, was noch nicht bewiesen ist – er doch bald wieder in den Zustand der Auszehrung zurückfallen, in dem er sich heute befindet. Kurz, es würden sich die gleichen Unzuträglichkeiten einstellen, und zwar noch in verstärktem Maßstabe.

Dasselbe gilt für die Industrie. Übergebt morgen den Arbeitern die Fabriken; macht, was man für eine gewisse Anzahl von Bauern getan hat, welche man zu Eigentümern an Grund und Boden machte. Beseitigt den Fabrikbesitzer, doch lasst dem „gnädigen Herrn“ das Land, dem Bankier das Geld, dem Kaufmann die Börse, lasst in der Gesellschaft diese große Schar der Müßiggänger, welche von der Arbeit des Arbeiters leben, bestehen, behaltet jene Tausende von Schmarotzerexistenzen bei, den Staat mit seinen unzähligen Beamten – und die Industrie wird nicht in Fluss kommen. Da man in der Masse der arm gebliebenen Bauern keine Käufer findet, da man nicht im Besitz der Rohstoffe ist, noch im Stande ist, die geschaffenen Produkte zu exportieren – zum Teil wegen des im Handel eingetretenen Stillstands, hauptsächlich wegen der Dezentralisation der Industrien – so wird die Industrie nur eben vegetieren können, sie wird die Arbeiter auf dem Straßenpflaster belassen, und diese Bataillone von Hungerleidern werden stets bereit sein, sich dem ersten besten Intriganten in die Arme zu werfen oder auch zum alten Regime zurückzukehren, vorausgesetzt, dass er ihnen nur Arbeit garantiert.

Oder endlich auch: expropriiert die Grundeigentümer und übergebt den Arbeitern die Fabriken, ohne jedoch die Expropriation auf die Scharen von Zwischenpersonen, welche heute in den großen Zentren auf Mehl, Getreide, Fleisch und Gewürze spekulieren und gleichzeitig die Produkte unserer Manufaktur in Umlauf bringen, auszudehnen. Nun, sobald der Handel stockt und die Produkte nicht mehr zirkulieren, sobald Paris des Brotes ermangelt und sobald Lyon keine Käufer mehr für seine Seidenwaren findet, in demselben Augenblick wird die Reaktion wieder kommen und furchtbar hausen. Über zahllose Leichname wird sie dahin schreiten, die Mitrailleuse wird in den Städten und Dörfern ihr blutiges Werk verrichten und Orgien von Hinrichtungen und Deportationen, wie in den Jahren 1815, 1848 und 1871, werden die Folge sein. Alles steht in unseren Gesellschaften in inniger Verknüpfung, und es ist unmöglich, an irgendeiner Stelle eine Reformation eintreten zu lassen, ohne das Ganze dadurch zum Sturz zu bringen.

An dem Tage, wo man das Privateigentum in einer seiner Erscheinungsformen – in der landwirtschaftlichen oder industriellen – treffen wird, wird man gezwungen sein, es auch in allen anderen zu treffen. Der Erfolg der Revolution wird hiervon abhängen.

Im Übrigen könnte man sich nicht, selbst wenn man es wollte, auf eine partielle Expropriation beschränken. Ist einmal das Prinzip des heiligen Eigentums erschüttert, so werden es die Theoretiker nicht verhindern können, dass es auch ganz beseitigt wird, hier durch die Sklaven der Scholle, dort durch die Sklaven der Industrie.

Wenn eine große Stadt – Paris zum Beispiel – Hand an die Häuser oder die Fabriken legt, so wird sie durch die Macht der Ereignisse selbst dahin geführt werden, auch den Bankiers das Recht abzuerkennen, von der Kommune 50 Millionen Francs Steuern in Form von Zinsen für früher geliehene Gelder zu erheben. Sie wird gezwungen sein, sich mit den Landleuten in Verbindung zu setzen, und sie wird diese dazu treiben müssen, sich von dem Herrn des Bodens zu befreien. Um essen und produzieren zu können, bedarf sie der Eisenbahnen; und um die Verschwendung von Lebensmitteln zu verhüten und um nicht, wie die Kommune im Jahre 1793, auf die Gnade der Getreidespekulanten angewiesen zu sein, wird Paris seinen eigenen Bürgern die Sorge übertragen, ihre Magazine mit Lebensmitteln zu versehen und die Produkte zu verteilen.

Einige Sozialisten haben indessen noch folgenden Unterschied zu machen versucht. – „Man möge den Grund und Boden, die Bergwerke, die Fabriken, die Manufakturen expropriieren, – ganz unsere Meinung", sagten sie. „Dies alles sind Produktionsmittel und es ist nur gerecht, sie als unser Eigentum zu betrachten. Aber es gibt außerdem Verbrauchsgegenstände: die Nahrungsmittel, die Kleidung, die Wohnung, – diese müssen Privateigentum bleiben."

Der gesunde Menschenverstand des Volkes hat Recht, wenn er diesen Unterschied spitzfindig bezeichnet. In der Tat, wir sind keine Wilden, die im Walde unter einem Dach von Zweigen leben können. Der arbeitende Europäer bedarf eines Zimmers, eines Hauses, eines Bettes, eines Herdes.

Das Bett, das Zimmer, das Haus sind Orte des Nichtstuns für denjenigen, der nichts produziert. Aber für den Arbeiter ist ein geheiztes und erleuchtetes Zimmer ebenso gut Produktionsmittel, wie die Maschine oder das Werkzeug. Es ist der Ort der Erholung seiner Muskeln und Nerven, deren er morgen wieder bei der Arbeit bedarf. Die Ruhe des Produzenten bedeutet den Gang der Maschine.

Noch augenscheinlicher ist dies bei der Nahrung. Die sogenannten Ökonomisten, von denen wir sprechen, haben niemals daran gedacht, zu sagen, dass die in einer Maschine verbrennende Kohle nicht unter die Gegenstände zu rechnen sei, die für die Produktion ebenso unentbehrlich als die Rohstoffe sind. Und wie käme man nun dazu, die Nahrung, ohne welche die menschliche Maschine nicht die geringste Kraftleistung vollbringen könnte, von den für den Produzenten unbedingt notwendigen Gegenständen auszuschließen? Wäre dies nicht ein Rest religiöser Metaphysik?

Die überreichliche und raffinierte Mahlzeit des Reichen mag wohl ein Luxusgegenstand sein. Aber die Mahlzeit des Produzenten ist einer der für die Produktion notwendigen Gegenstände, ebenso wie die Kohle, die in der Dampfmaschine verbrennt.

Ebenso steht es mit der Kleidung. Wenn die Ökonomisten, welche diesen künstlichen Unterschied zwischen den Produktions- und Konsumtionsgegenständen machen, das Kostüm des Wilden von Neu-Guinea tragen würden – so würden wir diese Vorbehalte begreifen. Aber diese Männer, welche nicht eine Zeile schreiben könnten, ohne ein Hemde am Leibe zu haben, sind nicht dazu berufen, einen so großen Unterschied zwischen ihrem Hemde und ihrer Feder zu machen. Und wenn die aufgeputzten Kleider ihrer Frauen Luxusobjekte sind, so gibt es eine Quantität Leinwand, Baumwolle, deren der Produzent für die Produktion nicht entbehren kann. Die Bluse und die Schuhe, ohne welche der Arbeiter sich schämen würde, zur Arbeit zu gehen; der Rock, den er nach beendigter Arbeit anlegt, seine Mütze sind ihm ebenso notwendig, wie der Amboss und der Hammer.

Ob man will oder nicht will, das Volk versteht nur so die Revolution. Sobald es einmal die heutige Herrschaft hinweggefegt haben wird, wird es vor allem sich einer gesunden Wohnung, einer hinlänglichen Nahrung und der Kleidung zu versichern suchen, und zwar, ohne einen Tribut zu zahlen.

Und das Volk wird Recht damit haben. Diese seine Handlungsweise wird den Ergebnissen der Wissenschaft unendlich gleichförmiger sein, als diejenige der Ökonomisten, welche so große Unterschiede zwischen Produktions- und Konsumartikel machen. Es wird begreifen, dass die Revolution gerade bei diesen letzteren anzufangen hat; und es wird so die Grundlagen zu einer ökonomischen Wissenschaft legen, welche allein auf den Namen Wissenschaft Anspruch machen kann und welche man bezeichnen könnte als das „Studium der menschlichen Bedürfnisse und der ökonomischen Mittel, diese zu befriedigen“.

Die Lebensmittel

I.

Wenn die nächste Revolution eine soziale Revolution sein soll, so wird sie sich von den früheren Erhebungen, nicht nur durch ihr Ziel, sondern auch durch ihre Mittel unterscheiden. Ein neues Ziel erfordert neue Wege.

Die drei großen Volkserhebungen, die wir während eines Jahrhunderts in Frankreich gesehen haben, unterscheiden sich voneinander in sehr vielen Beziehungen. Gleichwohl haben sie einen Zug gemeinschaftlich.

Das Volk greift zu den Waffen, um das alte Regime zu stürzen, es vergießt sein kostbares Blut. Aber nachdem es den ersten Anstoß gegeben, kehrt es in die Dunkelheit zurück. Eine Regierung, aus mehr oder minder ehrenhaften Männern zusammengesetzt, konstituiert sich und sie ist es, welche es auf sich nimmt, im Jahre 1793 die Republik, im Jahre 1848 die Arbeit und im Jahre 1871 die freie Kommune zu organisieren.

Wohl überwachen die Arbeiterklubs die neuen Regierer. Häufig zwingen sie ihnen sogar ihre Ideen auf. Aber selbst in diesen Klubs, mögen die Redner Bourgeois oder Arbeiter sein, ist immer die bürgerliche Idee die vorherrschende. Man spricht viel von politischen Fragen und vergisst – die Brotfrage.

Große Ideen wurden in diesen Epochen geboren – Ideen, welche das ganze Weltall erschüttert haben. Worte wurden gesprochen, welche noch heute nach dem Verlauf eines Jahrhunderts unser Herz schlagen machen.

Das Brot indessen mangelte in den Vorstädten.

Mit dem Augenblicke, wo die Revolution eintrat, ruhte unvermeidlich die Arbeit. Die Zirkulation der Waren stockte, die Kapitalien verbargen sich. Der Arbeitgeber hatte in diesen Epochen nichts zu fürchten: er lebte von seinen Renten, wenn er nicht gar auf das Elend spekulierte; der Lohnarbeiter sah sich dagegen zu einer kümmerlichen Lebensfristung, die morgen gar noch in Frage gestellt werden konnte, verdammt. Die Hungersnot kündigte sich an.

Und das Elend kam auch – ein Elend, wie man es kaum unter dem alten Regime gekostet hatte.

– „Es sind die Girondisten, welche uns aushungern“, hieß es im Jahre 1793 in den Vorstädten. Und man guillotinierte die Girondisten; man gab unumschränkte Vollmacht der Bergpartei, der Kommune von Paris. Die Kommune bemühte sich auch in der Tat, für Brot zu sorgen. Sie machte heroische Anstrengungen, Paris zu ernähren. In Lyon errichteten Fouché und Collot d’Herbois Speicher, aber um sie zu füllen, verfügte man nur über äußerst spärliche Mittel. Die Munizipalgewalten zermarterten sich den Kopf, um Getreide herbeizuschaffen; man hängte die Bäcker, welche es aufgekauft hatten, – doch stets und ständig mangelte Brot.

Da hielt man sich dann an die royalistischen Verschwörer. Man guillotinierte ihrer täglich 12, 15 – Lakaien vermischt mit Herzoginnen, namentlich aber Lakaien, da die herzoglichen Gnaden nach Koblenz geflüchtet waren. Aber hätte man alle 24 Stunden hundert Herzoge und Grafen köpfen können, – nichts wäre geändert worden. Das Elend wuchs mehr und mehr. Da man, um leben zu können, eines anständigen Lohnes bedurfte, und da dieser Lohn nicht kam – was konnten da 1.000 mehr oder weniger Leichname nützen?

Das Volk begann jetzt müde zu werden. – „Sie geht ja prächtig, eure Revolution!“, raunte der Reaktionär dem Arbeiter in die Ohren. „Niemals habt ihr bisher in solchem Elend gelebt!“ Und allmählich gewann der Reiche wieder Mut, verließ sein Versteck, verspottete die Hungerleider durch seinen pomphaften Luxus, kleidete sich wieder als Stutzer und sagte zu den Arbeitern: „Nehmt doch Vernunft an, genug der Torheiten! Was habt ihr mit eurer Revolution erreicht? Es ist Zeit, dass ihr ein Ende macht!“

Und zerrissenen Herzens, am Ziele seiner Geduld, musste sich schließlich der Revolutionär sagen: „Die Revolution ist wieder einmal verloren!“ Er kehrte in sein elendes Heim zurück und ließ den Dingen ihren Lauf.

Und nun zeigte sich die Reaktion in ihrem vollen Hochmut und machte ihren Staatsstreich. Da die Revolution tot war, hatte sie nur ihren Leichnam mit Füßen zu treten. Und man tat es. Man vergoss Ströme von Blut; der „weiße Schrecken“ bevölkerte die Gefängnisse, während die Orgien der hohen Faulenzer ihren Gipfel erreichten.

Das ist das Bild aller unserer Revolutionen. Im Jahre 1848 erduldete der Pariser Arbeiter „drei Monate des Elends“ im Dienste der Republik und nach Verlauf von drei Monaten, als er nicht mehr wusste, wo aus noch ein, machte er seine letzte verzweifelte Anstrengung, – und diese wurde dann in einem Blutbade erstickt.

Im Jahre 1871 ging die Kommune aus Mangel an Kämpfern zu Grunde. Sie hatte nicht vergessen, die Trennung von Kirche und Staat zu dekretieren, aber sie hatte zu spät daran gedacht, allen ihren Kämpfern den Lebensunterhalt zu sichern. Und das hohe Schmarotzertum rief den Föderierten in Paris höhnend zu: „Gehet, ihr Esel, und lasst euch für 1,20 Mk. töten; wir werden in dem Hotel ersten Ranges schmausen!" In den letzten Tagen der Kommune begriff man wohl den Fehler, den man gemacht hatte, man ließ die Gemeindesuppe kochen, aber es war schon zu spät: die Versailler waren schon innerhalb der Befestigungen.

„Brotes und wieder Brotes" bedarf es in der Revolution.

Mögen andere sich damit beschäftigen, tönende Aufrufe zu verfassen! Mögen andere sich mit Tressen schmücken, soviel als ihre Schultern tragen können: Mögen andere endlich sich in glänzenden Deklamationen über die politischen Freiheiten ergehen!

Unsere Aufgabe wird es sein, dafür zu sorgen, dass mit den ersten Tagen der Revolution und während ihrer ganzen Dauer auch keine einzige Person innerhalb des aufständischen Gebietes des Brotes ermangelt, dass keine Frau mehr gezwungen ist, einer Schüssel Kleie – eines reinen Almosens – wegen stundenlang vor einer Bäckerei sich zu drängen, dass kein einziges Kind mehr der für seine schwache Konstitution notwendigen Lebensmittel ermangelt.

Die Sache des Bürgertums ist es gewesen, sich in schönen Reden über die großen Prinzipien, oder richtiger, großen Lügen zu ergehen. Die Sache des Volkes wird es sein, allen den Lebensunterhalt zu sichern. Und während die Bürger und die verbürgerlichten Arbeiter in den Klatschzirkeln die großen Männer spielen, während „die praktischen Männer" unaufhörlich über die Regierungsformen diskutieren werden, werden wir „Utopisten" an die Beschaffung des täglichen Brotes denken.

Wir haben die Kühnheit zu behaupten, dass jeder nach Bedürfnis essen soll und kann und dass die Revolution durch die Beschaffung des Brotes für Alle allein siegen kann.

II.

Wir haben die Kühnheit, zu behaupten, dass jeder nach Bedürfnis unsere Utopie sich bis zu dem Glauben versteigen lassen, die Revolution könne und müsse Allen Wohnung, Kleidung und Nahrung sichern – was natürlich den Bourgeois (roter oder blauer Färbung) arg missfällt; denn sie wissen, dass sich ein gesättigtes Volk schwer unterdrücken lässt.

Nun, wir werden von dieser Utopie nicht lassen; es gilt dem aufständischen Volke das Brot zu sichern, und hinter der Magenfrage müssen alle übrigen zurückstehen. Wenn sie im Interesse des Volkes gelöst ist, so wird die Revolution sich auf richtigem Wege befinden; denn um die Frage nach den Lebensmitteln lösen zu können, ist es notwendig, das Prinzip der allgemeinen Gleichheit zu akzeptieren, welche sich übrigens unter Ausschluss aller übrigen Lösungen aufdrängen wird.

Es ist sicher, dass die kommende Revolution, ähnlich darin derjenigen vom Jahre 1848, inmitten einer furchtbaren, industriellen Krise ausbrechen wird. Seit vielen Jahren befinden wir uns schon in voller Gärung, und die Situation kann sich nur verschlimmern. Alles trägt dazu bei: die Konkurrenz der jungen Völker, welche für die Eroberung der alten Märkte den Kampfplatz betreten, die Kriege, die stets wachsenden Steuern, die allgemeine Unsicherheit und Unstetigkeit der Verhältnisse, die großen fremdländischen Unternehmungen usw.

Millionen von europäischen Arbeitern sind in diesem Momente ohne Arbeit. Und dieser Zustand muss sich mit dem Augenblick verschlimmern, wo eine Revolution ausbricht und sich wie ein Lauffeuer fortpflanzen wird. Die Zahl der arbeitslosen Arbeiter wird sich mit dem Moment verdoppeln, wo in Europa oder den Vereinigten Staaten die Barrikaden gebaut werden. Was wird man dann tun, um diese Massen mit Brot zu versorgen?

Wir wissen nicht, ob die Männer, welche sich immer „praktische Männer“ nennen, sich schon jemals diese Frage in ihrer ganzen Nacktheit und Bedeutung vorgelegt haben. Aber was wir wissen, das ist, dass sie das *Lohnsystem aufrecht erhalten* wollen; machen wir uns also darauf gefasst, sie die „Nationalwerkstätten“ und die „öffentlichen Arbeiten“ als Mittel preisen zu hören, um den Arbeitslosen Brot zu verschaffen.

Da man Nationalwerkstätten im Jahre 1789 und 1793 eröffnete; da man im Jahre 1848 zu demselben Mittel seine Zuflucht nahm; da es Napoleon III. gelang, während eines Zeitraumes von 18 Jahren das Pariser Proletariat niederzuhalten dadurch, dass er ihm Arbeiten verschaffte – Arbeiten, welche heute für Paris eine Schuld von 2 Milliarden und eine jährliche Steuer von 90 Mk. pro Einwohner bedeuten; da dieses ausgezeichnete Mittel, „die Bestie zu besänftigen“, schon in Rom genügend erprobt wurde und selbst schon in Ägypten vor 4.000 Jahren; da endlich Despoten, Könige und Kaiser stets dem Volke ein Stück Brot vorzuwerfen verstanden, um zum Aufraffen der Peitsche Zeit zu gewinnen, – so ist es sehr natürlich, dass die „praktischen“ Männer dieses Mittel, so geeignet, das Lohnsystem zu erhalten, in den Himmel erheben. Warum sich auch den Kopf zerbrechen, wenn man über ein Mittel, das schon die Pharaonen Ägyptens erprobt haben, verfügt!

Nun wir glauben: wenn man im kommenden Emanzipationskampfe das Unglück haben sollte, diesen Weg zu betreten, alles würde verloren sein.

Im Jahre 1848 gab es in Paris, als man am 27. Februar die Nationalwerkstätten eröffnete, nur 8.000 arbeitslose Arbeiter. Fünfzehn Tage später waren es schon 40.000. Es sollten bald 100.000 sein, ohne jene zu rechnen, welche aus den Provinzen herbeieilten.

In jener Zeit beschäftigten indes der Handel und die Industrie Frankreichs nicht halb so viel Arbeiter, als heute. Und man weiß, dass in einer Revolution nichts so sehr darniederliegt, als gerade der Handel und die Industrie. Man denke nur an die Zahl der Arbeiter, welche, direkt oder indirekt, für den Export arbeiten, an die Zahl der Arme, die in den Luxusindustrien, welche einzig ihre Kundschaft in der bürgerlichen Minorität haben, beschäftigt sind!

Die Revolution in Europa bedeutet den unmittelbaren Stillstand von wenigstens der Hälfte sämtlicher Fabriken und Manufakturen, d. h.: Millionen von Arbeitern samt ihren Familien liegen auf dem Straßenpflaster.

Und dieser wahrhaft furchtbaren Situation will man mit Hilfe von Nationalwerkstätten begegnen, d. h.: mit neuen Industrien, plötzlich aus dem Boden gestampft, um die Arbeitslosen zu beschäftigen!

Es ist offenbar (was schon Proudhon gesagt hatte), dass die geringste Erschütterung des Privateigentums zur vollständigen Desorganisation des gesamten auf der Privatunternehmung und dem Lohnsystem begründeten Regimes führen muss. Die *Gesellschaft* wird sich gezwungen sehen, die *gesamte* Produktion *selbst* in die Hand zu nehmen und sie gemäß den *Bedürfnissen der Gesamtheit der Bevölkerung* zu reorganisieren. Da aber diese Reorganisation nicht in einem Monat möglich ist, da sie eine gewisse Anpassungsperiode, während welcher Millionen von Menschen der Existenzmittel beraubt sein werden, erfordern wird – was soll da geschehen?

Unter diesen Umständen gibt es nur *eine* wahrhaft praktische Lösung. Es gilt, sich über das Ungeheure der sich aufdrängenden Aufgabe klar zu werden und, anstatt eine Situation, welche man selbst zu einer unmöglichen gemacht hat, künstlich aufrechtzuerhalten, – an die Reorganisation der Produktion nach neuen Prinzipien zu schreiten.

Um praktisch zu handeln, wäre es also nach unserer Ansicht notwendig, dass das Volk von allen Lebensmitteln, die sich innerhalb der aufständischen Kommunen befinden, Besitz ergreife, über sie Verzeichnisse aufstelle und derart vorgehe, dass, ohne etwas zu verschwenden, Alle aus den reichen angesammelten Existenzquellen Nutzen schöpfen, – nur so wird man die kritische Periode überwinden können. Während dieser Zeit gilt es, sich mit den Industriearbeitern zu verständigen. Man biete ihnen die Rohstoffe, deren sie ermangeln und sichere ihre Existenz während einiger Monate, damit sie innerhalb dieser Frist die für den Landarbeiter notwendigen Geräte anfertigen können. Vergessen wir nicht, dass, wenn Frankreich Seidenwaren für die deutschen Bankiers und die Kaiserinnen von Russland und den Sandwichinseln fabriziert, und dass, wenn Paris die wunderbarsten Spielsachen für die Reichen der Welt herstellt, zwei Drittel der französischen Bauern nicht Lampen, mit denen sie einigermaßen ihr Zimmer erleuchten könnten, und noch viel weniger die mechanischen Maschinen, welche die moderne Landwirtschaft erfordert, besitzen.

Und endlich gilt es, die unproduktiven Ländereien, deren es heute noch gar zu viele gibt, ertragsfähig zu machen, und jene zu verbessern, welche nicht ein Viertel, ja, nicht ein Zehntel von dem hervorbringen, was sie bei einer intensiven Kultur (Garten- und Gemüsekultur) tragen würden.

Dies ist die einzige praktische Lösung, die wir zu sehen im Stande sind und die sich, man möge sie wollen oder nicht, durch die Macht der Verhältnisse aufdrängen wird.

III.

Der vorherrschende unterscheidende Zug des gegenwärtigen kapitalistischen Systems ist das Lohnsystem.

Ein Mann oder eine Gruppe von Männern, die sich im Besitze des nötigen Kapitals befinden, gründen ein industrielles Unternehmen; sie stellen sich die Aufgabe, die angelegte Manufaktur oder Fabrik mit Rohstoffen zu versehen, die Produktion zu organisieren, die hergestellten Waren zu verkaufen, den Arbeitern einen festen Lohn zu zahlen; den Mehrwert oder den Gewinn stecken sie in die Tasche, unter dem Vorwande, sich für ihre Tätigkeit als Leiter des Unternehmens oder für das Risiko, das sie eingegangen waren, oder für die Preisschwankungen, denen die Ware auf dem Markte unterliegt, zu entschädigen.

Das ist in wenigen Worten das ganze Lohnsystem.

Um dieses System zu retten, würden die gegenwärtigen Kapitalbesitzer zu gewissen Konzessionen bereit sein: z. B. einen Teil des Gewinnes mit den Arbeitern zu teilen, oder auch eine Lohnskala einzuführen, die sie zwingt, mit dem Wachsen des Gewinnes auch den Lohn steigen zu lassen, – kurz, sie würden sich zu gewissen Opfern verstehen, vorausgesetzt, dass man ihnen stets das Recht ließe, die Industrie zu leiten und den Hauptanteil am Gewinne in ihre Tasche fließen zu lassen.

Der Kollektivismus beabsichtigt, wie man weiß, sehr wichtige Änderungen dieses Regimes, erhält aber nichtsdestoweniger *das Lohnsystem aufrecht*. Nur der *Staat*, d. h. die repräsentative Regierung, nationaler oder kommunaler Natur, setzt sich an die Stelle des heutigen Arbeitgebers. Es sind die Repräsentanten der Nation oder der Kommune, ihre Delegierten, ihre Beamten, welche die Leiter der Industrie werden. Sie sind es auch, welche sich das Recht vorbehalten, den Mehrwert der Produktion im Interesse Aller zu verwenden. Außerdem macht man in diesem System einen sehr feinen, in seinen Konsequenzen aber weittragenden Unterschied zwischen der Arbeit des Handarbeiters und des Mannes, der eine gewisse Vorbildung erhalten hat; die Arbeit des Handarbeiters ist in den Augen der Kollektivisten nur eine „einfache“, während der Künstler, der Ingenieur, der Gelehrte usw. nach ihrer Meinung das verrichten, was Marx eine „komplizierte Arbeit“ nennt; – damit wird ihr Recht auf einen höheren Lohn motiviert. Indes Handarbeiter wie Ingenieure, Weber wie Gelehrte, werden vom Staate bezahlt, „sie sind alle Beamte, keine Herren“, wie man letzthin sagte, um die Pille zu versüßen.

Nun, der größte Dienst, den die kommende Revolution der Menschheit erweisen kann, wird in der Schaffung einer Situation bestehen, in der jedes Lohnsystem unmöglich, undurchführbar wird, in der sich als einzig annehmbare Lösung der Kommunismus, d. h. die Negation des Lohnsystems aufdrängen wird.

Denn nimmt man selbst an, dass die Verwirklichung des kollektivistischen Ideals möglich ist, wenn sie sich schrittweise in einer Periode der Prosperität und der Ruhe vollzieht (wir bezweifeln es selbst unter diesen Bedingungen), so wird sie sich in einer revolutionären Epoche als ganz unmöglich erweisen, da sich schon am ersten Tage nach der Waffenergreifung die Notwendigkeit herausstellen wird, Millionen von Menschen zu ernähren. Eine *politische* Revolution kann sich vollziehen, *ohne* dass die Industrie total ins Stocken gerät, eine Revolution indessen, in der das Volk Hand an das Eigentum legt, wird unvermeidlich zu einem sofortigen Stillstand des Handels und der Produktion führen. Die Millionen des Staates würden nicht dazu genügen, um die Millionen von Arbeitslosen mit Lohn zu versehen.

Wir brauchten übrigens nicht lange bei diesem Punkte zu verweilen; die Reorganisation der Industrie auf neuen Basen – und wir werden bald sehen, wie gewaltig dieses Problem ist – wird sich nicht in einigen Tagen vollziehen, und das Proletariat wird nicht Jahre des Elends im Dienste der Theoretiker des Lohnsystems auf sich nehmen können. Um die kritische Periode überwinden zu können, wird das Volk fordern, was es immer in einem ähnlichen Falle gefordert hat: die Erklärung der Lebensmittel als Gemeinbesitz, – eventuell ihre rationsweise Verteilung.

Man wird gut haben, Geduld zu predigen; das Volk wird sich nicht mehr gedulden, und wenn die Lebensmittel nicht als Gemeinbesitz erklärt werden, so wird es die Bäckereien plündern.

Wenn der Ansturm des Volkes nicht genügend stark ist, wird man es füsilieren. Um den Kollektivismus erproben zu können, bedarf es vor Allem der Ordnung, der Disziplin, des Gehorsams. Und da die Kapitalisten bald bemerken werden, dass ein Füsilieren des Volkes durch diejenigen, welche sich Revolutionäre nennen, das beste Mittel ist, um ihm die Revolution zu verleiden, – so werden sie sicherlich ihre Hilfe den Verteidigern der „Ordnung", selbst wenn sie Kollektivisten sind, leihen. Sie werden darin ein Mittel erblicken, diese später gleichfalls zu zermalmen.

Wenn „die Ordnung wieder hergestellt ist, so sind die Konsequenzen leicht vorherzusehen. Man wird sich nicht darauf beschränken, die „Plünderer" zu füsilieren. Man wird die „Urheber der Unordnung" suchen, Gerichtshöfe einsetzen, die Guillotine errichten; und gerade die glühendsten Revolutionäre werden das Schafott besteigen. Man wird ein neues 1793 erleben.

Vergessen wir nicht, wie die Reaktion im vergangenen Jahrhundert triumphierte. Man guillotinierte zuerst die Hebertisten, die Radikalsten – jene, welche Mignet, unter dem frischen Eindruck der Kämpfe stehend, Anarchisten nannte. Die Dantonianer sollten ihnen bald folgen; und als die Anhänger Robespierres diese Revolutionäre geköpft hatten, mussten auch sie das Schafott besteigen; – nach alledem von Ekel erfüllt, und die Revolution als verloren betrachtend, ließ das Volk den Reaktionären freie Bahn.

Wenn „die Ordnung wieder hergestellt" ist, so werden die Kollektivisten – behaupten wir – die Anarchisten[1] guillotinieren lassen; die Possibilis-

1 Anarchisten = Menschen, die die Herrschaft verwerfen.

ten[2] werden ein Gleiches mit den Kollektivisten[3] tun; diese wieder werden endlich von den Reaktionären guillotiniert werden. Und die Revolution wird wieder bei ihrem Ausgangspunkt angelangt sein. Alles lässt indessen auf die Wahrscheinlichkeit schließen, dass der Ansturm des Volkes von genügender Stärke sein wird, und dass, wenn die Revolution sich vollzieht, die Idee des kommunistischen Anarchismus Terrain gewonnen haben wird. Dieser ist keine ausgetüftelte Idee; es ist das Volk selbst, welches ihn uns eingegeben hat; und die Zahl der Kommunisten wird sich in gleichem Maße vermehren, je klarer sich die Unmöglichkeit jeder anderen Lösung erweist.

Und wenn der Ansturm genügend stark ist, so werden die Dinge eine ganz andere Wendung nehmen. Anstatt einige Bäckereien zu plündern, um am folgenden Tage wieder zu fasten, wird das Volk der aufständischen Städte von den Kornspeichern, den Schlachthäusern, den Lebensmittelmagazinen – kurz, von allen vorhandenen Existenzmitteln Besitz ergreifen.

Hochherzige Bürger und Bürgerinnen werden sich sofort der Aufgabe unterziehen, das, was sich in jedem Laden, in jedem Speicher befindet, zu registrieren. In 24 Stunden wird die aufständische Kommune wissen, was Paris heute noch nicht weiß, trotz seiner statistischen Komitees, und was es niemals bisher während einer Belagerung gewusst hat: über wie viel Proviant es verfügt. In zweimal 24 Stunden werden in Millionen von Exemplaren genaue Tabellen über alle Existenzmittel, über die Orte, wo sie aufgespeichert sind, und über die Mittel ihrer Verteilung gedruckt sein.

In jedem Häuserkomplex, in jeder Straße, in jedem Viertel werden sich Gruppen von Freiwilligen bilden, – „die Freiwilligen des Lebensmitteldienstes“ – die sich untereinander verständigen und sich auf dem Laufenden über ihre Aufgaben halten werden. Mögen die Jakobinerbajonette sich nur nicht ins Mittel legen, mögen die sich wissenschaftlich dünkenden Herren Theoretiker nur nicht mit ihrem verwirrenden Geschwätz kommen, oder mögen sie es auch vom Stapel lassen, vorausgesetzt, dass sie nicht das Recht zum Befehlen haben, – und es wird bei jenem wunderbaren spontanen Organisationstalent, welches das Volk und namentlich das französische Volk in allen seinen sozialen Schichten besitzt, und welches zu betätigen man ihm nur so selten erlaubt hat, selbst in einer so großen Stadt wie Paris

2 Possibilisten = Spottname für einen Politiker, der niemals Grenzen der „Möglichkeit“ überschreiten will.

3 Kollektivisten = unsere Sozialdemokraten aller drei Richtungen, die Regierung, Staat und Lohnsystem aufrechterhalten wollen.

inmitten der revolutionären Gärung ein ausgebreiteter, frei konstituierter Dienst entstehen, um Jeden mit den unerlässlichen Lebensmitteln zu versehen.

Möge das Volk nur Ellbogenfreiheit haben und in acht Tagen wird der „Lebensmitteldienst" mit erstaunenswerter Regelmäßigkeit funktionieren. Man muss das arbeitende Volk niemals bei der Arbeit gesehen haben, man muss während seines ganzen Lebens die Nase in den Akten stecken gehabt haben, um daran zu zweifeln. Sprechet nur über das Organisationstalent des „großen Unbekannten", des Volkes, mit denen, die Gelegenheit gehabt haben, es in Paris in den Tagen des Barrikadenbaues zu beobachten oder in London während des letzten großen Streikes, welcher eine halbe Million Hungerleider zu ernähren hatte, und sie werden Euch sagen, um wie vieles es dem der Bürokraten überlegen ist.

Und sollte man übrigens während der ersten vierzehn Tage oder des ersten Monats eine gewisse Unordnung zu ertragen haben – so ist dies ohne Belang. Für die Massen wird dieser Zustand stets noch besser als der heutige sein; und dann – während der Revolution – diniert man lachend oder vielmehr diskutierend bei einem Würstchen und trockenem Brot, ohne zu murren. In jedem Fall, was sich spontan ergeben wird – unter dem Druck der unmittelbaren Bedürfnisse –, wird unendlich viel besser sein, als das, was man innerhalb seiner vier Mauern, inmitten alter Scharteken oder in den Büros des Hotel-de-Ville aushecken kann.

IV.

Das Volk der großen Städte wird auf diese Weise durch die Macht der Ereignisse selbst dazu geführt werden, sich aller Lebensmittel zu bemächtigen, und, vom Einfachen zum Komplizierten schreitend, die Bedürfnisse aller seiner Bewohner zu befriedigen suchen. Je früher dies geschieht, umso besser wird es sein; man wird ebenso viel Elend verhüten, ebensoviele innere Kämpfe vermeiden.

Doch auf welchen Grundlagen könnte man sich für einen kommunistischen Genuss der Lebensmittel organisieren? Dies ist eine Frage, die sich naturnotwendig ergibt.

Nun, es gibt nicht zwei verschiedene Wege, um gerecht vorzugehen. Es gibt nur einen, einen einzigen, der den Empfindungen der Gerechtigkeit entspricht und welcher wirklich praktisch ist. Es ist das von den ländlichen Kommunen Europas bereits adoptierte System.

Nehmet eine Bauerngemeinde, ganz gleich wo, sagen wir in Frankreich, obgleich dort die Jakobiner alles getan haben, um ihre kommunistischen Gebräuche zu ersticken. Wenn die Kommune beispielsweise einen Wald besitzt, so hat jeder, solange nicht Mangel an Reisig herrscht, das Recht, sich davon nach *Belieben* zu nehmen. Die einzige wichtige Kontrolle bildet die öffentliche Meinung seiner Nachbarn. Was das größere Holz anbelangt, dessen man nirgends genug hat, so nimmt man zu einer rationsweisen Verteilung seine Zuflucht.

Dasselbe gilt von den Gemeindewiesen. Solange diese für die Gemeinde genügen, kontrolliert Niemand, weder was die Kühe jeder einzelnen Wirtschaft gefressen haben, noch eine wie große Anzahl von ihnen auf die Weide gehen. Man greift einzig zur Aufteilung – oder zur rationsweisen Verteilung –, wenn sich die Wiesen als unzureichend erweisen. Die gesamte Schweiz und viele Gemeinden in Frankreich und in Deutschland, überall wo es noch Gemeindewiesen gibt, befolgen dieses Prinzip.

Und wenn Ihr in die Länder des orientalischen Europas geht, wo sich noch Hochwald im Überfluss findet und wo es nicht an Grund und Boden mangelt, so werdet Ihr die Bauern in den Wäldern die Bäume ganz nach ihren Bedürfnissen fällen und so viel Land bestellen sehen, als ihnen notwendig erscheint; sie kommen gar nicht auf den Gedanken, die Baumstämme zu verteilen oder den Grund und Boden in Parzellen zu zerlegen. Das größere Holz wird indes rationsweise verteilt, und der Grund und Boden, entsprechend den Bedürfnissen jeder Wirtschaft, in Parzellen zerlegt werden, sobald an dem einen oder anderen Mangel eintritt, wie dieses schon für Russland der Fall ist.

In einem Wort: unbeschränkter Genuss alles dessen, was man im Überfluss besitzt; rationsweise Verteilung dessen, was bemessen verteilt werden muss. Auf 350 Millionen Menschen, welche Europa bewohnen, befolgen heute noch 200 Millionen diese äußerst natürliche Praxis.

Man bemerke auch, dass dieses System gleichfalls in den Großstädten vorherrscht, wenigstens für ein Lebensmittel, das im Überfluss vorhanden ist, nämlich für das Wasserleitungswasser.

Solange die Pumpstationen im Stande sind, die Häuser mit Wasser zu versehen, ohne dass man Wassermangel zu befürchten hätte, kommt es keiner Gesellschaft in den Sinn, den Wasserverbrauch einer jeden Wirtschaft zu regulieren. „Nehmet, soviel Euch gefällt", heißt es hier. Und wenn man fürchtet, dass sich für Paris zur Zeit der großen Hitze Wassermangel einstellen könnte, so wissen die Gesellschaften, dass eine einfache Bekanntmachung von vier Zeilen in den Journalen genügt, um die Pariser zu veranlassen, ihren Wasserverbrauch einzuschränken und nicht mehr zu viel Wasser zu verschwenden.

Aber wenn das Wasser wirklich einmal ausgehen sollte, was würde man tun? Man würde seine Zuflucht zur rationsweisen Zuweisung nehmen! Und diese Maßnahme ist so natürlich, so gleich der menschlichen Empfindung, dass wir in Paris während seiner zwei Belagerungen im Jahre 1871 zweimal zu ihr Zuflucht nehmen sehen.

Ist es nötig, Details zu geben, Pläne auszuarbeiten, wie sich diese Verteilung vollziehen könnte, und zu beweisen, dass dies gerecht wäre, unendlich viel gerechter, als die heutigen Zustände? Mit diesen Plänen und diesen Details würde es uns ebenso wenig glücken, diejenigen Bourgeois zu überzeugen (und diejenigen – leider – verbürgerlichten Arbeiter), welche das Volk als ein Haufen Wilder betrachten, die sich mit dem Augenblick, wo keine Regierung mehr besteht, gegenseitig die Nase abbeißen. Aber man muss niemals das Volk haben beraten sehen. Man würde sonst keine Minute zweifeln, dass es, wenn es Herr wäre, die rationsweise Verteilung selbst vorzunehmen, diese nach den reinsten Gefühlen der Gerechtigkeit und Billigkeit vollziehen würde.

Saget in einer Volksversammlung, dass die Rebhühner für die feinschmeckerischen Nichtstuer der Aristokratie reserviert werden müssten und das Schwarzbrot für die Kranken in den Hospitälern – und Ihr werdet ausgepfiffen werden.

Aber saget in dieser selben Versammlung, predigt es an den Straßenecken, dass die delikateste Nahrung für die Schwachen und Kranken reserviert werden muss; saget, dass, wenn es in ganz Paris nur zehn Rebhühner gäbe und eine Kiste Malagawein, diese in die Rekonvaleszentenstuben gebracht werden müssten, saget dieses und anderes derartiges, saget, dass nach dem Kranken zunächst das Kind berücksichtigt werden müsste; dass ihm die Kuh- und Ziegenmilch gehöre, wenn es nicht genug für Alle gäbe, dem Kind und dem Greise der letzte Bissen Fleisch und dem starken Manne das trockene Brot, wenn man zu diesem Äußersten gekommen ist!

Saget in einem Wort, dass, falls sich dieses oder jenes Lebensmittel nicht in genügenden Quantitäten findet und dadurch seine rationsweise Verteilung notwendig werden sollte, die letzten Rationen denen zufallen müssten, die deren am meisten bedürfen; saget es, und ihr werdet sehen, ob Ihr nicht allgemeine Zustimmung finden werdet.

Was der Gesättigte nicht begreift, das Volk begreift es; es hat es immer begriffen. Aber auch der Gesättigte wird es, wenn er auf dem Straßenpflaster liegt und in Berührung mit der Masse kommt, begreifen.

Die Theoretiker – für welche die Uniform und die „Menage“ des Soldaten das letzte Wort der Zivilisation sind – werden ohne Zweifel fordern, dass man sofort eine Nationalküche und die Linsensuppe für Alle einführe. Sie berufen sich auf die Vorteile, die sich aus der Ersparnis von Brennmaterialien und Lebensmitteln bei großen Küchen, in denen dann Jedermann seine Ration Bouillon, Brot und Gemüse zu sich nehmen solle, ergäben.

Wir bestreiten diese Vorteile nicht. Wir wissen sehr wohl, welche Ersparnisse die Menschheit an Brennmaterialien und Arbeitskraft gemacht hat, indem sie zuerst auf die Handmühle und dann auf den häuslichen Herd verzichtet. Wir begreifen, dass es viel ökonomischer wäre, die Bouillon für hundert Familien auf einem Herd zu kochen, anstatt deswegen hundert verschiedene Herde anzuzünden. Wir wissen auch, dass es nicht tausend verschiedene Arten gibt, die Kartoffeln garzukochen, und dass diese dadurch, dass sie für hundert Familien in einem Kessel gekocht werden, nicht schlechter sein würden.

Wir begreifen endlich auch, dass die Verschiedenheit der Küche hauptsächlich in dem individuellen Charakter der Würzung durch die Haushälterin besteht, und das gemeinschaftliche Kochen eines Zentners Kartoffeln die verschiedenen Haushälterinnen nicht verhindert, sie ganz nach ihrem Geschmack zu würzen. Und wir wissen, dass man mittels der Fleischbrühe durch verschiedene Würzung hundert verschiedene Suppen zubereiten kann, um ebenso vielen Geschmacksrichtungen zu genügen.

Wir wissen alles dieses und dennoch behaupten wir, dass Niemand das Recht hat, die Haushälterin dazu zu zwingen, aus dem Kommunemagazin die bereits gar gekochten Kartoffeln zu beziehen, wenn sie es vorzieht, diese selbst in ihrem Kessel, auf ihrem Feuer zu kochen. Und namentlich wollen wir, dass Jeder seine Nahrung nach seinem Belieben zu sich nehmen kann, im Kreise seiner Familie, oder mit seinen Freunden, oder auch im Restaurant, wenn er letzteres vorzieht.

Sicherlich werden an Stelle der großen Restaurants, in denen man heute die Menschen vergiftet, große Küchen entstehen. Die Pariserin ist heute schon daran gewöhnt, die Bouillon vom Schlächter zu beziehen, um mittels dieser eine Suppe nach ihrem Geschmack zu bereiten, und die Londoner Hausfrau weiß, dass sie beim Bäcker für einige Pfennige ihr Fleisch braten und sogar ihren „Apfel“- und „Rhabarberpie“ backen lassen kann und so an Zeit und Kohlen spart. Und wenn die Gemeindeküche – der Allen gemeinsame Herd der Zukunft – nicht mehr ein Ort des Betruges, der Verfälschung und der Vergiftung sein wird, so wird sich von selbst die Sitte einbürgern, aus ihr die stets fertigen hauptsächlichsten Teile der Nahrung zu beziehen

– falls es nur Jedem freisteht, diesen die letzte Vollendung nach seinem eigenen Geschmacke zu geben.

Indes mittels eines Gesetzes Jedem die Pflicht aufzuerlegen, die vollständig zubereitete Nahrung in der Gemeindeküche einzunehmen – damit würde man bei dem Menschen des 19. Jahrhunderts auf das gleiche Widerstreben stoßen, als mit den Ideen des Klosters oder der Kasernen – ungesunden Ideen, welche Köpfen entsprossen sind, deren Gehirn durch Drill entartet ist, oder durch eine religiöse Erziehung gelitten hat.

Wem wird ein Recht auf die Lebensmittel der Kommune zustehen? Dies ist sicherlich die erste Frage, die man sich stellen wird. Jede Stadt wird sie für sich beantworten, und wir sind überzeugt, dass diese Antworten den Gefühlen der Gerechtigkeit entsprechen werden. Solange die Arbeiter noch nicht organisiert sind, solange man sich noch in der Periode der Gährung befindet und solange es unmöglich ist, zwischen dem faulen Nichtstuer und dem unfreiwillig Arbeitslosen zu unterscheiden, müssen Alle auf die vorhandenen Existenzmittel, ohne Ausnahme, Anspruch haben. Diejenigen, welche mit den Waffen in der Hand den Sieg des Volkes zu verhindern suchten oder gegen es konspiriert haben, werden sich selbst beeilen, das aufständische Gebiet von ihrer Gegenwart zu befreien. Aber uns scheint, dass das Volk, stets feindlich allen Repressalien und stets großherzig, das Brot mit allen denen teilen wird, die in seiner Mitte verbleiben werden, seien es Expropriierte oder Expropriierende. Wenn die Revolution von dieser Idee geleitet sein wird, so wird sie nicht verloren gehen; und wenn die Arbeit wieder aufgenommen wird, so wird man die Feinde von gestern morgen in derselben Werkstatt vereint finden. In einer Gesellschaft, wo die Arbeit frei sein wird, wird man keine Faulenzer zu fürchten haben.

„Aber die Lebensmittel werden nach Verlauf eines Monats mangeln", rufen uns schon die Herren Kritiker entgegen. Umso besser, erwidern wir, dies wird beweisen, dass der Proletarier sich zum ersten Mal in seinem Leben satt gegessen hat. Und was die Frage betrifft, auf welche Weise man Ersatz für das Verzehrte schaffen wird, so wollen wir dies gerade im Folgenden behandeln.

V.

Auf welchem Wege könnte eine Stadt, inmitten der sozialen Revolution, ihre Ernährung bewerkstelligen?

Wir werden diese Frage beantworten; es ist indessen klar, dass die Maßnahmen, zu denen man greifen wird, von dem Charakter der Revolution in den Provinzen wie in den benachbarten Ländern abhängen werden. Wenn die gesamte Nation oder ganz Europa mit einem Mal die soziale Revolution verwirklichen und das Prinzip des Kommunismus einführen könnte, – unser Vorgehen müsste sich dementsprechend gestalten. – Wenn aber nur einige Kommunen Europas zur Einführung des Kommunismus schreiten, so muss man andere Maßregeln wählen. Nach der Situation werden sich also die Mittel richten.

Diese Erkenntnis zwingt uns, zuvor einen orientierenden Blick auf Europa zu werfen. Ohne prophezeien zu wollen, müssen wir uns darüber klar werden, in welcher Weise sich die Revolution (wenigstens in ihren wesentlichsten Zügen) verwirklichen wird.

Sicherlich wäre es sehr wünschenswert, dass ganz Europa sich gleichzeitig erhebt und überall zur Expropriation schreitet und dass man überall dabei von kommunistischen Prinzipien geleitet wird. Eine derartige Erhebung würde die Aufgabe unseres Jahrhunderts bedeutend erleichtern.

Aber alles lässt darauf schließen, dass dem nicht so sein wird. Dass die Revolution schließlich ganz Europa entzünden wird – bezweifeln wir nicht. Wenn eine der vier großen Hauptstädte des Kontinents – Paris, Wien, Brüssel oder Berlin – sich erhebt und ihre Regierung stürzt, so werden die drei anderen in einigen Monaten ein Gleiches tun. Es ist auch sehr wahrscheinlich, dass dann die Revolution auf den Halbinseln und selbst in London und in Petersburg nicht auf sich warten lassen wird. Aber dass der Charakter, welchen sie annehmen wird, überall der gleiche sein wird, ist sehr zu bezweifeln.

Sehr wahrscheinlicher Weise werden überall Expropriationsakte von mehr oder minder großer Ausdehnung stattfinden, und diese Akte werden, von einer der großen europäischen Nationen ausgehend, ihren Einfluss auf alle anderen ausüben. Beim Beginn der Revolution wird es indes bezüglich des Vorgehens große lokale Differenzen geben und ihre Entwicklung wird in den verschiedenen Ländern durchaus nicht identisch sein. In der großen Revolution brauchten die französischen Bauern vier Jahre, um endgültig mit den Feudalrechten aufzuräumen, und die Bourgeoisie den gleichen Zeitraum, um das Königtum zu stürzen. Vergessen wir es nicht und bereiten wir uns darauf vor, dass die Revolution zu ihrer Entfaltung eine gewisse Zeit braucht. Seien wir darauf gefasst, sie nicht überall gleichen Schrittes vorwärts schreiten zu sehen.

Selbst dass die Revolution bei allen europäischen Nationen – namentlich sofort mit ihrem Beginn – einen vollkommen sozialistischen Charakter annehmen wird, ist gleichfalls zu bezweifeln. Denken wir daran, dass

Deutschland noch unter einem streng zentralisierten Kaisertum lebt und dass das Ideal seiner fortgeschrittenen Parteien die Jakobinerrepublik vom Jahre 1848 und die „Organisation der Arbeit“ von Louis Blanc ist, während die französische Nation die freie Kommune, wenn nicht die kommunistische Kommune fordert.

Dass Deutschland in der nächsten Revolution weitergehen wird als seinerzeit Frankreich, nichts ist wahrscheinlicher. Als Frankreich im 18. Jahrhundert seine bürgerliche Revolution hatte, ging es weiter als England im 17. Jahrhundert; zu gleicher Zeit, wo es die Macht des Königtums beseitigte, brach es auch die Macht des Landadels, der bei den Engländern heute noch eine gewaltige Macht repräsentiert. Wenn aber Deutschland auch weitergeht und mehr tut als Frankreich im Jahre 1848, so wird sicherlich die Idee, welche es anfangs leitet, diejenige von 1848 sein, wie die Idee, welche eine Revolution Russlands leiten wird, die Idee von 1789 sein wird, bis zu einem gewissen Punkte modifiziert durch die intellektuelle Bewegung unseres Jahrhunderts.

Ohne übrigens diesen Weissagungen mehr Wichtigkeit beizulegen, als sie verdienen, können wir daher resümieren: Die Revolution wird bei den verschiedenen Nationen Europas einen verschiedenen Charakter annehmen; das Niveau, das man bezüglich der Vergesellschaftlichung der Produkte anstreben wird, wird nicht überall das gleiche sein.

Folgt daraus nun, dass die fortgeschritteneren Nationen ihren Schritt nach den im Rückstand befindlichen Nationen richten sollen, abwarten sollen, bis alle zivilisierten Nationen für die kommunistische Revolution reif sein werden? Offenbar nicht! Wollte man es übrigens, so wäre es gleichwohl unmöglich. Die Geschichte wartet nicht auf die Zurückgebliebenen.

Übrigens glauben wir auch nicht einmal, dass die Revolution in einem und demselben Land überall gleichzeitig ausbrechen wird, wie es einige Sozialisten träumen. Es ist sehr wahrscheinlich, dass, wenn eine der fünf oder sechs großen Städte Frankreichs – Paris, Lyon, Marseille, Lille, Saint-Etienne, Bordeaux – die Kommune proklamiert, die andern ihrem Beispiel folgen werden und dass auch verschiedene weniger bevölkerte Städte ebenso handeln werden. Aller Voraussicht nach werden auch mehrere Minendistrikte, wie gewisse industrielle Zentren nicht zögern, ihren Arbeitsherren den Laufpass zu geben und sich in freien Gruppierungen zusammenzuschließen.

Aber ein großer Teil des flachen Landes wird noch nicht so weit sein, er wird nicht auf der Seite der aufständischen Kommunen stehen, sondern eine abwartende Haltung einnehmen und fortfahren, unter dem individualistischen Regime zu leben. Wenn man den Steuereinnehmer und den Gerichtsvollzieher nicht mehr die Steuern und die Zinsen holen sehen wird, so werden die Bauern sich den Aufständischen gegenüber nicht feindlich verhalten, und je nach der Situation werden sie sich richten, um ihrerseits mit den Ausbeutern ihrer Gegend abzurechnen. Aber bei dem praktischen Geist, der stets die ländlichen Empörungen charakterisiert hat (erinnern wir uns der leidenschaftlichen Tätigkeit im Ackerbau vom Jahre 1792), werden die Bauern um so eifriger bestrebt sein, ihren Boden zu bebauen – den sie um so mehr lieben, je mehr er von Steuern und Hypotheken entlastet ist.

Was das Ausland anbetrifft, so wird sich auch dort überall die Revolution vollziehen; wenn auch unter den verschiedensten Bedingungen. Hier in zentralistischer, dort in föderalistischer, überall jedoch in mehr oder weniger sozialistischer Form. Nichts Einheitliches wird es geben.

VI.

Doch kommen wir auf unsere aufständische Stadt zurück und sehen wir, unter welchen Bedingungen sie ihre Unterhaltung bewerkstelligen müsste.

Woher die notwendigen Lebensmittel nehmen, wenn die Nation in ihrer Gesamtheit nicht den Kommunismus anerkennt? Das ist die Frage, die sich notwendigerweise aufwirft.

Nehmen wir eine große französische Stadt, die Hauptstadt, wenn man will. Paris konsumiert jährlich viele Millionen Zentner Getreide, 350.000 Ochsen und Kühe, 200.000 Kälber, 300.000 Schweine und mehr als 2 Millionen Hammel, abgesehen von dem importierten ausgeschlachteten Fleisch. Außerdem bedarf Paris noch der Kleinigkeit von etwa 9 Millionen Kilo Butter und 172 Millionen Eiern und vieler anderer Dinge in gleicher Menge.

Das Mehl und das Getreide kommen von den Vereinigten Staaten, Russland, Ungarn, Italien, Ägypten, Indien, das Schlachtvieh aus Deutschland, Italien, Spanien, sogar aus Russland und Rumänien. Was die Kaufmannswaren betrifft, so gibt es kein Land in der Welt, das nicht seinen Teil beisteuerte.

Sehen wir zuerst, auf welche Weise man es bewerkstelligen könnte, Paris oder jede andere große Stadt mit den Produkten zu versorgen, welche auf französischem Boden wachsen und von denen die Bauern nichts sehnlicher wünschen, als sie für den Konsum zu liefern.

Den autoritären Sozialisten bietet die Beantwortung dieser Frage keine Schwierigkeit. Sie konstituieren vor allem eine Regierung von starker

Zentralisation und ausgerüstet mit allen Organen der Exekutive: Polizei, Heer und Guillotine. Diese Regierung wird dann eine Statistik über alles, was man in Frankreich baut, anfertigen lassen, sie wird das Land in eine bestimmte Anzahl von Kreisen einteilen und diesen befehlen, dass sie dieses oder jenes Lebensmittel in einer bestimmten Quantität produzieren und zu einer bestimmten Zeit nach dem und dem Orte abliefern. Ein Beamter nimmt es dann in Empfang und bringt es in einem bestimmten Speicher unter – und so fort.

Nun, wir behaupten mit voller Überzeugung, dass eine derartige Lösung nicht nur unvernünftig, sondern auch unmöglich wäre. Sie ist reine Utopie.

Man kann einen derartigen Zustand der Dinge mit der Feder in der Hand erträumen; seiner Verwirklichung indessen stehen unüberwindliche Hindernisse im Wege; man müsste denn annehmen, die Menschheit hätte kein Unabhängigkeitsbedürfnis. Seine Verwirklichung bedeutet die allgemeine Empörung: drei oder vier Vendéen an Stelle einer, den Krieg der Dörfer gegen die Städte, die Erhebung von ganz Frankreich gegen die Stadt, die ihm ein derartiges Regime aufzuzwingen wagte.

Genug dieser jakobinerischen Utopien! Sehen wir, ob man sich nicht anders organisieren kann.

Im Jahre 1793 hungerte das Land die großen Städte aus und tötete so die Revolution. Es ist jedoch erwiesen, dass die Getreideproduktion Frankreichs in den Jahren 1792/93 keineswegs zurückgegangen war; alles lässt sogar darauf schließen, dass sie sich vermehrt hatte. Nachdem man von einem großen Teil der lehnsherrlichen Ländereien Besitz ergriffen und von diesen Gefilden die Ernten eingebracht hatte, wollten jedoch die ländlichen Bourgeois ihr Getreide nicht gegen „Assignaten" (Geldanweisungen) verkaufen. Sie behielten ihr Getreide und warteten auf Preissteigerungen oder Zahlung in Gold. Und weder die strengsten Maßnahmen der Konvention, um sie zum Verkauf des Getreides zu zwingen, noch Exekutionen waren von Wirksamkeit. Obwohl man wusste, dass die Kommissäre der Konvention sich nicht lange besannen, um die Aufkäufer von Getreide zu guillotinieren, noch dass das Volk zögerte, sie an die Laternen zu knüpfen: das Getreide blieb in den Speichern, und das Volk der Städte litt Hunger.

Aber was bot man auch den Bauern als Austausch gegen das Resultat ihrer schweren Mühen?

– „Assignaten", Papiergeld, dessen Wert von Tag zu Tag fiel, bedruckte Papierfetzen, die auf 500 Francs lauteten, jedoch ohne jeden reellen Wert waren. Für ein Billet, das auf 1.000 Francs lautete, konnte man sich kaum ein Paar Stiefel kaufen; und dem Bauer war begreiflicherweise nichts daran gelegen, ein Jahr Feldarbeit gegen ein Stück Papier einzutauschen, für welches er nicht einmal eine Bluse kaufen konnte.

Und solange man dem Bauer ein wertloses Stück Papier anbietet – möge es sich „Assignate“ oder „Arbeitsbon“ nennen –, wird es auch so bleiben. Die Lebensmittel werden auf dem Lande bleiben, die Stadt wird ihrer nicht habhaft werden, sollte man auch von neuem zur Guillotine oder zu Massenertränkungen greifen.

Was man dem Bauer bieten muss, das ist nicht Papier, sondern es sind die Waren, deren er unmittelbar bedarf. Es ist die Maschine, auf die er heute zu seinem Verdruss verzichten muss; es ist die Kleidung, eine Kleidung, die ihn vor den Unbilden der Witterung schützt; es ist die Lampe und das Petroleum, welche seinen Lichtstumpf ersetzen, der Spaten, der Rechen, der Pflug; kurz Alles, was sich der Bauer heute versagt, nicht weil er danach kein Bedürfnis fühlte, sondern weil ihm trotz seiner entbehrungsvollen Existenz und seiner abmattenden Arbeit tausend nützliche Gegenstände unerschwinglich sind.

Die Stadt muss es sich daher sofort angelegen sein lassen, die Dinge zu produzieren, welche dem Bauer fehlen, anstatt wie heute Luxusobjekte für die Frauen der Bourgeoisie zu fabrizieren. Die Nähmaschinen von Paris werden Arbeits- und Sonntagskleider für die Landbewohner anfertigen müssen, anstatt feine Hochzeitswäsche zu nähen. Das Eisenwerk wird landwirtschaftliche Maschinen, Spaten und Rechen fabrizieren und man wird nicht auf die Engländer warten, um diese Gegenstände von jenen gegen unsern Wein einzutauschen.

Die Stadt wird auf die Dörfer nicht Kommissare mit roten oder vielfarbigen Schärpen entsenden, und sie nicht den Bauern ein Dekret überbringen lassen, sondern sie wird diese durch Freunde, durch Brüder aufsuchen lassen, die zu ihnen sagen werden: „Bringet uns Eure Produkte und nehmet dafür aus unseren Magazinen alle Manufakturwaren, die Euch gefallen.“ Dann werden die Lebensmittel in Fülle herbeiströmen. Der Bauer wird, was er selbst zum Leben bedarf, bewahren, aber den Rest wird er den Arbeitern der Städte senden, in welchen er – zum ersten Mal im Laufe der Geschichte – Brüder und nicht Ausbeuter finden wird.

Man wird uns vielleicht sagen, dass dies eine vollständige Umgestaltung der Industrie erfordert; – allerdings für gewisse Zweige. Doch es gibt tausend andere Industriezweige, welche sich schnell umgestalten lassen, um den Bauern die Kleidung, die Uhr, die Arbeitswerkzeuge und die einfachen

Maschinen, welche ihnen die Stadt so teuer verkauft, liefern zu können. Weber, Schneider, Schuhmacher, Schlosser, Tischler und viele andere werden keine Schwierigkeit darin finden, die Luxusproduktion für nützliche Arbeit aufzugeben. Es ist nur notwendig, dass man vollkommen von der Wichtigkeit dieser Umgestaltung durchdrungen ist, dass man sie als einen Akt der Gerechtigkeit und des Fortschritts betrachtet, dass man endlich von dem den Theoretikern so teuren Traum lässt: – dass sich die Revolution nur auf eine Besitzergreifung des Mehrwertes erstrecken müsse und dass die Produktion und der Handel das bleiben könnten, was sie heute sind.

Die ganze Frage läuft unserer Meinung nach darauf hinaus: dem Landmann zum Austausch gegen seine Produkte nicht Papierfetzen, welches auch ihre Aufschrift sein möge, zu bieten, sondern ihm jene Gebrauchsartikel zu liefern, deren er bedarf. Wenn dieses geschieht, so werden die Lebensmittel den Städten zuströmen, wenn nicht, so werden wir die Hungersnot und alle ihre Konsequenzen, die Reaktion und das Blutbad haben.

VII.

Alle Großstädte, sagten wir, kaufen ihr Getreide, ihr Mehl, ihr Fleisch, nicht allein in den Provinzen ihres Landes, sondern auch im Ausland. Das Ausland entsendet nach Paris die Spezereien, den Fisch, die Luxuslebensmittel, beträchtliche Quantitäten von Getreide und Fleisch.

Aber in der Revolution wird man nicht mehr auf das Ausland zählen dürfen oder doch wenigstens so wenig wie möglich auf dasselbe rechnen. Wenn das Getreide Russlands, der Reis Italiens und Indiens und die Weine von Spanien und Ungarn heute die Märkte des westlichen Europas überschwemmen, so rührt das nicht daher, weil die exportierenden Länder deren im Überfluss besitzen oder weil jene Produkte dort wild wachsen, wie die Butterblumen auf den Wiesen. In Russland z. B. arbeitet der Bauer täglich 16 Stunden und fastet in jedem Jahr drei bis sechs Monate, um das Getreide zu exportieren, mit dem er seinen Herrn und den Staat bezahlt. Mit dem Augenblicke, wo die Ernte eingebracht ist, zeigt sich heute die Polizei in den russischen Dörfern und verkauft für die rückständigen Steuern und Zinsen die letzte Kuh, das letzte Pferd des Landmannes, falls dieser nicht selbst und freiwillig durch den Verkauf des Getreides an die Exporteure seine eigene Pfändung besorgt. Er behält für sich gerade nur das für neun Monate unbedingt notwendige Getreide und verkauft den Rest, damit man seine Kuh nicht zu einem Preise von 15 Francs verkauft. Um bis zur nächsten Ernte leben zu können, muss er während dreier, wenn das Jahr gut, während sechs Monate, wenn es schlecht war, Birkenrinde oder Meldenkörner zu seinem Mehl mischen, und in London delektiert man sich an den Biskuits, die man aus seinem Weizen hergestellt hat.

Aber wenn die Revolution kommen wird, so wird der russische Bauer das Brot für sich und seine Kinder bewahren. Die italienischen und ungarischen Bauern werden desgleichen tun; hoffen wir, dass auch der Hindu ihrem guten Beispiel folgt und ebenso die Arbeiter der Bonanza-Farmen in Amerika, für den Fall, dass diese Domänen nicht schon durch die Krisis desorganisiert sind. Man darf also nicht mehr auf die Zufuhr an Getreide und Mais aus dem Auslande zählen. Wo unsere ganze bürgerliche Zivilisation auf der Ausbeutung der unteren Klassen und der in der Industrie zurückstehenden Länder basiert, wird die erste Wohltat der Revolution schon darin bestehen, dass sie diese „Zivilisation" bedroht, und zwar dadurch, dass sie den sogenannten unteren Klassen Gelegenheit gibt, sich zu emanzipieren. Aber diese ungeheure Wohltat wird sich in einer gewissen oder beträchtlichen Verminderung der Zufuhren an Lebensmitteln, die sonst den Großstädten zufließen, ausdrücken.

Für das aufständische Land selbst ist es schwieriger vorherzusehen, wie die Dinge sich dort entwickeln würden.

Auf der einen Seite wird der Landbebauer sicherlich die Gelegenheit wahrnehmen, um seinen von der Feldarbeit gekrümmten Rücken gerade zu recken. Anstatt 14 bis 16 Stunden, die er heute arbeitet, wird er vernünftigerweise nur die Hälfte dieser Zeit arbeiten, was einer Verminderung in der Produktion der hauptsächlichsten Lebensmittel, des Getreides und Fleisches, gleichkommt.

Aber andererseits wird eine Vermehrung der Produktion mit dem Momente eintreten, wo der Landmann nicht mehr gezwungen sein wird, sich zur Ernährung der Müßiggänger abzuquälen. Neue Länderstrecken werden kultiviert werden; vollkommenere Maschinen werden angewandt werden. – „Niemals war die Landarbeit zuvor eine so emsige gewesen, als im Jahre 1792", damals, als der Bauer den Adelsherren den seit langem begehrten Grund und Boden entrissen hatte, sagt uns Michelet in seinem Werke über die große Revolution.

In kurzer Zeit wird auch die intensive Kultur von jedem Landwirt eingeführt werden, sobald nur die vervollkommnete Maschine und chemische wie andere Dungstoffe zur Verfügung der Gemeinschaft stehen. Aber alles lässt darauf schließen, dass im Anfang eine Verminderung der landwirtschaftlichen Produktion in Frankreich ebenso gut wie anderwärts statthaben wird.

Das Weiseste wird sein, seine Berechnungen auf einer Verminderung der Zufuhr sowohl vom Inland wie vom Ausland aufzubauen.

Wie diese Lücke ausfüllen?

Sehr einfach! Und zwar dadurch, dass man selbst Hand anlegt, sie auszufüllen. Unnütz den Nordpol im Süden zu suchen, wenn die Lösung auf der Hand liegt.

Es ist notwendig, dass die großen Städte sich ebenso gut wie das flache Land der Landwirtschaft widmen. Es gilt, zu dem zurückzukommen, was die Biologie „die Allseitigkeit der Funktionen" nennen würde. Nachdem man die Arbeit geteilt hat, gilt es, sie allseitig zu gestalten, und das ist der Gang, der in der gesamten Natur befolgt wird.

Übrigens – abgesehen von der Philosophie – wird man dorthin durch die Macht der Verhältnisse geführt werden. Möge Paris nur einmal vor der Gewissheit stehen, dass es nach Verlauf von acht Monaten ohne Getreide ist, – und Paris wird zum Ackerbau greifen.

Das Land? Es mangelt nicht. Gerade um die großen Städte – namentlich Paris – gruppieren sich die Parks und Rasenplätze der reichen Herren, die hunderttausende Hektare, welche nur auf die intelligente Bestellung des Landwirts warten, um Paris mit bedeutend fruchtbareren und ertragreicheren Gefilden zu umgeben, als es die mit Humus bedeckten, aber durch die Sonne ausgetrockneten Steppen des südlichen Russlands sind.

Wer macht die Arbeit? Womit sollen sich die 2 Millionen Pariser und Pariserinnen beschäftigen, wenn sie nicht mehr zu kleiden und zu amüsieren haben – russische Prinzen, rumänische Bojaren und die Damen der Berliner Finanz?

Warum sollte der Ackerbau einer anarchistischen Kommune kein ertragreicher sein, wenn derselbe über den gesamten Maschinenapparat des Jahrhunderts verfügt? Dazu kommt die Intelligenz und das technische Wissen des Arbeiters, an dessen Seite sich die Erfinder, die Chemiker, die Botaniker, die Gemüsegärtner, überhaupt das ganze Pariser Volk mit seiner Herzensfreudigkeit und seiner Begeisterung stellen werden.

Wie sollte da der Ackerbau nicht ein ganz anderer sein als der der Ardennenbewohner, die kein anderes Werkzeug als ihre Hacke kennen.

Der Dampf, die Elektrizität, die Sonnenwärme und die Windeskraft werden bald die grobe Vorbereitungsarbeit getan haben und die Erde, gelockert und bereichert, wartet nur auf die intelligente Sorgfalt des Mannes und namentlich der Frau, um sich mit wohl gepflegten und drei- bis viermal im Jahre sich erneuernden Saaten zu bedecken.

Die Gartenkultur bei sachverständigen Männern erlernend, auf abgesonderten Versuchsbeeten tausenderlei verschiedene Kulturmittel versuchend, untereinander um die größten Erträge wetteifernd, in der physischen Betätigung ohne Ermattung, ohne Überarbeit die Kräfte wiederfindend, welche ihnen so häufig in den Großstädten verloren gegangen sind – werden Männer, Frauen und Kinder glücklich sein, sich dieser Feldarbeit widmen zu können, welche nicht mehr eine Zwangsarbeit, sondern ein Vergnügen, ein Fest, eine Wiedergeburt des menschlichen Wesens sein wird.

„Es gibt keine unfruchtbaren Länderstrecken! Das Land ist wert, was der Mensch wert ist!“ – Das ist das letzte Wort der modernen Landwirtschaft. Die Erde gibt, was man von ihr fordert: es handelt sich nur darum, es in intelligenter Weise von ihr zu fordern.

Ein Gebiet, sei es auch so klein als das der Departements de la Seine und Seine-et-Oise und habe es auch eine große Stadt wie Paris zu ernähren, genügt vollständig, um die Lücken, welche die Revolution in den Lebensmittelvorrat bringen könnte, auszufüllen.

Die Vereinigung von Ackerbau und Industrie; der Mensch, der zugleich im Ackerbau wie in der Industrie tätig ist, das ist das Ziel, zu dem uns notwendigerweise die kommunistische Gemeinde führen wird, falls sie sich rückhaltlos auf den Weg der Expropriation begibt.

Möge sie nur diese Zukunft einleiten: es ist nicht zu fürchten, dass sie durch Hungersnot untergeht! Die Gefahr liegt nicht dort: sie liegt in der Feigheit des Geistes, in den Vorurteilen, in der Halbheit. Die Gefahr liegt da, wo sie Danton sah, als er Frankreich zurief: „Kühnheit, Kühnheit und wieder Kühnheit!“ namentlich intellektuelle Kühnheit, welche die Kühnheit des Willens nach sich ziehen wird.

Die Wohnung

I.

Diejenigen, welche mit Aufmerksamkeit der Ideenentwicklung bei den Arbeitern folgen, haben bemerken müssen, dass sich unter ihnen ganz unmerkbar ein Einverständnis über eine sehr wichtige Frage, über die Wohnungsfrage, herausbildet. Es ist unleugbar: in den Großstädten Frankreichs und ebenso in vielen kleineren kommen die Arbeiter mehr und mehr zu dem Schlusse, dass die Wohnhäuser keineswegs das Eigentum derer sein sollten, welche der Staat als deren Eigentümer anerkennt.

Diese Entwicklung vollzieht sich in den Geistern und man wird es die Arbeiter nicht mehr glauben machen können, dass das Eigentum an den Häusern etwas Gerechtes sei.

Das Haus ist nicht vom Eigentümer erbaut worden; es ist aufgerichtet, geputzt, tapeziert worden von Hunderten von Arbeitern, welche der Hunger auf die Bauplätze getrieben hat, welche das Bedürfnis, zu leben, gezwungen hat, einen verkürzten Lohn zu akzeptieren.

Das von dem angeblichen Eigentümer aufgewendete Geld war nicht das Produkt seiner eigenen Arbeit. Er hatte es aufgehäuft – was der Fall bei allen Reichtümern ist –, indem er den Arbeitern zwei Drittel oder nur die Hälfte von dem, was er ihnen eigentlich schuldete, zahlte.

Endlich – und gerade hier springt die Ungeheuerlichkeit dieser Institution am klarsten in die Augen – verdankt das Haus seinen gegenwärtigen Wert einzig dem Nutzen, den der Eigentümer aus ihm ziehen kann. Und dieser Nutzen wird dem Umstände gedankt, dass das Haus in einer gepflasterten, mit Gas erleuchteten Stadt liegt, einer Stadt, die in regelmäßiger Verbindung mit anderen Städten steht, und in ihrem Busen industrielle Etablissements, Handels- und Kunstinstitute vereinigt; dass dieser Ort mit Brücken, Quais und Monumenten der Architektur geschmückt ist und dem Bewohner tausenderlei Komfort und Annehmlichkeiten bietet, die dem Dorfe unbekannt sind; kurz, dass zwanzig, dreißig Generationen daran gearbeitet haben, ihn zu einer wohnlichen, gesunden und schönen Stadt zu machen.

Der Wert eines Hauses in bestimmten Vierteln von Paris beträgt eine Million, nicht weil es für eine Million Arbeit enthält, sondern weil es in Paris liegt; weil seit Jahrhunderten Arbeiter, Künstler, Denker, Gelehrte und Schriftsteller ihre Mühen vereinigt haben, um Paris zu dem zu machen, was es heute ist: ein Zentrum der Industrie, des Handels, der Politik, der Kunst und der Wissenschaft; weil es eine Vergangenheit hat; weil seine Straßen dank der Literatur bekannt sind – in der Provinz wie im Ausland; weil es ein Produkt der Arbeit von 18 Jahrhunderten, von 50 Generationen der gesamten französischen Nation ist. Wer hat da das Recht, den kleinsten Teil dieses Terrains oder das letzte der Häuser sein Eigen zu nennen, ohne eine schreiende Ungerechtigkeit zu begehen? Wer hat da ein Recht, das kleinste Teilchen des gemeinsamen Erbteils zu verkaufen, an wen es auch sei?

Darüber, sagen wir, besteht unter den Arbeitern nur ein Einverständnis. Die Idee der unentgeltlichen Wohnung hat sich während der Belagerung von Paris klar offenbart, damals, als man klipp und klar den Erlass des von den Eigentümern geforderten Mietzinses verlangte. Sie hat sich auch noch während der Kommune vom Jahre 1871 offenbart, als der Pariser Arbeiter von dem Rat der Kommune eine mannhafte Entscheidung bezüglich der Abschaffung des Mietzinses erwartete. Dieses wird immer die erste Sorge des Armen sein, sobald eine Revolution ausgebrochen ist.

In derartigen Zeiten oder überhaupt nicht bedarf der Arbeiter eines Schlupfwinkels, einer Wohnung. Doch so schlecht, so ungesund sie auch sei, es gibt immer einen Eigentümer, welcher die Proletarier daraus vertreiben könnte. Allerdings wird während der revolutionären Epoche der Eigentümer keinen Gerichtsvollzieher noch Polizisten an der Hand haben, der das Lumpenpack auf die Straße wirft. Aber wer weiß, ob sich nicht morgen schon eine neue Regierung, so revolutionär sie sich auch gebärdete, eine exekutive Gewalt schafft und die Polizeimeute gegen die Arbeiter loslässt. Man hat wohl gesehen, dass die Kommune den Erlass des Mietzinses bis zum 1. April proklamierte – aber eben nur bis zum 1. April.[4] Nach diesem Termin musste er wieder erlegt werden. Selbst als in Paris alles „drunter und drüber“ war, selbst als die gesamte Industrie ruhte und der Revolutionär einzig auf seine 30 Sous (Mk. 1,20) angewiesen war.

4 Dekret vom 30. März; nach diesem Dekret fand ein Erlass der Mietsraten vom Oktober 1870, Januar und April 1871 statt.

Der Arbeiter muss wissen, dass eine Mietsfreiheit nicht allein die Folge einer zufälligen Desorganisation der exekutiven Macht sein darf. Er muss wissen, dass die Unentgeltlichkeit der Wohnung im Prinzip anerkannt und durch Volkszustimmung gewissermaßen sanktioniert ist; dass die unentgeltliche Wohnung ein Recht, ein vom Volke laut proklamiertes Recht bedeutet.

Können wir nun erwarten, dass diese Maßnahme, so sehr dem Gerechtigkeitsgefühl jedes rechtlich denkenden Mannes zusagend, von den Sozialisten ergriffen werden wird, von jenen Sozialisten, die im Verein mit Bourgeois sich einst in einer provisorischen Regierung befinden werden? Wir würden lange darauf warten können – bis zur Wiederkehr der Reaktion!

Aus diesem Grunde sollten auch alle aufrichtigen Revolutionäre, auf Schärpe und Käppi, die Insignien der Herrschaft und Knechtschaft, verzichtend und auf der Seite des Volkes verbleibend, mit dem Volke darauf hinarbeiten, dass die Expropriation der Häuser eine vollendete Tatsache wird. Sie sollten darauf hinarbeiten, dass der allgemeine Ideengang eine derartige Richtung annimmt, sie sollten sich bemühen, diese Ideen zu verwirklichen. Und wenn sie gereift sein werden, wird das Volk zur Expropriation der Häuser schreiten, ohne den Theorien Achtung zu schenken, die man ihm zweifelsohne zwischen die Füße werfen wird, jene Theorien über die Entschädigung der Eigentümer und andere Hirngespinste.

An dem Tage, wo die Expropriation der Häuser geschehen sein wird, wird der Ausgebeutete, der Arbeiter, begriffen haben, dass neue Zeiten angebrochen sind, dass er nicht mehr den Rücken vor den Reichen und Angesehenen zu beugen hat, dass die Gleichheit aller ein Recht geworden, dass die Revolution eine vollendete Tatsache ist und nicht ein Theatercoup, wie man deren in dieser Richtung schon zu viele gesehen hat.

II.

Wenn die Idee der Expropriation eine populäre wird, so wird ihre Verwirklichung keineswegs vor unüberwindlichen Hindernissen, mit denen man uns stets zu drohen beliebt, Halt machen müssen.

Gewiss, die betressten Herren, welche auf den leeren Sesseln der Ministerien und des Hotel de Ville Platz genommen haben werden, werden nicht verfehlen, derartige Hindernisse aufzutürmen. Sie werden davon sprechen, dass man die Eigentümer schadlos halten, dass man zu diesem Zwecke Statistiken und Berichte anfertigen müsse – und diese Berichte werden dann so lang sein, und deren Verlesung wird so lange währen, dass das Volk inzwischen vor Elend verkommt und, an der Revolution verzweifelnd, den Reaktionären freien Spielraum lässt; kurz, sie werden damit endigen, einem Jeden die bürokratische Expropriation verhasst zu machen.

Das ist in der Tat eine Klippe, an der alles scheitern kann. Wenn aber das Volk den falschen Beweisführungen, mit denen man es zu verblenden sucht, kein Gehör schenkt, wenn es begreift, dass ein neues Leben neue Wege erfordert, und wenn es die Führung seiner Angelegenheiten selbst in die Hand nimmt, – dann wird die Expropriation keine großen Schwierigkeiten haben.

„Doch wie? Wie soll sie vor sich gehen?", wird man uns fragen. Wir werden es sagen, wenn auch mit einer Reserve. Es widerstrebt uns, einen Expropriationsplan bis in seine kleinsten Details auszuarbeiten. Wir wissen im Voraus, dass alles das, was heute ein Mensch oder eine Gruppe von Menschen plant, vom wirklichen Leben überholt werden wird. Dieses – sagen wir uns – wird alles das, was man ihm vorschreiben könnte, besser und einfacher verwirklichen.

Und wenn wir die Methode skizzieren, nach welcher die Expropriation und die Verteilung der expropriierten Reichtümer ohne die Intervention einer Regierung stattfinden könnte, so tun wir dies nur, um denjenigen zu antworten, die dieses für unmöglich erklären. Auch möchten wir erinnern, dass wir keineswegs die Absicht haben, diese oder jene Organisationsform zu prophezeien. Was uns von Wichtigkeit ist, das ist einzig der Nachweis, dass die Expropriation durch die Initiative des Volkes möglich ist, oder sogar allein durch diese möglich ist.

Es ist vorauszusehen, dass mit den ersten Akten der Expropriation in jedem Viertel, in jeder Straße, für jeden Häuserkomplex sich Gruppen wohlgesinnter Bürger bilden werden, die bereitwillig die Zahlen der leer stehenden Wohnungen, der Wohnungen, die von zu zahlreichen Familien eingenommen werden, der ungesunden Räume, der Häuser ermitteln werden, die zu geräumig für ihre Insassen sind und noch von anderen und denen bewohnt werden könnten, denen Luft und Licht in ihren gegenwärtigen Höhlen mangelt. In einigen Tagen werden diese Freiwilligen für jede Straße, jedes Viertel genaue Listen über alle Wohnungen angefertigt haben, mit den Angaben, ob sie gesund oder ungesund, ob sie zu eng oder zu geräumig, ob sie sich in schlechtem oder gutem Zustand befinden.

Aus freiem Antriebe werden sie die Resultate ihrer Listen vereinigen und in wenigen Tagen werden sie eine vollständige Statistik haben. Der Ort für trügerische Statistiken sind die Büros; die wahre exakte Statistik kann nur vom Individuum ausgehen; sie muss vom Einfachen zum Komplizierten aufsteigen und nicht umgekehrt.

Und dann, ohne auf Jemandes Befehl zu warten, werden diese Bürger ihre Kameraden, die in Pesthöhlen wohnen, aufsuchen und werden zu ihnen sprechen: „Dieses Mal, Kameraden, bringt die Revolution etwas Gutes. Kommt heute Abend nach dem und dem Ort. Das ganze Viertel wird dort versammelt sein und man wird die Wohnungen verteilen. Wenn es euch nicht in eurem Loche gefällt, so werdet ihr euch eine der Wohnungen, sagen wir zu 5 Zimmern, auswählen. Und wenn ihr sie dann bezogen habt, so wird euch für immer geholfen sein. Das Volk wird dann mit dem ein Wörtchen reden, der euch aus ihr zu entfernen wünschte."

„Aber jeder wird dann eine Wohnung mit 20 Zimmern haben wollen!" – wird man uns entgegnen.

Das ist ein Irrtum. Niemals hat das Volk Unmögliches verlangt. Im Gegenteil, so oft wir sie als Gleichgestellte an die Aufgabe treten sahen, Ungerechtigkeiten zu beseitigen, waren wir immer von dem Opfermut und dem Gerechtigkeitsgefühl betroffen, von dem die Masse beseelt war. Hat man jemals das Volk das Unmögliche fordern sehen, als es während der zwei Belagerungen sich seine Rationen Brot und Holz holen ging? Man stellte sich ordnungsmäßig hintereinander auf, so wie man gekommen war, und zwar mit einer Resignation, über welche die Korrespondenten der ausländischen Journale sich nicht genug wundern konnten, und dies, obwohl man wusste, dass die zuletzt Gekommenen den Tag ohne Brot und Holz zubringen mussten.

Gewiss, es finden sich viel egoistische Instinkte bei den isolierten Individuen unserer Gesellschaften. Wir wissen dies sehr wohl. Aber wir wissen auch, dass das beste Mittel, diese Instinkte zu wecken oder zu nähren, wäre, wenn man die Regelung der Wohnungsfrage irgendeinem Büro anvertraute. Dann werden allerdings alle jene hässlichen Leidenschaften zutage treten. Und alles wird der entgelten müssen, der in diesem Büro den größten Einfluss hat. Die geringste Ungleichheit wird großes Geschrei erwecken, der geringste Vorteil, der Jemandem gewährt wird, wird den Vorwurf der Bestechlichkeit laut werden lassen – und dies nicht ohne Grund!

Wenn indessen das Volk selbst, nach Straßen, Vierteln, Bezirken vereinigt, die Aufgabe auf sich nimmt, die Bewohner der Höhlen in den allzu geräumigen Wohnungen der Reichen unterzubringen, so werden die geringen Unzuträglichkeiten und die kleinen Ungleichheiten, die sich einstellen sollten, leicht aufgenommen werden. Man hat selten an die edlen Instinkte der Massen appelliert. Man hat es zuweilen während der Revolution getan, als es sich darum handelte, das versinkende Schiff zu retten – und niemals hat man sich dabei enttäuscht gefunden. Der Mann der Arbeit hat stets dem Appell an großen Opfermut zu entsprechen gewusst.

So wird es auch in einer kommenden Revolution sein.

Trotz alledem werden wahrlich Ungerechtigkeiten unvermeidlich sein. Es gibt Individuen in unseren Gesellschaften, die selbst ein großes Ereignis nicht aus ihrem egoistischen Geleise bringen wird. Aber es handelt sich hier auch gar nicht darum, ob es noch Ungerechtigkeiten geben wird oder nicht, sondern es handelt sich um die Mittel und Wege, mittels deren man ihre Zahl beschränken kann.

Nun, die gesamte Geschichte, die gesamte Erfahrung der Menschheit, ebenso wie die Psychologie der Gesellschaften bestätigen, dass das geeignetste Mittel dafür heißt: Die Interessenten ihre eigenen Angelegenheiten selbständig regeln zu lassen. Sie allein können die tausend Einzelheiten, die notwendig dem Bürokraten entgehen müssen, bemerken und ihnen abhelfen.

III.

Übrigens würde es sich auch gar nicht darum handeln, mit einem Schlage eine absolut gleiche Verteilung der Wohnungen zu erreichen; die kleinen Unzuträglichkeiten, unter denen vielleicht noch manche Wirtschaften zu leiden haben würden, ließen sich leicht und bald in einer Gesellschaft beseitigen, die sich auf dem Wege der Expropriation befindet.

Vorausgesetzt, dass die Maurer, die Steinmetzen – kurz, die Bauarbeiter – wissen, dass ihre Existenz gesichert ist, so werden sie sich gern für einige Stunden täglich der Arbeit widmen, die sie gewohnt sind. Sie werden mit jenen großen Wohnungen, die einen ganzen Stab von Dienern erfordern, aufräumen. In wenigen Monaten werden nötigenfalls Hunderte von Häusern, viel praktischer und gesünder eingerichtet als die heutigen, entstanden sein. Und vor der Hand wird die anarchistische Kommune zu denen, die noch ein ungenügendes Heim haben, sagen:

„Geduldet euch ein wenig, Kameraden! Gesunde, komfortable und schöne Paläste, allen denen, welche die Kapitalisten erbauten, weit überlegen, werden sich in Kürze auf dem Boden der freien Stadt erheben. Sie werden denen gehören, die deren am meisten bedürfen. Die anarchistische Kommune baut nicht, um für sich Vorteile zu schaffen. Die Gebäude – wahre Monumente, welche sie für ihre Bürger errichtet, werden, ein Produkt des Kollektivgeistes, der ganzen Menschheit als Muster dienen und – sie werden euch gehören."

Wenn das revoltierende Volk die Häuser expropriiert und die Unentgeltlichkeit der Wohnung, die Überführung sämtlicher Gelasse in Gemeineigentum und das Recht jeder Familie auf ein gesundes Quartier proklamiert, so wird die Revolution mit ihrem Beginn einen kommunistischen Charakter haben und wird einen Weg einschlagen, von dem man sie nicht so bald wieder abbringen kann. Sie wird einen tödlichen Streich gegen das individuelle Eigentum geführt haben.

Die Expropriation der Häuser birgt im Keime die ganze Revolution in sich. Von der Art, wie sich erstere vollzieht, wird der Charakter der weiteren Ereignisse abhängen. Entweder öffnen wir mit derselben eine breite und ebene Bahn zum anarchistischen Kommunismus, oder wir werden noch weiterhin in dem Schmutze des autoritären Individualismus herumwaten.

Es ist leicht, die tausend Einwürfe, die man uns machen wird und die teils theoretischer, teils praktischer Natur sind, vorherzusehen.

Da es sich darum handelt, um jeden Preis die Ungleichheit zu erhalten, so ist es sicher, dass man im Namen der Gerechtigkeit sprechen wird: „Ist es nicht unerhört, dass die Pariser sich in ihrem Interesse der schönen Paläste bemächtigen und den Bauern ihre Ställe lassen wollen?", wird man ausrufen. Doch lassen wir uns nicht täuschen. Diese mutigen Verfechter der Gerechtigkeit übersehen mit einer ihnen eigenen Geistesgewandtheit vollständig die schreiende Ungleichheit, zu deren Verteidiger sie sich machen. Sie vergessen, dass der Pariser Arbeiter in seiner Höhle von Wohnung erstickt – er, seine Frau und seine Kinder – während er von seinem Fenster aus den Palast des Reichen erblickt. Sie vergessen, dass ganze Generationen in den übervölkerten Vierteln aus Mangel an Luft und Licht umkommen und dass die Beseitigung dieser horrenden Ungerechtigkeit die erste Pflicht der Revolution sein müsste.

Lassen wir uns nicht in unserem Werke durch diese nur dem Eigennutze entstammenden Einwürfe aufhalten. Wir wissen, dass die Ungleichheit, welche wirklich zwischen Paris und dem Dorfe bestehen könnte, zu denen gehört, welche sich mit jedem Tag vermindern lassen; das Dorf wird nicht verfehlen, sich gesündere Wohnungen zu geben von dem Augenblick an, wo der Bauer nicht mehr das Lasttier des Pächters, des Fabrikanten, des Wucherers und des Staates ist. Um eine zeitweilige und leicht zu beseitigende Ungerechtigkeit zu vermeiden, sollte es nötig sein, die seit Jahrhunderten bestehende und ungeheure Ungleichheit aufrecht zu erhalten?

Die sogenannten praktischen Einwürfe sind von gleicher Beweiskraft.

„Seht euch einmal jenen armen Teufel an“, wird man zu uns sagen. „Auf Grund von Entbehrungen hat er sich endlich für sich und die Seinen ein Häuschen erwerben können. Er ist darin glücklich; und ihr wollt ihn auf die Straße werfen?“

– Gewiss nicht! Wenn sein Häuschen gerade dazu hinreicht, um seiner Familie ein Obdach zu geben, so möge er es weiter bewohnen, wir haben keineswegs etwas dagegen; möge er auch weiterhin den vor seinen Fenstern gelegenen Garten kultivieren. Unsere Genossen werden nötigenfalls ihn aufsuchen und ihm die Bruderhand bieten. Aber wenn sich in seinem Hause ein Gemach befindet, dass er an einen anderen vermietet, so wird das Volk letzteren aufsuchen und zu ihm sprechen: Wisse, Kamerad! Du schuldest jenem Alten nichts mehr. Bleibe in deinem Gemache, aber zahle keinen Mietzins fürderhin. Du brauchst keinen Gerichtsvollzieher mehr zu fürchten.

Und wenn der Eigentümer für sich allein zwanzig Zimmer bewohnt und es in dem gleichen Viertel eine Mutter mit fünf Kindern gibt, die nur ein Zimmer besitzt, so wird das Volk sehen, ob es unter den zwanzig Zimmern nicht einige gibt, die nach etlichen Umänderungen ein nettes kleines Quartier für die Mutter mit den fünf Kinderchen abgeben könnten. Wäre es etwa gerechter, die Mutter und die fünf Kleinen in der stallähnlichen Wohnung zu belassen und den wohlgenährten Herrn im Schlosse? Auch der reiche Herr wird sich übrigens bald in eine solche Änderung schicken; sobald er keine Bedienten mehr hat, die ihm seine zwanzig Zimmer in Ordnung halten, wird die „gnädige Frau“ froh sein, wenn sie die Hälfte der Räumlichkeiten abgeben kann.

– „Aber dies wird ein vollständiges Wirrwarr bedeuten“, werden die Verteidiger der Ordnung rufen. „Die Wohnungswechsel werden kein Ende nehmen. Dies käme einem Zustand gleich, wo alle Welt auf die Straße geworfen und dann eine Verlosung der Wohnungen vorgenommen würde.“ – Nun, wir sind überzeugt, dass, falls sich keine Regierung hineinmischt, und falls man die ganze Umgestaltung den Händen der spontan zu diesem Zwecke sich bildenden Gruppen überlässt, die Wohnungswechsel weniger zahlreich sein werden, als sie es heute im Verlauf eines Jahres infolge der Habgier der Eigentümer sind.

Es gibt erstlich in allen einigermaßen großen Städten eine so große Anzahl unbenutzter Wohnungen, dass diese fast genügten, um dem größten Teil der Höhlenbewohner ein nettes Heim zu bieten. Was die Paläste und die kostbaren Quartiere anbelangt, so würden viele Arbeiterfamilien auf ein Beziehen derselben verzichten: man kann sich ihrer nicht bedienen, wenn man nicht eine zahlreiche Dienerschaft zur Verfügung hat. Auch ihre heutigen Bewohner würden sich bald gezwungen sehen, sich nach weniger luxuriösen Wohnungen umzusehen, in denen die Bankiersfrau dann selbst ihre Köchin spielen wird. Und allmählich, ohne dass es nötig wäre, den Bankier mittels einer Eskorte in die Mansarde zu geleiten und den Bewohner der Mansarde in den Palast des Bankiers, würde die Bevölkerung sich in Güte in die vorhandenen Wohnungen teilen und zwar, ohne dass es Anlass zu großer Unordnung gäbe. Sieht man nicht auch die Agrarkommunen ihre Felder verteilen, ohne die augenblicklichen Inhaber der Parzellen in ihrer Gesamtheit beträchtlich zu stören?

Muss man nicht einfach die Einfachheit und Scharfsichtigkeit der Maßnahmen, zu denen die Agrarkommune ihre Zuflucht nimmt, bewundern? Die russische Landgemeinde – und dies Faktum ist durch Bände von Untersuchungen bewiesen, – hat einen geringeren Wechsel der Besitzer auf ihren Ländereien aufzuweisen, als das individuelle Eigentum mit seinen vor den Gerichtshöfen ausgefochtenen Prozessen! Und man will uns glauben machen, dass die Bevölkerung einer großen europäischen Stadt törichter und von geringerem Organisationstalent sein würde, als die russischen Bauern oder die Hindus!

Übrigens bedeutet jede Revolution eine gewisse Störung des täglichen Einerlei und diejenigen, welche eine große Krisis zu überstehen hoffen, ohne dass ihre Hausfrau bei ihrem Kochtopf gestört würde, laufen Gefahr, arge Enttäuschungen zu erleiden. Man kann eine Regierung wechseln, ohne dass der brave Familienvater sein Essen eine Stunde später bekäme; indes man kann nicht in gleicher ruhiger Weise die Verbrechen, welche eine Gesellschaft an ihren Ernährern begangen hat, wiedergutmachen.

Es wird sicherlich ein gewisses Wirrwarr geben. Allein es ist notwendig, dass dieses Wirrwarr nicht zwecklos stattfindet und dass es auf ein verschwindendes Maß reduziert wird. Und dieses ist gut möglich – wir werden nicht müde, es zu wiederholen –, wenn man sich an die Interessenten selbst wendet und nicht an die Büros; alsdann wird jedermann nur einem Minimum von Unzuträglichkeiten ausgesetzt sein.

Das Volk begeht Dummheit über Dummheit, wenn es in den Urnen zwischen den Schönrednern, zwischen jenen Prahlern wählen soll, welche sich die Ehre anmaßen, es zu vertreten, und beanspruchen, alles zu tun, alles zu wissen, alles zu organisieren. Aber wenn es sich darum handelt, etwas zu organisieren, etwas, das es kennt, was es direkt angeht, so macht es dies besser, als alle Büros. Hat man dies nicht in der Kommune gesehen? Sieht man es nicht alle Tage in jeder Landgemeinde?

Die Bekleidung

Wenn die Häuser als gemeinsames Erbteil der Bürgerschaft betrachtet werden und wenn man einmal zu einer gerechten Zumessung der Lebensmittel schreitet, so wird man sich gezwungen sehen, noch einen Schritt weiter zu gehen. Man wird notwendigerweise auch zur Bekleidungsfrage Stellung nehmen müssen, und ihre einzig mögliche Lösung wird darin bestehen, dass man sich im Namen des Volkes aller Kleidermagazine bemächtigt und deren Türen Allen öffnet, damit Jeder denselben entnehmen kann, so viel er bedarf. Die Überführung der Bekleidungsmittel in Gemeineigentum, die Konstatierung des Rechts eines Jeden, seinen Bedarf in den Magazinen auszuwählen, oder in den Konfektionswerkstätten zu bestellen, diese Lösung wird sich von selbst ergeben, sobald man das kommunistische Prinzip erst für die Häuser und die Lebensmittel eingeführt hat.

Sicherlich, wir werden es nicht nötig haben, zu diesem Zweck allen Bürgern die Überzieher fortzunehmen und auf einen Haufen zu werfen, um sie alsdann zu verlosen, – wie einige unserer ebenso geistreichen, wie erfinderischen Kritiker behaupten. Jeder wird seinen Paletot, falls er nur einen hat, behalten können; und es ist sogar sehr wahrscheinlich, dass, wenn er deren zehn hätte, sie Niemand ihm wegnehmen würde. Man wird einen neuen Rock dem, welchen der Bourgeois schon längere Zeit auf seinem Leibe getragen hat, vorziehen, und es wird genug neue Kleider geben, als dass man zu den alten Garderoben seine Zuflucht zu nehmen brauchte.

Wenn wir eine Statistik über die in den Magazinen der Großstädte aufgehäuften Bekleidungsmittel aufstellen würden, so würden wir aller Voraussicht nach sehen, dass sich deren genug finden, damit die Kommune einem jeden Bürger eine neue Kleidung bieten könnte. Wenn übrigens Jedermann nicht etwas nach seinem Geschmack finden sollte, so werden die Gemeindewerkstätten bald die fehlenden Lücken gestopft haben. Man weiß, mit welcher Schnelligkeit heute unsere Konfektionswerkstätten arbeiten, falls sie mit vervollkommneten Maschinen ausgerüstet und für die Produktion in großem Maßstabe organisiert sind.

„Aber jeder Mann wird dann einen Zobelpelz und jede Frau eine Sammetrobe haben wollen“, höre ich schon unsere Gegner ausrufen.

Offen gestanden, wir glauben dies nicht. Jedermann liebt nicht Sammet und träumt auch nicht von einem Zobelpelz. Wenn man heutigen Tages unseren Frauen den Vorschlag machte, eine jede sollte sich ihre Robe wählen, so würde es unter ihnen eine ziemliche Anzahl geben, die ein einfaches Kleid allem phantastischen Schmuck unserer Weltdamen vorziehen würde.

Der Geschmack wechselt außerdem mit den Zeiten, und der Geschmack, der im Momente einer Revolution die Oberhand gewinnt, wird sicherlich ein einfacher sein. Die Gesellschaft hat wie das Individuum ihre Stunden der Verweichlichung, aber sie hat auch ihre heroischen Stunden. So elend sie auch sein mag, wenn sie sich wie heute nur der Verfolgung kleinlicher und töricht persönlicher Interessen hingibt, so sicher ist es auch, dass sie in großen Epochen einen anderen Anblick gewährt. Sie hat ihre Momente von Edelmut und Begeisterung. Und dann nehmen edle Männer das Wirkungsfeld ein, welches heute von Schwätzern eingenommen wird. Der Opfermut bricht sich Bahn und die großen Beispiele der Geschichte finden Nachahmung. Es gibt nicht viele Menschen, die soweit Egoisten sind, dass sie es nicht als beschämend empfänden, hinter Anderen zurückzustehen und die sich nicht wohl oder übel beeilen sollten, in den Chorus der Großherzigen und Wackeren einzustimmen.

Die große Revolution vom Jahre 1793 bietet dafür eine Menge von Beispielen. Und gerade während der Krisen einer moralischen Wiedergeburt – bei den Gesellschaften ebenso natürlich wie bei den Individuen – sieht man jene erhabene Begeisterung, welche die Menschheit einen Schritt vorwärts machen lässt.

Wir wollen nicht die voraussichtliche Rolle dieser edlen Leidenschaften überschätzen; nicht auf ihnen baut sich unser Gesellschaftsideal auf. Aber wir übertreiben keineswegs, wenn wir annehmen, dass sie uns behilflich sein werden, die ersten schwierigsten Momente zu überwinden. Wir können nicht auf das beständige Walten dieses Opfermutes während des alltäglichen Lebens rechnen, aber wir können auf ihn für den Anfang zählen – und das ist alles, dessen wir bedürfen. Gerade in den Momenten, wo es das Terrain zu säubern, den Unrat, der sich während der jahrhundertelangen Unterdrückung und Sklaverei aufgehäuft hat, zu beseitigen gilt, bedarf die anarchistische Gesellschaft jenes Aufschwunges brüderlicher Empfindungen. Später wird sie leben können, ohne dass sie an den Geist der Aufopferung zu appellieren brauchte, da sie dann jegliche Knechtschaft beseitigt und dadurch eine neue Gesellschaft, in der sich Raum für alle Empfindungen der Solidarität findet, geschaffen haben wird.

Wenn sich übrigens die Revolution in diesem Geiste vollzieht, so wird die Privatinitiative der Individuen ein weites Feld der Tätigkeit finden, um die Nörgeleien der Egoisten zu vermeiden. In jeder Straße, in jedem Viertel werden sich Gruppen bilden und die Aufgabe übernehmen, ihre Mitbürger mit Kleidern zu versorgen. Sie werden ein Inventar aufstellen von dem, was die aufständische Stadt besitzt und werden auch in kurzer Zeit wissen, über welche Hilfsquellen sie in dieser Richtung verfügt. Und es ist sehr wahrscheinlich, dass die Bürger in der Bekleidungsfrage dasselbe Prinzip wie in der Lebensmittelfrage befolgen werden: Aneignung nach Bedürfnis, falls Überfluss vorhanden ist; rationsweise Verteilung, falls man mit begrenzten Quantitäten zu rechnen hat.

Wenn die Gesellschaft nicht jedem Bürger einen Zobelpelz und jeder Bürgerin eine Sammetrobe bieten kann, so wird sie wahrscheinlich zwischen dem Überflüssigen und dem Notwendigen entscheiden müssen. Und – vor der Hand wenigstens – wird sie die Sammetrobe und den Zobelpelz unter den überflüssigen Gegenständen zählen lassen, – unter dem Vorbehalt, dass das, was sie heute für überflüssig hält, morgen Allgemeinbedürfnis werden könnte. Wenn jedem Bewohner der anarchistischen Stadt das Notwendige garantiert ist, so kann man der Privattätigkeit die Sorge überlassen, für die Kranken und Schwachen jenes zu beschaffen, was man vorläufig als Luxusartikel betrachtet, und die weniger Starken mit dem zu versehen, was nicht in den Bereich des täglichen Konsums Aller fällt.

„Doch dies bedeutet die Nivellierung, die graue Mönchskutte“, wird man uns entgegenhalten. „Es bedeutet das Verschwinden aller Kunstgegenstände, alles dessen, was das Leben verschönert.“

Keineswegs! Und indem wir mit unseren Berechnungen immer nur von dem, was heute schon existiert, ausgehen, werden wir sogleich zeigen, wie eine anarchistische Gesellschaft dem künstlerischen Geschmack ihrer Bürger genügen könnte, ohne ihnen dafür die Vermögen von Millionären anzuweisen.

Zweck und Leistungsfähigkeit der Produktion

I.

Will eine Gesellschaft (Stadt oder ländlicher Distrikt) allen ihren Mitgliedern das zum Leben Notwendige sichern (und wir werden sehen, wie die Auffassung vom Notwendigen sich bis zum Luxus erweitern kann), so wird sie dazu gelangen, sich alles dessen zu bemächtigen, was für die Produktion unerlässlich ist, das heißt, des Grund und Bodens, der Maschinen, der Fabriken, der Verkehrsmittel usw. Sie wird die gegenwärtigen Besitzer des Kapitals expropriieren müssen, um letzteres der Allgemeinheit zurückzuerstatten.

In der Tat, was man der bürgerlichen Produktion vorwirft, besteht nicht allein darin, dass der Kapitalist sich einen großen Teil des Einkommens aus einem jeden industriellen oder Handelsunternehmen aneignet und auf diese Weise lebt ohne zu arbeiten; das Hauptübel – wir haben es schon mehrmals bemerkt – liegt darin, dass die gesamte Produktion eine absolut falsche Richtung angenommen hat; sie wird eben nicht von dem Gesichtspunkte aus gehandhabt, um Allen den Wohlstand zu sichern; hier liegt ihr Verdammungsurteil.

Ja, es ist sogar eine direkte Unmöglichkeit, dass eine kaufmännische Produktion, wie die heutige, zum Nutzen Aller ausschlagen kann. Es zu wollen, hieße vom Kapitalisten verlangen, dass er seinen Vorrechten entsage und eine Funktion ausfülle, die er nicht ausfüllen kann, ohne das zu bleiben, was er heute ist, – nämlich Privatunternehmer, ein Mann, der seinem Vorteil nachgeht. Die kapitalistische Organisation, die auf dem persönlichen Interesse eines jeden einzelnen Unternehmers basiert ist, hat der Gesellschaft das geleistet, was man von ihr erhoffen konnte: sie hat die Produktivkraft des Arbeiters ungeheuer gesteigert. Aus der Revolution, die sich in der Industrie durch die Anwendung der Dampfkraft vollzog, aus Fortschritten der Chemie und der Mechanik Nutzen ziehend, hat es sich der Kapitalist angelegen sein lassen, in seinem eigenen Interesse den Ertrag der menschlichen Arbeit zu steigern, und es ist ihm dies in hohem Grade geglückt. Ihm indes eine andere Mission beizulegen, wäre total unvernünftig. Zu wollen z. B., dass er den überschießenden Ertrag der Arbeit im Interesse der gesamten Gesellschaft verwalten solle, hieße, von ihm Menschlichkeit, Mitgefühl verlangen, und eine kapitalistische Unternehmung kann nicht auf dem Mitgefühl begründet werden.

Es muss der Gesellschaft überlassen bleiben, diese gewaltige Produktivkraft, die heute nur auf einzelne Industrien beschränkt ist, zu einer allgemeinen zu machen und sie im Interesse Aller zu verwerten. Doch um Allen den Wohlstand zu garantieren, ist es offenbar unerlässlich, dass die Gesellschaft von allen Produktionsmitteln Besitz ergreift.

Die Ökonomisten werden uns ohne Zweifel daran erinnern – das Erinnern ist ihre starke Seite –, dass schon heute ein gewisser Wohlstand für eine bestimmte Kategorie junger, robuster und gewandter Arbeiter in einigen Spezialbranchen der Industrie besteht. Es ist immer diese Minorität, auf welche man uns mit Stolz verweist. Aber der Wohlstand – jenes Angebinde einiger Weniger – ist er ihnen denn wirklich auch gesichert? Morgen wird eine Fahrlässigkeit, eine Unvorsichtigkeit oder die Habgier ihrer Herren diese Privilegierten auf das Straßenpflaster werfen, und sie werden dann mit Monaten oder Jahren von Bedrängnis und Elend die Periode des Wohlergehens, der sie sich erfreut haben, bezahlen. Die größeren Industrien (Tuch-, Eisen-, Zucker- usw.), ohne von den größten sprechen zu wollen, sehen wir abwechselnd ihre Produktion einschränken und bald ganz feiern, sei es in Folge von Spekulationen oder natürlichem Stocken der Arbeit, sei es endlich unter der Wirkung der von den Kapitalisten selbst geschaffenen Konkurrenz. Alle großen Industrien, namentlich die Spinnerei und die Metallwarenindustrie haben oft eine derartige Krise durchgemacht.

Und weiß man nicht sehr wohl, zu welchem Preise der relative Wohlstand einiger Arbeiterkategorien erkauft wird? Durch den Ruin des Ackerbaues, durch die schamlose Ausbeutung der Bauern und durch das Elend der Massen wird er erreicht. Im Vergleich zu dieser schwachen Minorität von Arbeitern, die sich eines gewissen Wohlstandes erfreuen, müssen viele Millionen menschlicher Wesen Tag um Tag ohne gesicherten Lohn leben, stets bereit, sich dorthin schaffen zu lassen, wo man ihrer wirklich einmal bedürfen sollte; müssen viele Bauern täglich 14 Stunden für einen kärglichen Bissen Brot arbeiten. Das Kapital entvölkert das flache Land, beutet die Kolonien aus und die Länder, deren Industrie noch wenig entwickelt ist; es verdammt die ungeheure Mehrheit der Arbeiter ohne technische Bildung, selbst in ihrem eigenen Handwerk unerfahren zu bleiben.

Es ist kein Zufall, es ist eine notwendige Folge des kapitalistischen Regimes. Um im Stande zu sein, einige Arbeiterkategorien einigermaßen zu entlohnen, ist es notwendig, dass der heutige Bauer das Lasttier der Gesellschaft ist; dass das flache Land im Interesse der Stadt verödet, dass in den schmutzigen Vorstädten der Großstädte sich kleine Handwerke bilden, welche fast für ein Nichts tausenderlei wertlose Gegenstände fabrizieren, und die Produkte der großen Manufaktur erst in den Kaufbereich der Leute mit geringem Einkommen bringen: damit das schlechte Tuch, mit dem sich die schlecht bezahlten Arbeiter kleiden, abgesetzt werden kann, ist es notwendig, dass sich der Schneider mit Hungerlöhnen begnügt! Damit in einigen privilegierten Industrien der Arbeiter unter dem kapitalistischen Regime eine Art beschränkten Wohlstandes hat, ist es notwendig, dass die zurückgebliebenen Länder des Orients durch diejenigen des Occidents ausgebeutet werden.

Das Übel der gegenwärtigen Organisation besteht also nicht darin, dass der „Mehrwert" der Produktion dem Kapitalisten zufließt – wie Rodbertus und Marx gesagt haben, die mit dieser Behauptung die Bedeutung der sozialistischen Lehre und der Kritik des kapitalistischen Systems herabsetzten. – Der „Mehrwert" ist selbst erst wieder die Folge von tiefer liegenden Ursachen. Das Übel liegt darin, dass es einen Mehrwert geben kann und nicht in dem Faktum, dass ein gewisser Überschuss in der Produktion einer jeden Generation unkonsumiert bleibt; denn, damit es einen Mehrwert geben kann, ist es notwendig, dass Männer, Frauen und Kinder gezwungen sind, ihre Arbeitskräfte für einen Lohn, der gegenüber dem Werte dessen, was sie produzieren und namentlich dessen, was sie zu produzieren imstande wären, verschwindet, zu verkaufen.

Doch dieses Übel wird solange währen, als die Produktionsmittel nur einigen Wenigen gehören. Solange der Mensch gezwungen sein wird, dem Kapitalisten einen Tribut zu zahlen, um sich dagegen das Recht zu erkaufen, den Grund und Boden zu kultivieren oder eine Maschine in Bewegung zu setzen; und solange es dem Besitzenden frei stehen wird, anstatt einer großen Summe notwendiger Existenzmittel das zu produzieren, welches ihm den größten Verdienst verspricht, wird der Wohlstand immer nur zeitweise einer kleinen Minderzahl gesichert und immer wieder nur durch das Elend eines großen Teils der Gesellschaft erkauft sein. Es bedeutet keinen Fortschritt, den Ertrag, welchen ein Industriezweig abwirft, zu gleichen Teilen zu verteilen, wenn man deshalb zu gleicher Zeit Tausende von andern Arbeitern ausbeuten muss. Es handelt sich darum, *unter möglichst geringem Verlust an menschlichen Kräften die möglichst größte Menge an Produkten, die dem Wohlstand Aller dienen sollen, zu erzielen.*

Dieser Standpunkt verträgt sich nicht mit dem des Privatkapitalisten. Wenn aber eine Gesellschaft sich dieses Ideal stellt, so ist sie auch gezwungen, alles zu expropriieren, was zur Schaffung des allgemeinen Wohlstandes beitragen könnte. Es ist daher nötig, dass sie sich des Grund und Bodens, der Bergwerke, der Verkehrsmittel usw. bemächtigt, und dass sie außerdem studiert, was es im Interesse Aller zu produzieren gilt, was der Zweck und die Leistungsfähigkeit der Produktion ist.

II.

Wie viel Stunden täglicher Arbeit wird der Mensch leisten müssen, um seiner Familie eine reichliche Nahrung, ein komfortables Haus und die notwendige Kleidung zu schaffen? Diese Frage hat häufig die Sozialisten beschäftigt und sie nehmen im Allgemeinen an, dass vier oder fünf Stunden täglich genügen, würden – wohlverstanden unter der Bedingung, dass Jeder arbeitet. Am Ende des 18. Jahrhunderts kam Benjamin Franklin zu einem Resultat von 5 Stunden; und wenn die Bedürfnisse nach Komfort sich seitdem vermehrt haben, so ist auch die Produktivkraft gewachsen und zwar in noch viel höherem Maße.

In einem anderen Kapitel, welches von der Landwirtschaft handelt, werden wir sehen, was die Erde wirklich dem tragen kann, der sie zweckmäßig bestellt, der nicht, wie es heute geschieht, den Samen auf gut Glück auf mangelhaft gepflügten und geeggten Boden wirft. Auf den großen Farmen des östlichen Amerikas, die viele Quadratmeilen umfassen, deren Boden indes noch viel ärmer ist als der gepflegte Boden der zivilisierten Länder, erzielt man nur 12 bis 18 Hektoliter Getreide pro Hektar, d. h., nur die Hälfte von dem, was die Farmen Europas und der Weststaaten von Amerika tragen. Und dennoch produzieren daselbst dank den Maschinen, welche es zwei Menschen ermöglichen, in einem Tage zwei und einen halben Hektar zu bestellen, hundert Menschen in einem Jahre so viel als nötig ist, um 10.000 Personen innerhalb eines ganzen Jahres das Brot bis in ihre Behausung zu liefern.

Es genügt also, dass ein Mensch unter diesen Bedingungen dreißig Stunden oder sechs halbe Tage à 5 Stunden arbeite, um für das ganze Jahr Brot zu haben – und dreißig halbe Tage, um es einer Familie von 5 Personen zu sichern.

Wir werden auch noch an der Hand von Daten, die dem gegenwärtigen, praktischen Leben entnommen sind, beweisen, dass bei einer intensiven Landwirtschaft sechzig halbe Arbeitstage vollauf genügen würden, um jeder Familie das Brot, das Fleisch, die Gemüse und selbst die Luxusfrüchte zu liefern.

Wenn man andererseits die Preise studiert, auf welche sich heute die Arbeiterhäuser der Großstädte belaufen, so kann man sich überzeugen, dass ein Arbeiterhäuschen, wie in England für eine Familie berechnet, höchstens den Wert von 1.400 bis 1.800 halben Arbeitstagen à 5 Stunden repräsentiert. Und da das Alter eines solchen Hauses auf wenigstens 50 Jahre zu berechnen ist, so ergibt sich, dass eine Arbeit von 28 bis 36 halben Tagen im Jahre einer Familie eine gesunde, ziemlich elegante und mit allem notwendigen Luxus ausgestattete Wohnung verschaffen würde, während heute der Arbeiter, der sich eine solche Wohnung mietet, seinem Eigentümer den Wert von 75 bis 100 Arbeitstagen pro Jahr zu entrichten hat.

Bemerkt sei hier noch, dass diese Ziffern das Maximum dessen sind, was der Bau solcher Häuser heute in England bei der gegebenen mangelhaften Organisation unserer Gesellschaften kostet. In Belgien erbaut man dieselben viel wohlfeiler. Man kann also sehr wohl behaupten, dass in einer wohlorganisierten Gesellschaft dreißig bis vierzig halbe Arbeitstage im Jahre ausreichen, um für eine Familie eine komfortable Wohnung zu beschaffen.

Es bliebe jetzt noch die Kleidung. Hier ist eine Berechnung fast unmöglich, weil der Verdienst, der durch einen ganzen Schwarm von Zwischenpersonen auf den Verkehrspreis gelegt wird, der Schätzung entgeht. Nehmet z. B. das Tuch, und stellt alle jene Gewinnste, die an ihm seitens des Eigentümers der Wiese, des Besitzers der Schafe, des Wollhändlers und aller ihrer Zwischenhändler bis zu den Eisenbahnkompagnien, den Webern, den Spinnern, den Konfektionskaufleuten, den Verkäufern und Kommissionären gemacht worden sind, in Rechnung, und Ihr werdet Euch eine Vorstellung von dem machen können, wie hoch sich an jedem Kleide der ganze Bourgeois-Schwarm bezahlt macht. Das ist der Grund, weshalb es unmöglich ist, zu sagen, wie viel Arbeitstage beispielsweise ein Überzieher, den Ihr mit hundert Francs in einem der großen Magazine von Paris bezahlt, repräsentiert.

Was gewiss ist, ist die Tatsache, dass man mit den heutigen Maschinen dazu gelangt ist, ganz unglaubliche Mengen von Stoffen zu fabrizieren.

Einige Beispiele werden hier genügen. So produzieren in den Vereinigten Staaten die 175.000 Arbeiter und Arbeiterinnen von 751 Baumwollmanufakturen (Spinnerei und Weberei vereint) 1.939.400.000 Meter Baumwollzeug und überdies noch eine ungeheure Quantität Baumwollfäden. Bei 300 Arbeitstagen zu neun und einer halben Stunde gerechnet, bedeutet dies pro Arbeiter ein Durchschnittsfabrikat von mehr als 11.000 Metern, d. h. ein Arbeiter produziert innerhalb 10 Stunden vierzig Meter Baumwollzeug, ungerechnet die Baumwollfäden. Nimmt man nun an, dass eine Familie davon im Jahre 200 Meter, was sehr viel sagen will, verbraucht, so würde dieser Bedarf durch 50 Arbeitsstunden oder 10 halbe Arbeitstage à 5 Stunden gedeckt. Und dann würde man dabei noch den Baumwollfaden haben, – d. h. das Garn zum Nähen und das Garn zur Fabrikation der Tuche und Wollstoffe, bei denen Baumwollfäden eingeschlossen werden.

Was die in der Weberei allein erzielten Resultate anbelangt, so lehrt uns die offizielle Statistik der Vereinigten Staaten, dass im Jahre 1870 ein Arbeiter bei einer täglichen Arbeitszeit von 13 bis 14 Stunden 9.500 Meter weißen Baumwollstoff innerhalb eines Jahres herstellte, während er dreizehn Jahre später bei einer wöchentlichen Arbeit von nur 55 Stunden 27.000 Meter fabrizierte. Bei den bedruckten Baumwollstoffen hat man (Weben und Druck inbegriffen) sogar bei einer jährlichen Arbeit von 2.669 Stunden ein Resultat von 29.150 Metern erzielt, d. h. ein Arbeiter produziert innerhalb einer Stunde 11 Meter. Um also 200 Meter weiße und bedruckte Baumwollstoffe zu haben, genügt eine Arbeit von 20 Stunden jährlich.

Wir wollen hierbei nicht die Bemerkung unterlassen, dass der Rohstoff fast in demselben Zustand, wie er vom Felde kommt, in diese Manufakturen gelangt, und dass die ganze Reihe von Veränderungen, die er schrittweise durchmachen muss, bevor er zum Baumwollstoff wird, bei diesen 20 Stunden inbegriffen ist. Um diese 200 Meter jedoch im Handel zu erstehen, muss heute ein gut bezahlter Arbeiter (schlecht gerechnet) mindestens 10 bis 15 Arbeitstage à 10 Stunden, d. h. 100 bis 150 Arbeitsstunden liefern. Und was den englischen Bauern betrifft, so muss er sich mindestens einen Monat oder gar noch länger abquälen, um sich diesen Luxus leisten zu können.

Man sieht aus diesem Beispiel, dass man mit 50 halben Arbeitstagen sich in einer gut organisierten Gesellschaft besser kleiden könnte, als sich heute die Kleinbürger kleiden.

Nach alledem bedarf es also nur 60 halber Arbeitstage à 5 Stunden für die Beschaffung der landwirtschaftlichen Produkte, 40 für die der Behausung und 50 für die der Bekleidung, in Summa also gerade die Hälfte des Jahres, da das Jahr nach Abzug der Feste 300 Arbeitstage repräsentiert.

Es bleiben dann noch 150 halbe Arbeitstage übrig, die zur Beschaffung anderer Erfordernisse verwendet werden könnten: von Wein, Zucker, Kaffee oder Tee, Möbeln und Transportmitteln usw. usw. ...

Es ist klar, dass diese Berechnungen nur annähernde sind; aber sie finden auch noch auf einem anderen Wege ihre Bestätigung. Wenn wir bei den zivilisierten Nationen diejenigen Menschen zählen, welche nichts produzieren, die, welche in schädlichen, dem Untergange geweihten Industrien arbeiten, endlich diejenigen, welche unter die Zahl der überflüssigen Zwischenpersonen rechnen, so konstatieren wir, dass in jeder Nation die Zahl der eigentlichen Produzenten verdoppelt werden könnte. Und wenn sich statt zehn zwanzig Personen der notwendigen Produktion widmeten und wenn es sich die Gesellschaft angelegener sein ließe, die menschlichen Kräfte zu sparen, so würden diese zwanzig Personen nur 5 Stunden täglich zu arbeiten haben, ohne dass sich dadurch die Produktion im geringsten verminderte. Es genügte die Verschwendung, die mit der menschlichen Arbeitskraft in den reichen Familien oder in der Verwaltung, bei der auf zehn Menschen ein Beamter kommt, getrieben wird, zu reduzieren und diese Kräfte für die Steigerung der Produktion zu verwenden, um die Arbeitszeit auf 4 oder gar 3 Stunden herabsetzen zu können – unter der Bedingung, wohlgemerkt, dass man sich mit der heutigen Produktion begnügt.

In Anlehnung an diese Erwägungen, die wir soeben gemeinschaftlich angestellt haben, können wir jetzt folgenden Schluss ziehen:

Nehmet eine Gesellschaft von mehreren Millionen Mitgliedern, die in der Landwirtschaft und in den mannigfaltigsten Industrien beschäftigt sind, Paris z. B. mit dem Departement Seine-et-Oise, nehmet an, dass in dieser Gesellschaft alle Kinder arbeiten lernen, sowohl mit den Händen, wie mit den Köpfen; nehmet endlich noch an, dass alle Erwachsenen mit Ausnahme derjenigen Frauen, die mit der Erziehung ihrer Kinder beschäftigt sind, täglich 5 Stunden, und zwar von ihrem zwanzigsten oder zweiundzwanzigsten bis zum fünfundvierzigsten oder fünfzigsten Lebensjahre arbeiten und sich nach freier Wahl den Beschäftigungen, ganz gleichgültig, welchem Zweige der als notwendig betrachteten Produktion widmen – eine solche Gesellschaft kann ihrerseits allen ihren Mitgliedern den Wohlstand garantieren, d. h. ein Wohlergehen, das ganz anders diesen Namen verdient, als der heutige Wohlstand der Bourgeoisie. – Und jeder Arbeiter dieser Gesellschaft wird überdies täglich über wenigstens fünf Stunden verfügen, welche er der Wissenschaft, der Kunst und Befriedigung der individuellen Bedürfnisse wird weihen können, die nicht in der Kategorie des Notwendigen figurieren, doch ihr einverleibt werden können nebst allem, was man heute noch als luxuriös und unerreichbar ansieht, sobald die Produktivität des Menschen sich steigert.

Die Luxusbedürfnisse

I.

Der Mensch ist keineswegs ein Wesen, welches ausschließlich leben könnte, um zu essen, zu trinken und zu schlafen. Sobald er den materiellen Erfordernissen genügt hat, regen sich in ihm jene Bedürfnisse, die man Bedürfnisse künstlerischer Natur nennen könnte, nicht minder heftig. So viele Individuen, ebenso viele verschiedene Neigungen gibt es. Und je zivilisierter eine Gesellschaft ist, umso entwickelter ist auch die Individualität, umso mannigfaltiger sind die Neigungen.

Selbst heute schon sieht man Männer und Frauen sich das Notwendige versagen, um diese oder jene Kleinigkeit zu erwerben, um sich dieses Vergnügen oder jenen Genuss geistiger oder materieller Natur zu verschaffen. Ein Christ, ein Asket kann solche Luxusbedürfnisse zurückweisen; aber in Wirklichkeit sind es gerade diese Kleinigkeiten, welche die Einförmigkeit des Daseins durchbrechen und es angenehm machen. Wäre das Leben mit allen seinen unausbleiblichen Enttäuschungen und Kümmernissen des Lebens wert, wenn sich der Mensch nach seiner täglichen Arbeit niemals ein Vergnügen, das seinen individuellen Neigungen entspräche, verschaffen könnte?

Wenn wir die soziale Revolution wollen, so wollen wir sie ernstlich, um allen das Brot zu sichern, um diese fluchwürdige Gesellschaft umzugestalten, in der wir täglich robuste Arbeiter mit untätigen Armen umherirren sehen, weil sie keinen Ausbeuter finden konnten; in der wir Frauen und Kinder die Nacht ohne Obdach verbringen, ganze Familien sich von trockenem Brote nähren, Kinder, Männer und Frauen aus Mangel an Pflege, wenn nicht gar an Nahrung dahinsiechen sehen. Um diesen Ungerechtigkeiten ein Ende zu machen, empören wir uns.

Aber wir erwarten auch noch etwas anderes von der Revolution. Wir sehen, dass der Arbeiter, gezwungen, hart um das Leben zu kämpfen, niemals in die Lage kommt, an jenen hohen Genüssen – den höchsten, welche dem

Menschen zugänglich sind – teilzunehmen, jenen Genüssen, welche die Wissenschaft und namentlich die wissenschaftliche Entdeckung, die Kunst und namentlich das künstlerische Schaffen gewähren. Um jedermann diese Freuden, die heute nur das Vorrecht einer kleinen Minderzahl sind, zu sichern; um ihm die Muße, die Möglichkeit zu schaffen, seine geistigen Fähigkeiten zu entwickeln, muss die Revolution zuerst Jedem das tägliche Brot sichern. Die nötige Mußezeit, das ist nach dem Brote ihr höchstes Ziel.

Allerdings heute, wo die Menschen zu Hunderttausenden des Brotes, der Kohle, der Kleidung, des Obdaches ermangeln, ist der Luxus ein Verbrechen; um ihn zu befriedigen, muss das Kind des Arbeiters des Brotes ermangeln. Aber in einer Gesellschaft, wo alle nach Bedürfnis sich sättigen können, werden die Bedürfnisse, die wir Luxusbedürfnisse nennen, viel dringendere sein. Und da alle Menschen sich nicht gleichen können und sollen (die Verschiedenheit der Geschmacksrichtungen und der Bedürfnisse ist die Hauptgarantie für den Fortschritt der Menschheit), so wird es immer (und es ist dies sogar wünschenswert) Männer und Frauen geben, deren Bedürfnisse nach irgendeiner Richtung über das Mittelmaß hinausragen werden.

Jedermann bedarf nicht eines Teleskopes, denn selbst wenn Erziehung und Unterricht für Alle gleich sein werden, so wird es gleichwohl Personen geben, welche mikroskopische Studien denen des Sternhimmels vorziehen. Es wird Leute geben, welche Statuen, andere wieder, welche Gemälde lieben; dieses Individuum hat den sehnlichsten Wunsch, ein Piano zu besitzen, während jenes sich mit einer Maultrommel begnügen wird. Der Bauer schmückt heute sein Zimmer mit irgendeinem Öldruckgemälde, und wenn sich sein Geschmack entwickelt, so wird er sich in den Besitz eines schönen Stiches wünschen. Heute kann derjenige, der künstlerische Bedürfnisse hat, sie nur befriedigen, wenn er Erbe eines großen Vermögens ist; sogar derjenige, der sich durch „fleißige Arbeit" ein intellektuelles Kapital erworben hat und sich so einem geistigen Berufe zuwenden kann, darf sich nicht mit Gewissheit der Hoffnung hingeben, eines Tages seinem künstlerischen Geschmack genügen zu können. Man wirft gewöhnlich unseren Idealen von einer kommunistischen Gesellschaft vor, dass ihr einziges Ziel die Befriedigung der materiellen Bedürfnisse eines Jeden sei: „Ihr werdet vielleicht das Brot für Alle haben", entgegnet man uns, „aber ihr werdet in euren Gemeindemagazinen keine schönen Gemälde, keine optischen Instrumente, keine Luxusmöbel, keine Schmuckgegenstände haben – kurz, nicht alle jene tausend Dinge, welche der Befriedigung der unendlich vielen und verschiedenen menschlichen Geschmacksrichtungen dienen. – Und ihr beseitigt mit diesem eurem Ideal jede Möglichkeit, sich irgendetwas zu verschaffen, das außer dem Bereiche des Brotes und des Fleisches liegt. Dieses und die graue Leinwand, in die ihr alle eure Bürgerinnen kleiden werdet, kann eure Kommune wohl bieten."

Es ist dieser Vorwurf, welcher stets gegen alle kommunistischen Systeme erhoben wird – ein Vorwurf, dessen Berechtigung die Gründer jener jungen Gesellschaften in den Einöden Amerikas niemals begriffen haben. Sie glaubten, wenn die Gemeinde genügend für Tuch, um ihre Mitglieder zu kleiden, allenfalls noch für einen Konzertsaal gesorgt hätte, wo „die Brüder" ein Musikstück mehr „verhunzen" als vortragen, oder von Zeit zu Zeit ein Theaterstück aufführen konnten – dass dann alles getan sei. Sie vergaßen, dass der Kunstsinn bei dem Landmann ebenso gut wie bei dem Bourgeois besteht und dass, wenn auch die Empfindungsweise mit dem Kulturniveau variiert, doch das Fundament das gleiche ist. Und die Gemeinde mochte Jedem seine Bouillon sichern, sie mochte alles, was zur Ausbildung einer Individualität beitragen konnte, unterdrücken, sie mochte einem Jeden die Bibel als Lektüre aufzwingen, – die individuellen Geschmacksrichtungen machten sich schließlich in einer allgemeinen Unzufriedenheit Luft: kleinliche Streitigkeiten brachen über die Frage aus, ob man ein Piano oder physikalische Instrumente kaufen sollte; die Fundamente für allen Fortschritt schwanden, die Gesellschaft konnte nur leben unter der Bedingung, dass sie jedes individuelle Gefühl, jede künstlerische Tendenz, jede Entwicklung ertötete.

Wird die anarchistische Kommune denselben Weg beschreiten? Offenbar nein, vorausgesetzt natürlich, dass sie anerkennt und sich bemüht, allen Kundgebungen des menschlichen Geistes mit dem Augenblick Genüge leisten zu wollen, wo die Produktion alles dessen, was unerlässlich zur Erhaltung des Lebens ist, gesichert ist.

II.

Wir gestehen offen, wenn wir an die Abgründe des Elends und der Leiden, die uns umgeben, denken; wenn wir den herzzerreißenden Ruf der Arbeiter hören, welche die Straßen durcheilen und um Arbeit betteln, so widersteht es uns, die Frage zu diskutieren: Wie wird man es in einer Gesellschaft, in der Jeder gesättigt ist, bewerkstelligen, um einer Person, die Porzellan von Sevres oder ein Samtkleid zu besitzen wünscht, Genüge leisten?

Anstatt jeder Antwort sind wir versucht zu sagen: Sichern wir uns zuerst das Brot. Was das Porzellan und den Samt anbetrifft, so werden wir später sehen.

Aber da man anerkennen muss, dass der Mensch auch noch nach anderen Genüssen Verlangen hat, außer den Lebensmitteln und da die Stärke des Anarchismus gerade darin besteht, dass er alle menschlichen Fähigkeiten und alle Leidenschaften umfasst, keine ignoriert, so wollen wir in wenigen Worten sagen, was geschehen könnte, um den geistigen und künstlerischen Bedürfnissen des Menschen zu genügen.

Wenn jeder bis zu einem Alter von 45 oder 50 Jahren täglich 5 oder 4 Stunden arbeitet, so wird der Mensch, wie wir sagten, leicht alles das produzieren, was notwendig ist, um der Gesellschaft den Wohlstand zu sichern.

Aber der Tag des an die Arbeit gewöhnten und die Maschine bedienenden Menschen hat mehr als 5 Stunden, er hat 10 Stunden und dies während 300 Tage im Jahre und während seines ganzen Lebens. So kommt es, dass seine Gesundheit zerstört und seine Intelligenz abgestumpft wird. Wenn man aber seine Beschäftigungen wechseln kann, und besonders, wenn man zwischen Hand- und Kopfarbeit wechseln kann, so bleibt man gern 10 bis 12 Stunden beschäftigt, ohne zu ermüden. Das ist nur normal. Der Mann, der mit einer 4- oder 5-stündigen Handarbeit den notwendigen Lebensunterhalt gewonnen hat – wird am Tage noch 5 oder 6 Stunden vor sich haben, die er seinen Neigungen entsprechend auszufüllen wünscht. Und diese 5 oder 6 Stunden werden es ihm vollkommen ermöglichen, sich durch Verbindung mit andern alles das zu beschaffen, dessen er bedarf und das außerhalb des Kreises des Notwendigen liegt.

Er wird zuerst die Arbeit auf den Feldern oder in den Werkstätten verrichten, die er seinerseits der Gesellschaft als Beitrag zu der allgemeinen Produktion schuldet. Und er wird die andere Hälfte seines Tages, seiner Woche oder seines Jahres zur Befriedigung seiner wissenschaftlichen und künstlerischen Bedürfnisse verwenden.

Tausend Gesellschaften werden entstehen, entsprechend ebenso vielen Geschmacksrichtungen und allen denkbaren Bedürfnissen.

Die einen z. B. werden ihre Mußestunden der Literatur widmen. Diese werden sich dann in Gruppen vereinigen, die ihrerseits Schriftsteller, Setzer, Drucker, Graveure, Zeichner usw., Alle umfassen werden, die ein gemeinsames Ziel verfolgen: Die Propagierung der Ideen, die ihnen teuer sind.

Heute weiß der Schriftsteller, dass es ein Lasttier gibt, genannt Arbeiter, dem er gegen eine Entschädigung von 4 oder 5 Mk. pro Tag den Druck seiner Bücher aufbürden kann, aber er kümmert sich nicht darum, was heute eine Druckerei bedeutet. Wenn der Setzer durch den Bleistaub vergiftet wird, und wenn das Mädchen, dass die Maschine bedient, vor Blutarmut dahinsiecht – so gibt es genug andere arme Teufel, um diese zu ersetzen.

Aber wenn es keine Hungerleider mehr geben wird, die bereit sind, ihre Arme für einen kärglichen Lohn zu verkaufen, wenn der gestern noch Ausgebeutete Erziehung und Bildung genossen hat, und wenn er seine Ideen zu Papier bringen und anderen mitteilen können wird, so werden die Literaten und die Gelehrten gezwungen sein, sich untereinander zu vereinigen, um sich ihre Prosa oder ihre Verse selbst zu drucken.

Solange der Schriftsteller die Bluse und die Handarbeit als ein Zeichen der Unterordnung betrachtet, wird es ihn komisch berühren, einen Autor sein Buch selbst setzen zu sehen. Er hat ja seinen Turnsaal und ein Domino, um sich zu zerstreuen. Wenn aber die Schmach, die auf der Handarbeit liegt, verschwunden sein wird, wenn alle gezwungen sein werden, sich ihrer Arme zu bedienen und niemand mehr finden werden, auf den sie jene Handarbeit abwälzen können – dann werden die Schriftsteller, wie ihre Bewunderer und Anbeterinnen, gar bald die Kunst des Setzers oder des Schriftgießers erlernen, sie werden dann einen Genuss darin finden, Alle – die Verehrer des Buches, das gedruckt werden soll – zusammen zu kommen, es zu setzen, es entgleiten zu sehen, zu entnehmen – schön in jungfräulicher Reinheit – einer Rotationsmaschine. Und diese stolzen Maschinen – heute Torturmittel für den Menschen, welcher sie vom Morgen bis zum Abend bedient – werden eine Quelle reicher Genüsse für alle diejenigen werden, die an denselben tätig sind, um den Gedanken ihres Lieblingsautors Verbreitung zu schaffen.

Wird die Literatur dabei verlieren? Wird der Poet weniger poetisch sein, nachdem er auf den Feldern geschafft und mit seinen Händen an der Vervielfältigung seines Werkes mitgearbeitet hat? Wird der Romandichter etwas von seiner Kenntnis des menschlichen Herzens einbüßen, nachdem er Schulter an Schulter in der Fabrik, im Forst, am Wegebau und in der Werkstatt mit anderen gearbeitet hat? Diese Frage stellen, heißt sie beantworten.

Manche Bücher werden vielleicht weniger umfangreich ausfallen; aber man wird *weniger* Seiten bedrucken, um auf diesen *mehr* zu sagen. Vielleicht wird man weniger Makulatur veröffentlichen, aber was man drucken wird, wird mehr gelesen, mehr geschätzt und gewürdigt werden. Das Buch wird sich an einen größeren Kreis gebildeterer und urteilsfähigerer Leser wenden.

Ist es ein Traum, dem wir uns hingeben? Sicherlich nicht für diejenigen, welche beobachtet und nachgedacht haben. Heute schon drängt uns das Leben in diese Richtung.

III.

Heißt es träumen, eine Gesellschaft zu planen, in der Alle Produzenten geworden sind, Alle eine Erziehung empfangen haben, auf Grund deren sie Wissenschaften und Künste pflegen können, und in der Alle im Besitze der dazu nötigen Muße sich zu Gruppen vereinigen werden, um ihre Werke, an deren Druck sie selbst mitarbeiten, zu veröffentlichen?

Im gegenwärtigen Augenblick schon zählt man gelehrte, literarische und andere Gesellschaften zu Tausenden und Abertausenden. Diese Gesellschaften sind nichts anderes, als ebenso viele freiwillige Gruppierungen von Menschen, die sich für den und den Zweig des Wissens interessieren und sich zusammengeschlossen haben, um ihre Arbeiten zu veröffentlichen. Die Autoren, welche an den gelehrten Abhandlungen mitarbeiten, werden nicht bezahlt. Die Abhandlungen werden nicht verkauft: sie werden unentgeltlich nach allen Richtungen der Welt an andere Gesellschaften, welche die gleichen Wissensgebiete kultivieren, versandt. Gewisse Mitglieder dieser Gesellschaften lassen in dieselben eine Note (vielleicht von einer Seite) einrücken, welche die Resultate einer Beobachtung wiedergibt; andere Mitglieder veröffentlichen darin ausgedehnte Arbeiten, die Früchte langer Jahre eifrigen Studiums; wieder andere beschränken sich darauf, aus ihnen Belehrung für neue Forschungen zu schöpfen. Alles dies sind unbestreitbar Assoziationen zwischen Autoren und Lesern zu dem Zwecke, die Arbeiten, an denen sie Alle Interesse nehmen, veröffentlicht zu sehen.

Es ist wahr, dass die gelehrte Gesellschaft – ganz wie das Journal des Bankiers – sich heute allerdings an einen Verleger wendet, der seinerseits wieder die Arbeiter, die den Druck des Buches besorgen, einstellt. Leute, die geistige Berufsarbeiten ausführen, verachten die Handarbeit, die sich heute allerdings auch unter total abstumpfenden Bedingungen vollzieht. Eine Gesellschaft jedoch, die jedem ihrer Mitglieder eine umfassende Erziehung, philosophischer und wissenschaftlicher Natur, angedeihen lässt, wird die körperliche Arbeit in einer Weise zu organisieren wissen, dass sie der Stolz der Menschheit wird; und die gelehrte Gesellschaft wird dann eine Vereinigung von Forschern, Interessenten und Arbeitern, kurz von

Leuten sein, die alle eine Handarbeit kennen und sich alle für die Wissenschaft interessieren.

Wenn z. B. die Geologie der Gegenstand ihres Interesses ist, so werden sie alle ihr Scherflein dazu beitragen, um jeden Winkel und jede Tiefe der Erde zu durchsuchen. Ein Jeder wird seinen Teil zu diesen Forschungen beitragen. Zehntausend Beobachter an Stelle von hundert werden mehr in einem Jahre leisten, als man heute in 20 Jahren leistet. Und wenn es sich darum handelt, die verschiedenen Arbeiten zu veröffentlichen, so werden 10.000 Männer und Frauen, in den verschiedensten Berufen beschäftigt, zur Stelle sein, um die Karten zu entwerfen, die Zeichnungen zu stechen, den Text zu setzen, und das Werk zu drucken. Freudig werden sie alle ihre Muße widmen im Sommer der Forschung, und im Winter der Werkstattarbeit. Und wenn dann ihre Werke erschienen sind, so werden sie nicht mehr hundert Leser finden: sie werden deren 10.000 finden. Alle interessiert für das gemeinsame Werk.

Die fortschreitende Entwicklung zeigt uns übrigens selbst diesen Weg.

Als sich England seinerzeit ein großes Diktionär seiner Sprache schaffen wollte, hat es nicht gewartet, bis ein Sprachgelehrter geboren wurde, der sein ganzes Leben dieser Arbeit widmete. Es hat an Freiwillige appelliert und tausend Personen haben sich von selbst und unentgeltlich angeboten, um die Bibliotheken zu durchsuchen, um so in wenigen Jahren ein Werk zu vollenden, zu dem ein ganzes Menschenleben nicht genügt hätte. Damit dieses Werk ein wahrhaft kollektives freilich zu nennen wäre, hätte man es in der Weise organisieren müssen, dass 5.000 Freiwillige (Autoren, Drucker, Korrektoren) daran gemeinschaftlich gearbeitet hätten; aber auch dieser Schritt ist schon Dank der Initiative der sozialistischen Presse gemacht worden, die uns schon Beispiele für die Kombination von Hand- und Kopfarbeit liefert. Man kann dort häufig den Autor seines Artikels diesen selbst setzen und drucken sehen. Der Versuch ist noch ein minimaler, ein mikroskopischer, wenn man will: aber er bezeichnet den Weg, den die Zukunft einschlagen wird.

Auf allen Gebieten menschlicher Geistestätigkeit macht sich heute der gleiche Zug bemerkbar und man müsste die Menschheit schlecht kennen, um nicht zu ahnen, dass es die Zukunft ist, die sich in diesen Versuchen von Kollektivarbeit an Stelle der heutigen individuellen Arbeit ankündigt.

Und es ist der Weg der Freiheit! Wenn in der Zukunft ein Mensch etwas Nützliches zu sagen, eine Idee zu äußern hat, welche die Ideen seines Zeitalters überflügelt, so wird er sich nicht mehr einen Verleger suchen, der ihm das nötige Kapital vorschießen soll. Er wird Mitarbeiter suchen, unter denen, welche das Handwerk verstehen und die Tragweite des neuen Werkes begriffen haben. Und gemeinsam werden sie dann das betreffende Buch oder Journal veröffentlichen.

Die Literatur und der Journalismus werden alsdann auch aufhören, ein Bereicherungsmittel zu bilden. Gibt es jemand, der etwas von Literatur und Journalismus versteht und der nicht eine Epoche herbeiwünschte, in der die Literatur sich endlich freimachen kann von denen, welche sie ehemals protegierten, von denen, welche sie heute ausbeuten, und von dem Publikum, das sie mit seltenen Ausnahmen nur wegen ihrer Banalität und der Leichtigkeit, mit der sie sich dem schlechten Geschmack der Bourgeoisie anpasst, bezahlt?

Die Literatur und die Wissenschaft werden den Platz, der ihnen in der menschlichen Entwicklung zusteht, erst mit dem Tage einnehmen, wo sie frei von der Lohnknechtschaft, ausschließlich für die, welche sie lieben, gepflegt werden.

IV.

Die Literatur, die Wissenschaft und die Kunst müssen von Freiwilligen bedient werden. Nur unter dieser Bedingung werden sie dazu gelangen, sich vom Joche des Staates, des Kapitals und der bürgerlichen Mittelmäßigkeit, worunter sie heute ersticken, zu befreien.

Über welche Mittel verfügt denn heute wirklich der Gelehrte, um den Forschungen, die ihn interessieren, nachgehen zu können? Die Hilfe des Staates anzurufen, die von Hunderten nur einem gewährt wird, und die keiner erlangt, der sich nicht ostentativ bemüht, die ausgetretenen Pfade zu wandeln und die alten Geleise zu benutzen! Denken wir an das *Institut de France*, welches einen Darwin verwarf, an die Akademie von Petersburg, die einen Mendelejew verstieß, und die königliche Gesellschaft von London, die sich weigerte, eine Abhandlung Joules, welche die Bestimmung der mechanischen Äquivalents der Wärme enthielt, zu veröffentlichen – da sie die Abhandlung „zu wenig wissenschaftlich" fand.

Aus diesem Grunde sind alle großen Forschungen, alle großen Entdeckungen, welche die Wissenschaft revolutionierten, *außerhalb* der Akademien und der Universitäten gemacht worden, sei es von Männern, die das nötige Vermögen hatten, um unabhängig zu bleiben, – wie Darwin und Lyell, oder von Männern, die, in Not und häufig gar in Elend arbeitend, ihre Gesundheit untergruben, die aus Mangel an einem Laboratorium unendliche Zeit vergeudeten und sich nicht einmal die nötigen Instrumente und

Bücher verschaffen konnten, um ihre Forschungen fortzusetzen, doch bei aller Hoffnungslosigkeit standhaft blieben, häufig aber auch in Not verkamen. Ihre Namen sind Legion.

Übrigens ist das System der Staatshilfe ein so schlechtes, dass die Wissenschaft sich von jeher von ihm loszumachen suchte. Gerade aus diesem Grunde wimmelt es auch in Europa und Amerika von Tausenden von wissenschaftlichen Gesellschaften, organisiert und unterhalten von Freiwilligen. Einige derselben haben eine derartig gewaltige Entwicklung angenommen, dass alle Mittel der subventionierten Gesellschaften und alle Reichtümer der Bankiers nicht ausreichen, um ihre Schätze anzukaufen. Keine gouvernementale Institution ist so reich als die *Zoologische Gesellschaft von London*, die sich aus freiwilligen Beiträgen erhält.

Sie kauft nicht die Tiere, welche zu Tausenden ihre Gärten bevölkern: diese werden ihr durch andere Gesellschaften und seitens wissenschaftlicher Sammler der ganzen Welt zugesandt: eines Tages ist es ein Elefant, eine Gabe der Zoologischen Gesellschaft zu Bombay, ein anderes Mal ein Nilpferd, geschenkt von ägyptischen Naturforschern, und alle diese großartigen Geschenke erneuern sich täglich, unaufhörlich von allen vier Windrichtungen der Welt einlaufend: Vögel, Reptilien, Insektensammlungen usw. Diese Sendungen enthalten häufig Tiere, welche man nicht für das ganze Gold der Welt kaufen könnte: z. B. ein Tier, das unter Lebensgefahr von einem Reisenden erbeutet worden ist, der nun an ihm wie an einem Kinde hängt und es der Londoner Gesellschaft übergibt, weil er sicher ist, dass es dort gut versorgt wird. Das von den Besuchern gezahlte Eintrittsgeld – und ihrer sind unzählige – genügt zur Unterhaltung dieser immensen Menagerie.

Was dem Zoologischen Garten von London allein fehlt, sowie anderen Gesellschaften der gleichen Art, das ist, dass die Unterhaltungskosten nicht aus freiwilliger Arbeit fließen, dass die Wärter und zahlreichen Angestellten dieses immensen Etablissements nicht als Mitglieder der Gesellschaft anerkannt werden, indessen es für viele kein anderes Motiv gibt, ihr Mitglied zu werden, als den Wunsch, auf ihren Karten die Initialen F. Z. S. (Mitglied der Zoologischen Gesellschaft) drucken lassen zu können. Was ihr in einem Wort fehlt, das ist der Geist der Brüderlichkeit und der Solidarität.

Was für die Gelehrten gilt, gilt auch im Allgemeinen für die Erfinder. Wer wüsste nicht, auf Kosten welcher Leiden fast alle Erfindungen das Licht der Welt erblickt haben.

Schlaflose Nächte, die Familie ohne Brot, Mangel an Werkzeugen und Materialien für die ersten Versuche, das ist die Geschichte fast aller derer, welche die Industrie mit dem beschenkt haben, was den Stolz, den einzig berechtigten Stolz der Zivilisation ausmacht.

Aber wessen bedarf es, um diese Bedingungen zu beseitigen, die jeder als unhaltbar anerkennt? Man hat es mit dem „Patent“ versucht und man kennt dessen Resultate. Der ausgehungerte Erfinder verkauft es für einige Mark und der, der ein wenig Kapital daran wagt, säckelt die enormen Erträgnisse des Patents ein. Außerdem isoliert das Diplom den Erfinder. Er ist gezwungen, seine Forschungen geheim zu halten, was häufig ihrer Spät- oder Fehlgeburt gleichkommt. – Die einfachste Verbesserung, die einem weniger von der Fundamentalidee absorbierten Gehirn entstammt, genügt bisweilen, um die Erfindung zu befruchten oder sie überhaupt erst nutzbar zu machen. Wie jede Autorität, hemmt das Patent nur den Fortschritt der Industrie.

Theoretisch eine schreiende Ungerechtigkeit – der Gedanke kann nicht patentiert werden – ist das Patent in praktischer Beziehung eines der großen Hindernisse in der raschen Entwicklung der Erfindung.

Eine Vorbedingung für die Befruchtung des Erfindungsgeistes ist vor allem ein Erwachen des geistigen Lebens, es ist der Mut, zu denken, der unter unserer gegenwärtigen Erziehung erschlaffen muss; es ist ein weitverbreitetes Wissen, welches die Zahl der Forscher verhundertfacht; es ist endlich das Bewusstsein, dass die Menschheit mit jeder Erfindung einen Schritt vorwärts tut; denn es ist sehr häufig der Enthusiasmus oder die Illusion des Guten, welche die großen Wohltaten inspiriert hat.

Die soziale Revolution allein kann den Anstoß zu diesem Aufschwung des Gedankenlebens, dieser Kühnheit, diesem Wissen, dieser Überzeugung, dass man für Alle arbeitet, geben.

Alsdann wird man große Fabriken erblicken, ausgerüstet mit motorischer Kraft und Instrumenten aller Art, ausgedehnte industrielle Laboratorien, geöffnet für alle Forscher. Dorthin wird man gehen, um seinem Verlangen entsprechend zu arbeiten – nachdem man seine Pflichten gegen die Gesellschaft getan hat; dort wird man eine 5- bis 6-stündige Muße verbringen, dort wird man Erfahrungen sammeln, dort andere Gefährten finden, die in anderen Zweigen der Industrie erfahren sind und gleichfalls dorthin kommen, um irgendein schwieriges Problem zu lösen; man wird sich gegenseitig helfen, sich gegenseitig aufklären und endlich wird aus dem Zusammentreffen der Ideen und ihrer Experimentierung die gewünschte Lösung entspringen. Und noch einmal sei es gesagt, dies ist kein Traum.

In dem S. G.-Museum zu Petersburg hat man es schon verwirklicht. Solanoi Gorodok hat es in Petersburg auf dem Gebiete der Technik (teilweise wenigstens) verwirklicht. Es ist eine schön ausgerüstete Werkstatt, die Jedem offen steht. Man kann daselbst unentgeltlich die Instrumente und die motorische Kraft benutzen; das Holz allein und die Metalle werden zum Einkaufspreis berechnet. Doch die Arbeiter begeben sich erst des Abends, erschöpft nach zehnstündiger Arbeit in ihrer Werkstatt, dorthin. Und sie verbergen sorgsam ihre Erfindungen den Blicken Aller, dazu genötigt durch das Patent und den Kapitalismus, diesen Fluch der gegenwärtigen Gesellschaft, den Stein, der den Weg zum intellektuellen und moralischen Fortschritt versperrt.

V.

Und die Kunst? Von allen Seiten kommen uns Klagen über dem Verfall der Kunst. Und in der Tat stehen wir auch weit hinter den großen Meistern der Renaissance zurück. Die Technik der Kunst hat in der jüngsten Zeit große Fortschritte gemacht; Tausende von Menschen, begabt mit einem gewissen Talent, kultivieren alle ihre Zweige, aber die Kunst selbst scheint die zivilisierte Menschheit zu fliehen. Die Technik schreitet fort, doch die Inspiration meidet mehr wie jemals die Ateliers der Künstler.

Woher sollte sie auch kommen? Eine große Idee allein ist im Stande, die Kunst zu inspirieren. Kunst ist in unserem Ideal gleichbedeutend mit Schöpfung, man muss seine Blicke vorwärts richten können; aber abgesehen von einigen seltenen, sehr seltenen Ausnahmen, bleibt der Künstler von Profession zu unwissend, zu sehr Bourgeois, um neue Horizonte entdecken zu können.

Und diese Inspiration kann auch *nicht* aus *Büchern* geschöpft werden: sie muss aus dem *Leben* geschöpft werden, und die gegenwärtige Gesellschaft weiß dieses Leben nicht zu bieten.

Die Raphaels und Murillos malten in einer Epoche, wo das Suchen nach einem neuen Ideal sich noch mit den alten religiösen Traditionen verquickte. Sie malten, um die großen Kirchen zu schmücken, die selbst wieder das fromme Werk mehrerer Generationen repräsentierten. Die Basilika mit ihrem feierlichen Aussehen, ihrer Erhabenheit, durch welche sie an das Leben der mittelalterlichen Stadt erinnerte, konnte wohl den Maler inspirieren. Er arbeitete für ein Volksmonument; er wandte sich direkt an die Menge und empfing von dieser die Inspiration zurück. Er sprach zu ihr in dem gleichen Sinne, wie zu ihr das Schiff, die gotischen Pfeiler, die gemalten Fenster, die Statuen, die ornamentreichen Portale sprechen. Die größte Ehre, welche der heutige Maler erstrebt, ist, sein Gemälde in einem Goldrahmen eingerahmt und in einem Museum – einer Art Rumpelkammer – aufgehangen zu sehen, wo man wie im „Prado" die „Himmelfahrt" von Murillo und den „Bettler" von Velasquez neben den „Hunden von Philipp II." sieht. Armer Murillo, armer Velasquez und ihr armen griechischen Statuen, die ihr auf der Akropolis euerer Stadt lebtet und heute unter den roten Tapeten des Louvre ersticken müsst!

Wenn ein geschickter Bildhauer seinen Marmor meißelte, so suchte er ihm den Geist und das Temperament seiner Stadt einzuhauchen. Alle ihre Leidenschaften, alle ihre Ruhmestraditionen mussten in dem Werke wieder aufleben. Heute hat die Stadt aufgehört, ein Ganzes zu sein. Keine Ideen-Gemeinschaft besteht mehr. Die Stadt ist nur ein Haufen zufällig zusammengewürfelter Menschen, die sie nicht kennen, die keine gemeinschaftlichen Interessen haben, ausgenommen das Interesse, sich zu bereichern und zwar auf Kosten der großen Masse; das Vaterland existiert nicht ... Welches Vaterland könnten auch der internationale Bankier und der Lumpensammler gemeinsam haben?

Nur, wenn die Stadt, das Territorium, die Nation und die Gruppe von Nationen ihre Einheit im sozialen Leben wieder erlangt hat, wird die Kunst ihre Inspiration in der Allgemeinidee der Stadt oder der Föderation schöpfen können. Dann wird der Architekt das Monument einer Stadt konzipieren können, das keine Kirche, kein Gefängnis, keine Festung mehr sein wird; dann wird der Maler, der Bildhauer, der Ziseleur, der Ornamenteur wissen, wo sie ihr Gemälde, ihre Statuen, ihre Ornamente aufstellen – sie, die alle die Kraft zum Schaffen aus derselben Lebensquelle schöpfen und alle vereint und ruhmreich der Zukunft entgegeneilen.

Aber bis dahin kann die Kunst bestenfalls nur vegetieren.

Die besten Gemälde der modernen Maler sind noch diejenigen, welche die Natur, das Dorf, das Tal, das Meer mit seinen Gefahren, das Gebirge in seiner Pracht wiedergeben. Aber wie sollte der Maler die Poesie der Feldarbeit wiedergeben können, wenn er sie nur im Geiste gesehen, sie sich nur vorgestellt hat, wenn er sie niemals selbst gekostet hat? Wenn er sie nur so flüchtig kennt, wie ein Strichvogel jene Länder, über welche er bei seinen Wanderungen fortzog? Wenn er nicht in der ganzen Frische seiner frohen Jugend mit der Morgenröte dem Pfluge gefolgt ist, wenn er nicht den Genuss gekostet hat, in breiten Schwaden an der Seite starker Heuer die Wiese zu mähen – wetteifernd mit den lachenden Mädchen, die die Wiese mit ihren Gesängen erfüllen? Die Liebe zum Lande und zu dem, was auf dem Lande wächst, erwirbt man nicht, indem man die Studien mit dem Pinsel macht. Man erwirbt sie nur in seinem Dienste, und wie sollte man es, ohne es zu lieben, malen können? Darum ist auch alles das, was die besten Maler auf diesem Gebiet haben leisten können, noch so unvollkommen, noch so häufig falsch: fast stets die Frucht der Sentimentalität; Kraft liegt nicht darin.

Man muss, von tüchtiger Feldarbeit heimkehrend, den Sonnenuntergang gesehen haben, man muss Bauer mit den Bauern gewesen sein, um den Glanz der Sonne im Auge bewahren zu können.

Man muss mit dem Fischer auf dem Meere gewesen sein, zu jeder Stunde des Tages und der Nacht; man muss selbst gefischt, gekämpft haben mit den Wogen, dem Sturm getrotzt und nach harter Arbeit die Freude empfunden haben, das gefüllte Netz zu heben, oder die Enttäuschung, es leer zu finden, wenn man die Poesie des Fischfanges begreifen will. Man muss im Hüttenwerk gewesen sein, muss kennen gelernt haben die Ermüdungen, die Leiden und auch die Freuden der schaffenden Arbeit, das Metall im hellen Lichte des Hochofens geschmiedet, das Leben der Maschine gefühlt haben, um zu wissen, was die Kraft des Menschen ist, und um sie in ein Kunstwerk übertragen zu können. Man muss sich in das Leben des Volkes versenkt haben, ehe man es darzustellen wagt.

Die Werke dieser Künstler der Zukunft, welche mit dem Volke gelebt haben, werden wie jene der großen Künstler der Vergangenheit nicht für den Verkauf bestimmt sein. Sie werden ein integrierender Teil des Gesamtlebens sein, welches nicht ohne sie wird sein können, wie Erstere nicht ohne das Letztere werden sein können. Dann wird man auch herbeieilen und sie betrachten, und ihre stolze und reine Schönheit wird einen wohltuenden Einfluss auf die Herzen und Geister ausüben.

Die Kunst muss, um sich entwickeln zu können, durch Tausende Bande mit der Industrie verknüpft sein, derart, dass beide förmlich ineinander aufgehen, wie es uns Ruskin und der sozialistische Poet Morris so treffend und so häufig gezeigt haben: Alles, was den Menschen umgibt, in seinem Heim, auf der Straße, im Innern wie im Äußern der öffentlichen Gebäude, muss von rein künstlerischer Gestalt sein.

Aber dieses lässt sich nur in einer Gesellschaft verwirklichen, wo Alle den Wohlstand, die Freuden und die Muße genießen können. Dann wird man Kunstvereinigungen sich bilden sehen, in denen ein Jeder die Beweise seiner Fähigkeiten wird liefern können; denn die Kunst wird nicht einer unendlichen Menge von Hilfsarbeiten rein technischer wie physischer Natur entbehren können. Und diese Kunstvereinigungen werden die öffentlichen

Gebäude wie die Häuser ihrer Mitglieder schmücken in gleicher Weise, wie es jene hochherzigen Freiwilligen von Edinburgh taten, welche die Wände und die Plafonds des großen Armenhauses dieser Stadt zierten.

Und wenn ein Maler oder Bildhauer ein Werk rein persönlicher Empfindung, ganz intimer Art geschaffen hat, so wird er es der geliebten Frau oder einem Freunde schenken. Der Liebe entsprossen, sollte dieses Werk hinter jenen zurückstehen, welche heute die Prunksucht des Bourgeois und Bankiers befriedigen, weil sie viel Geld gekostet haben?

Das Gleiche gilt für alle Genüsse, denen man sich nach Befriedigung des Notwendigen hinzugeben wünscht. Derjenige, der einen Flügel wünscht, wird in eine Assoziation von Instrumentenmachern eintreten. Und wenn er ihr einen Teil seiner Mußestunden widmet, so wird er bald im Besitz seines ersehnten Flügels sein. Wenn er für astronomische Studien begeistert ist, so wird er sich einer Vereinigung von Astronomen, die Philosophen, Beobachter, Mathematiker, Gelehrte wie Laien in ihrer Mitte bergen wird, anschließen und er wird das Teleskop, welches er begehrt, bekommen, nachdem er seinem Anteile entsprechend an dem gemeinschaftlichen Werke mitgearbeitet hat, denn ein astronomisches Observatorium erfordert auch eine Menge grober Arbeit: Arbeiten des Maurers, des Tischlers, des Gießers, des Mechanikers – die letzte Vollendung wird dem Instrumente durch die Hand des Künstlers verliehen werden.

In einem Wort, die 5 oder 7 Stunden, über die Jeder täglich verfügen wird, nachdem er einige Stunden der Produktion des Notwendigen gewidmet, werden vollkommen genügen, um den vielen, unendlich verschieden gearteten Luxusbedürfnissen gerecht zu werden. Tausende von Assoziationen werden sich diese Aufgabe stellen: Was heute das Privilegium einer kleinen Minderheit ist, wird dann Allen zugänglich sein. Der Luxus wird aufhören, ein törichtes und schreiendes Attribut der Bourgeois zu sein, er wird ein künstlerischer Genuss werden.

Und alle werden nur glücklicher dadurch werden. In der Kollektivarbeit, mit frohem Herzen geleistet, um ein ersehntes Ziel zu erreichen – ein Buch, ein Kunstwerk, einen Luxusgegenstand – wird jeder den Reiz und die nötige Erholung finden, die das Leben angenehm machen.

Indem wir daran arbeiten, die Spaltung der Gesellschaft in Herren und Knechte zu beseitigen, arbeiten wir an beider Glück, am Glück der Menschheit.

Die angenehme Arbeit

I.

Wenn die Sozialisten behaupten, dass eine von der Herrschaft des Kapitals befreite Gesellschaft die Arbeit zu etwas Angenehmem machen und jeden ungesunden Frondienst beseitigen können wird, so lächelt man über sie von oben herab. Und dennoch steht man heute schon vor geradezu frappierenden Fortschritten in dieser Beziehung, und überall, wo diese Fortschritte gemacht worden sind, beglückwünschen sich die Unternehmer immer nur zu den Kraftersparnissen, zu denen man auf diese Weise gelangt ist. Es ist erwiesen, dass die Werkstätte ebenso gesund und angenehm gemacht werden kann, wie ein wissenschaftliches Laboratorium. Es ist nicht weniger erwiesen, dass es nur vorteilhaft ist, wenn man es tut. In einer geräumigen und gut gelüfteten Werkstätte geht die Arbeit schneller vonstatten, man kann dort leicht kleine Verbesserungen anbringen, von denen jede wieder eine Ersparnis an Zeit und Handarbeit bedeutet. Und wenn der größte Teil der jetzigen Werkstätten schmutzig und ungesund ist, so rührt dies daher, dass der Arbeiter in der heutigen Organisation der Fabriken als Nichts rechnet und weil die törichte Verschwendung mit menschlichen Arbeitskräften ihr hervorstechendster Zug ist.

Indessen man findet schon hier und dort einige so trefflich eingerichtete Werkstätten, dass es ein wahres Vergnügen wäre, darin zu arbeiten, wenn – wohl verstanden – die Arbeit nicht länger als täglich 4 bis 5 Stunden währen würde und wenn Jeder die Möglichkeit hätte, sie seinen Neigungen entsprechend zu wechseln.

Wir kennen ein Etablissement – leider der Fabrikation von Mordinstrumenten gewidmet –, welches in Bezug auf gesundheitliche und zweckentsprechende Einrichtung nichts zu wünschen übrig lässt. Dasselbe bedeckt einen Raum von 20 Hektaren; davon sind 15 Hektar von Gebäuden eingenommen, welche sämtlich mit Glasdächern versehen sind. Diese Glasdächer werden regelmäßig von einer Arbeiterkolonne, die nur zu diesem Zweck besteht, auf das Sorgfältigste gereinigt. Man schmiedet dort Stahlplatten von einem Gewicht bis zu zwanzig Tonnen, und wenn man nur dreißig Schritt von dem ungeheuren Hochofen, dessen Flammen eine Temperatur von weit über 1.000 Grad haben, entfernt ist, so ahnt man gar nichts von dessen Vorhandensein, höchstens vielleicht, wenn sich einmal der große Schlund des Ofens öffnet und eine riesige Stahlmasse ausstößt. Diese Masse wird dann nur von 3 oder 4 Arbeitern gehandhabt, welche bald hier, bald da einen Hahn öffnen und sie durch kolossale Krane, die mittels hydraulischen Druckes betrieben werden, in Bewegung setzen.

Tritt man in dieses Etablissement ein, so bereitet man sich auf ein betäubendes Geräusch von Hammerschlägen vor und – man entdeckt, dass es hier überhaupt keine Hämmer gibt. Die ungeheuren Kanonen von hundert Tonnen und die gewaltigen Achsen der transatlantischen Dampfer werden mittels hydraulischer Pressen geschmiedet und die Tätigkeit des Arbeiters beschränkt sich darauf, einen Hahn an der Presse umzudrehen; anstatt ihn zu schmieden, presst man heute den Stahl, wodurch man eine Metallmasse, die vollkommen homogen und ohne Brüche ist, erhält, mögen auch die zu komprimierenden Stücke von noch so großer Stärke sein.

Man macht sich auf ein furchtbares Knirschen und Zischen gefasst und man sieht Maschinen Stahlblöcke von zehn Meter Länge durchschneiden, ohne dass sie dabei ein stärkeres Geräusch, als man beim Durchschneiden von Käse vernimmt, verursachen. Und wenn wir dem Ingenieur unsere Verwunderung darüber ausdrücken, so entgegnet er:

„Aber das ist ja eine einfache Sache der Sparsamkeit! Diese Maschine hier, welche Stahl hobelt, dient uns schon seit 42 Jahren. Sie würde uns nicht zehn Jahre gedient haben, wenn ihre Teile, schlecht aneinander gepasst oder zu schwach bei jedem Hobelstoß knirschten oder schrien.

Die Hochöfen? Aber es wäre doch nur eine unnütze Verschwendung, wenn man die Wärme entweichen ließe, anstatt sie auszunützen: warum die Gießer kochen, wenn die durch Ausstrahlung verloren gegangene Hitze den Wärmegehalt ganzer Tonnen Kohle repräsentiert?

Die Hämmer, welche die Gebäude auf 5 Meilen in der Runde erzittern machten, waren gleichfalls eine Verschwendung. Man schmiedet besser durch den Druck als durch den Stoß und zudem ist es billiger, es bedeutet weniger Kraftverlust.

Die Geräumigkeit des Etablissements, seine Helligkeit und Sauberkeit sind nur Fragen der Sparsamkeit. Man arbeitet besser, wenn man klar sieht und sich nicht fortwährend mit dem Ellbogen zu stoßen braucht.“

„Allerdings“, fügte er hinzu, „waren wir mehr beengt, bevor wir hierher kamen. Der Grund und Boden ist in der Umgebung der großen Städte enorm teuer; die Eigentümer sind so furchtbar habgierig!“

Ebenso verhält es sich mit den Bergwerken. Ein jeder weiß durch Bücher, durch die Zeitungen oder auch durch Zolas Romane, wie ein heutiges Bergwerk aussieht. Die Mine der Zukunft wird aber eine reine Luft und eine ebenso geregelte Temperatur als das Arbeitszimmer haben und auch keine Pferde mehr besitzen, die verdammt sind, unter der Erde zu sterben. Die unterirdischen Aufzüge werden durch ein selbsttätiges Kabel zu handhaben sein, die Ventilatoren werden ständig in Bewegung sein und es wird keine Explosion mehr geben. Und ein solches Bergwerk ist kein Traum mehr; man hat es schon in England: wir haben es besucht. Auch hier ist die Schonung der Menschen nur eine einfache Frage der Sparsamkeit. Das Bergwerk, von dem wir sprechen, liefert trotz seiner ungeheuren Tiefe von 430 Metern bei 200 Arbeitern täglich 2.000 Tonnen Steinkohle, d. h. 5 Tonnen pro Arbeiter und pro Tag, während die durchschnittliche Jahresleistung eines Arbeiters bei 2.000 englischen Gruben einer Förderung von 300 Tonnen im Jahre, also etwas mehr als einer Tonne im Tage gleichkommt.

Wenn es nötig wäre, so könnten wir die Beispiele beliebig vermehren und zeigen, dass, soweit es die Organisation der notwendigen Produktion anlangt, der Traum Fouriers keineswegs eine Utopie ist. Doch dieser Gegenstand ist so häufig in den sozialistischen Journalen behandelt worden und es hat sich darüber schon eine feste Meinung gebildet. Die Manufaktur, die Fabrik, das Bergwerk könnten ebenso gut gesund, ebenso schön sein, als die besten Laboratorien der modernen Universitäten. Und sie werden umso besser organisiert sein, je produktiver die menschliche Arbeitskraft wird.

Kann man noch daran zweifeln, dass in einer Gesellschaft von Gleichgestellten, wo Menschenarme nicht mehr gezwungen sind, sich feilzubieten, die Arbeit wirklich ein Vergnügen, eine Erholung werden wird? Die abstoßende und ungesunde Arbeit wird verschwinden, denn es ist klar, dass sie unter diesen Bedingungen der gesamten Gesellschaft nur schädlich sein kann. Sklaven können sich ihr hingeben; der freie Mensch wird sich die Bedingungen für eine angenehme und unendlich produktivere Arbeit schaffen. Die heutigen Ausnahmen werden dann die Regel sein.

Ebenso wird es auch mit der häuslichen Arbeit stehen, welche die heutige Gesellschaft auf das Leidens- und Schmerzenskind der Menschheit – auf die Frau abwälzt.

II.

Eine durch die Revolution regenerierte Gesellschaft wird auch die Knechtschaft am Herde beseitigen – diese letzte Form der Knechtschaft, die zäheste vielleicht, weil sie auch die älteste ist. Schwerlich wird sie aber in einer Form beseitigt werden, wie sie von den Anhängern der Phalansterie erträumt wurde, noch so, wie es sich die autoritären Kommunisten so häufig denken.

Auf die große Mehrzahl muss die Phalansterie einfach abstoßend wirken. Der Mensch, und mag er noch so wenig gesellig sein, zeigt sicherlich das Bedürfnis, sich mit seinesgleichen zu gemeinschaftlicher Arbeit zusammenzufinden, zu einer Arbeit, die um so anziehender sein wird, als man sich bei ihr als ein Teil eines großen Ganzen fühlt. Doch es gilt nicht das Gleiche auch für die Mußestunden, für jene, die der Ruhe und dem Innenleben gewidmet sind.

Die Phalansterie und selbst die Familisterie tragen dem keine Rechnung; oder sie suchen diesem durch künstliche Gruppierungen zu genügen. Die Phalansterie, welche in Wirklichkeit nur ein großes Hotel ist, mag dem einen oder vielleicht gar allen einmal in bestimmten Lebensperioden zusagen, aber die große Mehrzahl wird es zu einem bestimmten Zeitpunkt stets vorziehen, in der Familie zu leben (in der Familie der Zukunft, wohlverstanden). Sie wird die isolierte Wohnung vorziehen und die Normannen und Angelsachsen werden sogar ihr isoliertes Häuschen mit 4, 6 oder 8 Zimmern haben wollen, in welchem dann eine Familie oder eine Anzahl Freunde für sich leben können. Die Phalansterie hat zuweilen ihre Daseinsberechtigung: doch sie würde mit dem Augenblick verhasst werden, wo sie die allgemeine Regel werden sollte. Die Abwechslung zwischen Isolierung und in Gesellschaft verbrachten Stunden ist für die menschliche Natur das Entsprechendste. Darum ist auch die Unmöglichkeit, sich isolieren zu können, eine der größten Qualen. Das gleiche gilt für die Isolierung; auch sie wird zur Tortur, wenn sie nicht in Stunden des Zusammenseins mit anderen ihre Abwechslung findet.

Was die Erwägungen der Sparsamkeit anbetrifft, die man bisweilen zugunsten der Phalansterie geltend macht, so ist dies die Sparsamkeit des Krämers. Die wirkliche Sparsamkeit, die einzig vernünftige, besteht darin, das Leben für Alle angenehm zu machen, weil der mit seinem Leben zufriedene Mensch unendlich viel mehr produziert als der, welcher seine Umgebung verflucht.

Andere Sozialisten verwerfen die Phalansterie. Aber wenn man sie fragt, in welcher Weise sich die häusliche Arbeit organisieren ließe, so antworten sie: „Jeder wird seine Arbeit tun. Meine Frau macht gern ihre Arbeit im Hause, die Bourgeoisfrauen werden es dann ebenfalls tun.“ Und wenn man mit einem Bourgeois, der ein wenig mit dem Sozialismus kokettiert, spricht, so wird er lachend zu seiner Gattin sagen: „Nicht wahr, meine Teure, in einer sozialistischen Gesellschaft wirst du gern der Magd entbehren? Nicht wahr, Du wirst dann ebenso in der Wirtschaft schaffen, wie die Frau unseres wackeren Freundes Paul oder die Frau von Jean, dem Tischler, den Du ja kennst?“ Worauf die Frau mit einem sauersüßen Lächeln erwidert: „O ja, mein Lieber“; aber bei sich denkt sie: Gott sei Dank, dass es noch nicht soweit ist.

Immer noch denkt der Mann daran, auf die Frau als Magd oder Gattin, die Arbeiten der Häuslichkeit abwälzen zu können.

Aber auch die Frau fordert – endlich – ihren Teil an der Emanzipation der Menschheit. Sie will nicht mehr das Lasttier des Hauses sein. Es ist schon genug, dass sie so viele Jahre ihres Lebens der Erziehung ihrer Kinder widmen muss. Sie will nicht mehr die Flickerin und die Scheuerfrau der Wirtschaft sein. Und die Amerikanerinnen, welche die Vorhut in diesem Werke der Gerechtigkeit bilden, wissen auch schon, ihren Forderungen durch die Tat Nachdruck zu verleihen; es herrscht allgemeine Klage in den Vereinigten Staaten über Mangel an Frauen, die sich noch zu häuslichen Arbeiten hergeben. „Die gnädige Frau“ zieht die Kunst, die Politik, die Literatur, den Spielsalon vor; die Arbeiterin macht es ebenso – und so findet man eben keine Mägde mehr. Sie sind selten in den Vereinigten Staaten, die Mädchen und Frauen, welche sich entschließen, sich der Sklaverei der Schürze zu widmen.

Die Lösung ergibt sich durch das Leben selbst und in sehr einfacher Weise. Es ist die Maschine, die drei Viertel der häuslichen Arbeiten auf sich nimmt.

Ihr bürstet euch die Schuhe und ihr wisset wohl, wie lächerlich diese Arbeit ist. Zwanzig oder dreißig Mal mit einer Bürste über einen Schuh fahren – was kann es Stupideres geben? Indes, solange ein Zehntel der europäischen Bevölkerung sich gegen eine schlechte Schlafstelle und eine ungenügende Nahrung verkaufen muss, wird man auch diesen abstumpfenden Dienst verrichten; und solange wird auch die Frau die Sklavin des Hauses bleiben.

Die Barbiere haben schon Maschinen, um die Haare glatt zu bürsten und zu kräuseln. Wäre es nicht sehr einfach, das gleiche Prinzip auch für die Schuhe anzuwenden? – Und dieses ist auch geschehen. – Heute steht schon die Stiefelwichsmaschine bei den großen amerikanischen und europäischen Hotels in allgemeinem Gebrauch. Auch außerhalb des Hotels findet sie schon Anwendung. In den großen Schulen Englands, deren einzelne Abteilungen allein 50 bis 200 Pensionäre zählen, lässt man die Schuhe nicht mehr durch Bediente reinigen. Man hält es für einfacher, sich ein spezielles Etablissement zu engagieren, welches diesen Dienst verrichtet, man erspart dadurch einen Schwarm von Dienerinnen, die sich ausschließlich dieser stumpfsinnigen Beschäftigung hätten widmen müssen. Das Etablissement holt abends die Schuhe und bringt sie am Morgen, mit der Maschine gebürstet, wieder zurück.

Das Waschen des Geschirrs? Wo findet sich eine Hausfrau, die nicht ein heilloses Grauen vor dieser langweiligen und zugleich schmutzigen Arbeit hätte, die man so häufig noch mit der Hand verrichtet, einzig weil die Arbeit der häuslichen Sklavin nicht rechnet?

In Amerika hat man einen Ausweg gefunden. Es gibt daselbst schon eine Anzahl von Städten, in welchen warmes Wasser ebenso wie bei uns kaltes Wasser in das Haus geliefert wird. Unter diesen Bedingungen war das Problem ein sehr einfaches, und eine Frau, Madame Cockrane, hat die gewünschte Maschine erfunden. Dieselbe wäscht, wischt und trocknet zwanzig Dutzend Teller oder Schüsseln in weniger als drei Minuten. Eine Fabrik in Illinois fertigt diese Maschinen an und verkauft sie zu einem für mittlere Haushaltungen zugänglichen Preis. Und was die kleinen Wirtschaften anbetrifft, so werden sie ihr Geschirr ebenso wie ihre Schuhe einem Etablissement zur Reinigung übergeben. Es ist sogar wahrscheinlich, dass die beiden Funktionen, Schuhbürsten und Waschen – von dem gleichen Unternehmen ausgeübt sein werden.

Die Messer zu reinigen, sich beim Waschen die Haut zu zerschinden und durch das Wringen der Wäsche sich krumme Finger zuzuziehen, die Stuben zu kehren oder die Teppiche zu klopfen – mit der unvermeidlichen Folge, dass sich überall Staub ansetzt, den man wieder erst mit großer Mühe beseitigen muss, alles dies ist heute noch die Aufgabe der Frau, weil sie einmal unsere Sklavin ist; aber alles dieses ist auch im Schwinden begriffen, alle diese Funktionen lassen sich unendlich besser von einer Maschine versehen; und diese Maschinen aller Art werden ihren Einzug in die Haushaltungen halten, sobald es durch Anwendung des Prinzips der Kraftverteilung, auch auf die Haushaltungen ausgedehnt, möglich wird, erstere ohne Aufwand an Muskelkraft in Bewegung zu setzen.

Alle diese Maschinen kosten sehr wenig und wenn wir sie heute noch sehr teuer bezahlen, so rührt das daher, dass sie noch nicht in allgemeinem Gebrauche sind und namentlich weil auf ihnen eine ungeheure Steuer liegt, welche jene Herren, die auf den Grund und Boden, die Rohstoffe, die Fabrikation, den Verkauf, das Patent usw. spekuliert haben und sich dafür den unsinnigen Luxus erlauben, einstecken.

Doch die kleine Maschine in der Haushaltung ist nicht das letzte Wort in der Befreiung der häuslichen Arbeit. Die Haushaltung wird andererseits aus ihrer gegenwärtigen Isolierung herausgehen; sie wird sich mit anderen Haushaltungen assoziieren, um in Gemeinschaft und leicht das auszuführen, was heute unter großer Kraftverschwendung in jeder getrennt geschieht.

In der Tat, die Zukunft besteht nicht nur darin, für jede Wirtschaft eine Maschine zum Bürsten der Schuhe und andere zum Waschen der Teller, eine dritte zum Reinigen der Wäsche u.s.f. zu haben. Die Zukunft wird auch eine gemeinschaftliche Heizanlage bringen, welche die Wärme in jedes Zimmer eines jeden Quartiers entsendet und das Anzünden eines Feuers ersparen wird. Dieses ist heute schon in einzelnen amerikanischen Städten der Fall. Ein großer Herd entsendet in alle Häuser, in alle Zimmer warmes Wasser. Dieses Wasser zirkuliert in Röhren, und um die Temperatur zu regulieren, braucht man nur einen Hahn zu drehen. Und wenn man außerdem wünscht, ein flammendes Feuer in dem und dem Zimmer zu haben, so hat man für diesen Zweck speziell eingerichtete Gasleitungen, die man nur anzuzünden braucht, – das Heizgas wird aus einem Zentralreservoir zu diesem Zweck in die Wohnung geleitet. Jener ganze Dienst, der im Reinigen des Kamins und der Unterhaltung des Feuers besteht – die Frau weiß, wie viel Zeit er erfordert – ist gleichfalls im Verschwinden begriffen.

Die Kerze, die Lampe und selbst das Gas haben ihre Zeit gehabt Es gibt ganze Städte, in denen es genügt, auf einen Knopf zu drücken, um sofort eine strahlende Helligkeit hervorzuzaubern; und genau genommen, ist es auch wieder nur eine einfache Sache der Sparsamkeit und des Wissens, sich den Luxus der elektrischen Lampe zu verschaffen.

Kurz, man stellt sich schon die Frage (immer wieder in Amerika), ob man nicht durch Bildung von Gesellschaften die gesamte Haushaltungsarbeit beseitigen könne. Man könnte z. B. es erreichen, wenn man für jeden Häuserkomplex einen Haushaltungsdienst ins Leben riefe. Ein Wagen würde kommen, um die Körbe abzuholen, welche mit Schuhzeug, das zu bürsten, mit Geschirr, welches zu reinigen, mit Wäsche, die zu waschen ist, mit allerhand Kleinigkeiten, die zu flicken sind (falls es noch der Mühe lohnt), mit Teppichen, die zu klopfen usw., gefüllt sind; – und am nächsten Morgen würde alles in bester Ordnung zurückgebracht werden, was man diesem Dienste anvertraut hätte. Einige Stunden später würden dann auf eurem Tische, und zwar von dem gleichen Dienste euer warmer Kaffee und gut abgekochte Eier erscheinen.

In der Tat, zwischen mittags 12 und 14:30 Uhr Uhr gibt es sicherlich 20 Millionen Amerikaner und ebenso viel Engländer, welche alle einen Rinder- oder Hammelbraten, gekochtes Schweinefleisch, gekochte Kartoffeln und das Gemüse der betreffenden Jahreszeit essen. Und es sind, niedrig gerechnet, 8 Millionen Feuer, die während 2 oder 3 Stunden brennen, um dieses Fleisch zu braten und dieses Gemüse zu kochen; 8 Millionen Frauen, die ihre Zeit damit verschwenden, dieses Mahl zuzubereiten, welches vielleicht in nicht mehr als 10 Gerichten besteht.

„Fünfzig Feuer", schrieb eines Tages eine Amerikanerin, „da, wo ein einziges genügte!" Esset an eurem Tisch, in der Familie, mit euren Kindern, wenn ihr wollt, aber ich bitte euch, warum sollen 50 Frauen ihre Vormittage vergeuden, um einige Tassen Kaffee zu machen und dieses einfache Frühstück zu bereiten! Warum 50 Feuer, wenn 2 Personen und ein einziges Feuer genügen würden, um alle diese Fleischportionen und alle diese Gemüse zuzubereiten? Wählet euch euren Rinder- oder Hammelbraten aus, wenn ihr Feinschmecker seid. Würzet eure Gemüse nach eurem Geschmack, wenn ihr diese oder jene Sauce vorzieht! Aber begnügt euch mit einer Küche, die ihr geräumig anlegen möget und mit einem Herde, auf dessen Anlage ihr allen Luxus und alle Sorgfalt verwenden möget.

Warum ist die Arbeit der Frau stets für nichts gerechnet worden, warum sind in jeder Familie die Mutter und häufig noch 3 oder 4 Dienerinnen gezwungen, ihre ganze Zeit den Geschäften der Küche zu widmen? Weil diejenigen, welche die Befreiung des Menschengeschlechtes wollen, die Frau in ihrem Emanzipationstraum nicht begriffen haben und es mit ihrer hohen männlichen Würde für unvereinbar halten, an die Geschäfte der Küche zu denken; sie ziehen es vor, sie auf die Schultern des großen Leidens- und Schmerzenskindes – der Frau abzuwälzen.

Die Frau zu emanzipieren heißt nicht, ihr die Pforten der Universität, des Advokatenstandes und des Parlaments öffnen. Dies letztere sagt weiter nichts, als dass die befreite Frau ihre häuslichen Arbeiten nun einer anderen zur Last legen kann. Die Frau emanzipieren heißt, sie von der abstumpfenden Arbeit der Küche und des Waschhauses befreien; das heißt, eine Organisation schaffen, die ihr erlaubt, ihre Kinder zu nähren und zu erziehen, wie es ihr gut scheint, vor allem aber ihr genug Muße lässt, um an dem sozialen Leben teilzunehmen.

Dieses wird Wirklichkeit werden und fängt schon an, Wirklichkeit zu werden. Seien wir uns aber bewusst, dass eine Revolution, die sich an den schönen Worten „Freiheit, Gleichheit und Solidarität" berauschen und zu gleicher Zeit die Knechtschaft des Herdes aufrecht erhalten wird, keine Revolution sein wird. Die Hälfte der Menschheit, duldend unter der Sklaverei des Kochherdes, würde sonst noch gegen die andere Hälfte zu revoltieren haben.

Die freie Vereinbarung

I.

Durch erhebliche Vorurteile, durch falsche Erziehung und Belehrung gewöhnt, überall nur die Regierung, die Gesetzgebung und die Magistratur zu sehen, sind wir zu dem Glauben gekommen, dass die Menschen sich wie wilde Tiere zerreißen würden an dem Tage, wo der Polizist nicht mehr sein Auge auf uns gerichtet hält, dass das Chaos eintreten würde, wenn die Autorität in einer Sturmesflut versinken würde. Und doch stehen wir, ohne uns dessen bewusst zu werden, tausend und abertausend menschlichen Gruppierungen gegenüber, die sich in freierer Weise gebildet haben und bilden – ohne die Intervention eines Gesetzes, und die unendlich viel Höheres vollbringen, als solche, die unter gouvernementaler Oberherrschaft zu Stande kommen.

Schlagt eine täglich erscheinende Zeitung auf. Ihre Seiten sind fast einzig den Regierungsakten, dem politischen Ränkespiel gewidmet. Beim Lesen einer solchen würde ein Chinese glauben, dass in Europa nichts ohne den Befehl eines Herrn geschieht. Zeiget mir in derselben etwas, welches das Entstehen und Wachsen irgendwelcher Institutionen behandelt, ohne dass es auf ministerielle Erlasse zurückgeführt würde! Nichts, rein gar nichts werdet Ihr finden! Wenn es selbst in dem Blatte eine Rubrik „Verschiedenes" gibt, so kommt das nur daher, weil dieses „Verschiedenes" in irgendeinem Zusammenhang mit der Polizei steht. Ein Familiendrama, ein Empörungsakt wird nur erwähnt, wenn die Stadtsergeanten dabei in Tätigkeit traten.

350.000.000 Europäer lieben oder hassen sich, arbeiten oder leben von ihren Renten, leiden oder genießen. Doch ihr Leben, ihre Handlungen (abgesehen von der Literatur, vom Theater, vom Sport), alles wird in den Journalen ignoriert, wenn nicht die Regierungen in der einen oder anderen Weise sich eingemengt haben.

Ebenso verhält es sich mit der Geschichte. Wir kennen die geringsten Einzelheiten aus dem Leben eines Königs oder Parlaments; man hat uns alle Reden aufbewahrt, gute wie schlechte, die in den Parlamenten gehalten worden, „die indes nie einen Einfluss auf die Abstimmung eines Mitgliedes ausgeübt haben“, wie uns ein alter Parlamentarier versichert hat. Die Besuche der Könige, die gute oder schlechte Laune des Politikers, seine Wortspiele und seine Intrigen, alles dieses wird der Nachwelt sorgsam überliefert. Aber wir haben undenkliche Mühe, um uns über das Leben einer mittelalterlichen Stadt zu unterrichten, jenen Mechanismus des ungeheuren Tauschhandels, der zwischen den Hansestädten stattfand, kennen zu lernen, oder zu erfahren, in welcher Weise die Stadt Rouen ihre Kathedrale erbaut hat. Wenn ein Gelehrter sein Leben darauf verwandt hat, dieses zu ergründen, so bleiben seine Werke unbekannt, und die „parlamentarischen Geschichten“, d. h. die falschen, weil sie nur eine Seite im Leben der Gesellschaften berücksichtigen, wachsen an Zahl, finden Verbreitung und werden in den Schulen gelehrt.

Aber was wir nicht bemerken, das sind jene wunderbaren Leistungen, welche täglich die spontane Gruppierung der Menschen vollbringt, die freie Vereinbarung, welche die Hauptarbeit unseres Jahrhunderts tut.

Aus diesem Grunde gerade haben wir die Absicht, einige dieser bedeutungsvollen Manifestationen hervorzuheben und zu zeigen, dass die Menschen – von dem Augenblick, wo ihre Interessen sich nicht direkt zuwiderlaufen – sich wunderbar über ein gemeinschaftliches Handeln in sehr komplizierten Fragen verständigen können und es auch tun.

Es ist offenbar, dass in der gegenwärtigen Gesellschaft, die auf dem individuellen Eigentum, d. h. auf dem Raub, auf dem beschränkten, stupiden Individualismus basiert ist, Erscheinungen dieser Art notwendiger Weise beschränkt sein müssen; die Vereinbarung ist heute nicht vollkommen frei und läuft häufig auf kleinliche, wenn nicht fluchwürdige Ziele hinaus.

Doch worauf es ankommt, das ist nicht, Beispiele zu finden, die eine blinde Nachahmung verdienen; solche kann uns die gegenwärtige Gesellschaft unmöglich liefern. Was uns notwendig erscheint, das ist der Nachweis, dass es trotz des autoritären Individualismus, der uns völlig erstickt, in der Gesamtheit unseres sozialen Lebens ein sehr großes Gebiet gibt, innerhalb dessen man nur nach freier Vereinbarung handelt, und dass man der Regierung viel leichter entbehren kann, als man im Allgemeinen glaubt.

Zur Unterstützung unserer Behauptung haben wir schon früher die Eisenbahnen erwähnt, wir wollen jetzt noch einmal auf sie zurückkommen.

Man weiß, dass Europa ein ungeheures Schienennetz besitzt, und dass man heute auf diesem Eisenbahnnetz nach Belieben reisen kann – von Norden nach Süden, von Osten nach Westen, von Madrid nach Petersburg und von Calais nach Konstantinopel – ohne angehalten zu werden, ohne selbst den Wagen zu wechseln (wenn man einen Expresszug benutzt). Doch noch mehr; ein Kolli, das man an einem Schalter abgibt, findet seinen Adressaten wo derselbe auch wohnen mag, in der Türkei oder in Zentralasien, und dies ohne eine andere Formalität, als die, dass man den Namen und Wohnort des Empfängers auf einen Zettel schreibt.

Dieses Resultat konnte auf zwei Wegen erreicht werden. Ein Napoleon, ein Bismarck, irgendein Potentat, der Europa erobert hatte, könnte auf einer Karte von Paris, Berlin oder Rom aus die Richtungen der Eisenbahnlinien verzeichnen und dann die Fahrzeiten der Züge regeln. Der gekrönte Idiot Nikolaus I. hatte verneint, so handeln zu können. Als man ihm die Pläne einer Eisenbahnlinie zwischen Petersburg und Moskau vorlegte, ergriff er ein Lineal und zog auf der Karte von Russland eine gerade Linie zwischen den beiden Hauptstädten und sagte: „Da habt Ihr die Linie. Und die Eisenbahn wurde auch in gerader Linie erbaut; man füllte tiefe Täler aus und baute schwindelnde Brücken, die man indes nach Verlauf einiger Jahre nicht mehr benutzen konnte; der Kilometer dieser Strecke kostete im Durchschnitt zwei bis drei Millionen Franken.

Das wäre das eine Mittel; doch man hat ein anderes gewählt. Die Eisenbahnen sind streckenweise entstanden, die einzelnen Strecken haben sich alsdann vereinigt; und schließlich haben sich diese Hunderte von Gesellschaften, denen diese Strecken gehören, zu verständigen gesucht, um die Ankunfts- und Abfahrtszeiten ihrer Züge in Einklang zu bringen, um die Waren in den Waggons eines jeden Landes, einer jeden Gesellschaft von einem Netz auf das andere übergehen zu lassen, ohne dass sie umgeladen würden.

Dieses Alles ist durch die freie Vereinbarung zustande gebracht worden, durch den Austausch von Briefen und Vorschlägen, durch Kongresse, zu denen die Delegierten kamen, um diese und jene Spezialfragen zu diskutieren – doch nicht um ein Gesetz zu beschließen. Nach dem Kongress kehrten sie zu ihren Gesellschaften zurück nicht mit einem Gesetz, sondern mit einem Vertragsentwurf, den man annehmen oder verwerfen konnte.

Gewiss hat es viele Schwierigkeiten gekostet. Gewiss hat es „Quengelpeter" gegeben, die sich nicht überzeugen lassen wollten. Indes der gemeinsame Nutzen hat doch schließlich Jeden zum Einverständnis genötigt, und zwar ohne dass der Staat Armeen gegen die Widerspenstigen zu schicken brauchte.

Dieses ungeheure Netz von untereinander verbundenen Eisenbahnen und dieses grandiose Gewerbsleben, das sie möglich machen, bilden sicherlich die Haupterrungenschaften unseres Jahrhunderts; und sie werden der freien Vereinbarung gedankt. Wenn Jemand dieses vor 50 Jahren vorhergesehen hätte und – es ausgesprochen hätte, so hätten unsere Großväter ihn für einen Narren oder einen Dummkopf gehalten. Sie hätten ausgerufen: „Niemals werdet Ihr dazu gelangen, unter diesen Hunderten von Aktiengesellschaften ein Einverständnis zu erzielen! Das ist eine Utopie, ein Feenmärchen, was Ihr dort erzählt. Nur eine Zentralregierung mit einer starken Faust kann ihnen dieses allein aufnötigen."

Das Bemerkenswerteste an dieser Organisation ist aber nun gerade, dass es für sie keine europäische Zentralregierung gibt. Nichts dergleichen existiert. Kein Eisenbahnminister, kein Diktator, kein Kontinentalparlament, kein leitendes Komitee: Alles geschieht auf dem Wege des Vertrages.

Jetzt fragen wir den Staatssozialisten, der da behauptet, dass „man niemals einer Zentralregierung entbehren kann, und sei es nur um das Erwerbsleben zu regeln", jetzt fragen wir denselben: „Wie können die Eisenbahnen ihrer entbehren? Wie machen sie es möglich, Millionen von Reisenden und ganze Berge von Waren über den ganzen Kontinent hin zu befördern? Wenn die Gesellschaften, die Besitzer der Eisenbahnen sich haben verständigen können, warum sollten die Arbeiter, nachdem sie sich der Eisenbahnen bemächtigt haben, sich nicht in gleicher Weise ins Einvernehmen setzen können? Und wenn die Gesellschaft von Petersburg-Warschau und die von Paris-Belfort miteinander auskommen können, ohne sich den Luxus eines beiderseitigen Befehlshabers zu gestatten, warum sollte man dann in dem Schoße der von uns geplanten Gesellschaften, jede aus einer Gruppe freier Arbeiter bestehend, eine Regierung notwendig haben?"

II.

Wenn wir durch Beispiele zu zeigen versuchen, dass die Menschen heute schon trotz der Ungleichheit, die in der Organisation der gegenwärtigen Gesellschaft vorherrscht, sich sehr wohl verständigen können und zwar ohne die Intervention einer Autorität – vorausgesetzt nur, dass sich ihre Interessen nicht diametral zuwiderlaufen –, so sollen wir auch keineswegs die Einwürfe, die dagegen erhoben werden, unberücksichtigt lassen.

Alle diese Beispiele haben ihre fehlerhafte Seite; denn es ist augenblicklich unmöglich, eine einzige Organisation anzuführen, die nicht auf der Ausbeutung des Schwachen durch den Starken, des Armen durch den Reichen beruhte. Aus diesem Grunde verfehlen auch nicht die Staatssozialisten, mit der sie kennzeichnenden Logik uns entgegenzuhalten: „Ihr seht also wohl, dass die Intervention des Staates notwendig ist, um dieser Ausbeutung ein Ende zu machen."

Ungeachtet der Lehren der Geschichte verschweigen sie uns, dass gerade der Staat wesentlich dazu beiträgt, diesen Stand der Dinge zu erschweren, indem er das Proletariat schaffen hilft und widerstandsunfähig seinen Ausbeutern überliefert. Und sie werden auch die einfache Schlussfolgerung zu ziehen vergessen, nämlich die, dass es unmöglich ist, die Ausbeutung zu beseitigen, so lange deren vornehmliche Ursachen, das individuelle Kapital und das Elend, künstlich für zwei Drittel der Bevölkerung durch den Staat aufrecht erhalten, weiter bestehen bleiben.

Hinsichtlich des Einvernehmens zwischen den Eisenbahngesellschaften werden sie voraussichtlich folgendes sagen: „Seht Ihr denn nicht, wie die Eisenbahngesellschaften ihre Angestellten und die Reisenden drücken und schlecht behandeln! Es bedarf der Intervention des Staates, um die Öffentlichkeit zu schützen."

Aber haben wir es nicht gesagt und wie viele Male wiederholt, dass es, solange es Kapitalisten geben wird, auch Missbräuche dieser Art geben wird. Gerade der Staat – der vermeintliche Wohltäter, ist es, welcher den Gesellschaften diese furchtbare Macht gegeben hat, welche sie heute besitzen. Hat er ihnen nicht die Konzessionen, die Monopole geschaffen? Hat er nicht seine Truppen gegen die Angestellten der Eisenbahnen gesandt, wenn diese sich in Streiks befanden? Und in der ersten Zeit ihres Bestehens – dieses sieht man heute noch in Russland – hat er da nicht das Privilegium dieser Gesellschaften soweit ausgedehnt, dass es der Presse verboten wurde, Eisenbahnunglücksfalle zu erwähnen, damit deren Aktien, für die er gebürgt, nicht entwertet würden? Hat er nicht tatsächlich das Monopol begünstigt, welches die Vanderbilts wie die Polyakoffs, die Direktoren des P.L.M. und diejenigen der Gotthardbahn „zu den Königen der Zeit" gemacht hat?

Wenn wir also das stillschweigend erzielte Einvernehmen zwischen den Eisenbahnkompagnien als Beispiel anführten, so geschah es nicht, um ein Ideal einer technischen Organisation zu geben. Es geschah, um zu beweisen, dass, wenn die Kapitalisten, ohne ein anderes Ziel zu haben, als ihre Profite auf Kosten der Gesamtheit zu vermehren, dazu gelangen können, die Eisenbahnen auszubeuten und zwar ohne dass sie zu diesem Zwecke ein internationales Büro gründen – die Arbeitergenossenschaften es ebenso gut, wenn nicht besser, können werden, ohne einen europäischen Eisenbahnminister zu ernennen.

Ein anderer Einwurf, scheinbar ernsterer Natur, ist folgender. Man könnte sagen, dass die Vereinbarung, von der wir sprechen, keineswegs eine freie ist, dass die großen Kompagnien den kleinen die Gesetze vorschreiben. Man könnte z. B. jene reiche Kompagnie erwähnen, welche die Reisenden, die von Berlin nach Basel wollen, zwingt, über Köln oder Frankfurt zu fahren, anstatt die Strecke über Leipzig zu benutzen; eine andere, welche, um einflussreichen Aktionären Vorteile zu verschaffen (bei weiten Strecken) die Waren einen Umweg von 200 Kilometern machen lässt; eine dritte schließlich, die darauf ausgeht, Sekundärlinien zugrunde zu richten. In den Vereinigten Staaten werden die Reisenden und die Waren vielfach auf den unwahrscheinlichsten Strecken befördert, damit die Dollars in die Tasche eines Vanderbilts fließen.

Unsere Antwort darauf ist die gleiche. Solange das Kapital besteht, wird das Großkapital stets das kleine unterdrücken. Doch diese Unterdrückung resultiert nicht allein aus dem Kapital. Gerade mit der Hilfe des Staates, mittels des durch den Staat zu ihren Gunsten geschaffenen Monopols, unterdrücken die großen Kompagnien die kleinen.

Marx hat uns in trefflicher Weise gezeigt, wie die englische Gesetzgebung alles getan, um die Kleinindustrie zu unterdrücken, den Bauern dem Elend zu überliefern und den großen Industriellen ganze Bataillone von Barfüßlern zuzuführen, die gezwungen waren, für den Spottlohn, den man ihnen bot, zu arbeiten. Ebenso verhält es sich mit der Gesetzgebung bezüglich der Eisenbahnen. Strategische Linien, subventionierte Linien, Linien mit dem Monopol der internationalen Post, alle diese Einrichtungen sind geschaffen worden im Interesse der großen Herren der Finanz. Wenn Rotschild – der Gläubiger der gesamten europäischen Staaten – sein Kapital in irgendeine Eisenbahn steckt, so wissen es seine getreuen Diener, die Minister, meist zu arrangieren, dass er auch seinen Vorteil dabei findet.

In den Vereinigten Staaten – dieser Demokratie, welche uns die autoritären Sozialisten vielfach als ein Ideal hinstellen – herrscht der furchtbarste Schwindel in allem, was Eisenbahnen heißt. Wenn diese oder jene Kompagnie ihre Konkurrenten durch einen erniedrigten Tarif ruiniert hat, so bereichert sie sich sicherlich auf der anderen Seite an den Ländereien, die ihr der Staat auf Grund von Bestechungen überlässt. Die Dokumente, die über den amerikanischen Getreidehandel veröffentlicht worden sind, haben uns gezeigt, welchen Anteil der Staat bei dieser Ausbeutung des Schwachen durch den Starken hatte.

Es sei hier noch einmal gesagt, der Staat hat die Macht des Großkapitals verzehnfacht, verhundertfacht. Und wenn wir sehen, dass es den Vereinigungen der Eisenbahnkompagnien (ebenfalls eine Frucht der freien Vereinbarung) bisweilen gelingt, die kleinen Kompagnien gegen die großen zu schützen, so müssen wir umso mehr die innerliche Kraft dieses Prinzips der freien Vereinbarung bewundern, welche dies gegenüber der Allmacht des vom Staate unterstützten Großkapitals möglich macht.

In der Tat, die kleinen Kompagnien leben trotz der Parteilichkeit des Staates für das Großkapital. Wenn wir in Frankreich – dem Lande der Zentralisation – nur fünf oder sechs große Kompagnien sehen, so zählt man in Großbritannien mehr als 100 Kompagnien, die sich in wunderbarer Weise zu verständigen wissen und sicherlich besser für einen schnellen Transport der Reisenden und der Waren organisiert sind, als die deutschen und französischen Eisenbahnen.

Übrigens liegt auch hier gar nicht der Kernpunkt. Das Großkapital, vom Staate begünstigt, kann stets, da es sich im Vorteil befindet, das Kleinkapital vernichten. Was uns beschäftigt, ist folgendes: Die Vereinbarung zwischen Hunderten von Kompagnien, denen die Eisenbahnen Europas gehören, hat sich direkt vollzogen, ohne die Intervention einer Zentralregierung, welche den verschiedenen Gesellschaften ein Gesetz vorschrieb; sie wird aufrecht erhalten mittels Kongressen, zusammengesetzt aus Delegierten, die miteinander diskutieren und ihren Auftraggebern nachher Vorschläge, aber keine Gesetze bringen. Es ist dies ein neues Prinzip, welches sich scharf von dem gouvernementalen Prinzip, dem monarchistischen oder republikanischen, dem absolutistischen oder parlamentarischen, unterscheidet. Es ist dies eine Neuerung, die sich heute in Europa Geltung verschafft, wenn auch noch schüchtern, der aber die Zukunft gehört.

III.

Wie viele Male haben wir nicht in den Schriften der Staatssozialisten Ausrufe folgender Art gelesen: „Wer wird es also in der zukünftigen Gesellschaft auf sich nehmen, den Verkehr auf den Kanälen zu regulieren? Wenn es einem Eurer anarchistischen Genossen in den Sinn käme, seine Barke quer im Kanal zu verankern, und dadurch tausend anderen Schiffern den Weg zu versperren – wer würde ihn zur Vernunft bringen?“

Wir müssen gestehen, dass diese Annahme etwas phantastischer Natur ist. Man könnte aber noch hinzufügen: „Wenn z. B. diese Kommune oder jene Gruppe ihre eigenen Schiffe vor denen der anderen passieren lassen wollte und den Kanal versperren würde, vielleicht um Steine zu laden, während das für eine andere Kommune bestimmte Getreide unausgeladen liegen bleiben müsste. ... – wer würde dann die Schifffahrt regeln, falls keine Regierung vorhanden wäre?"

Nun, das praktische Leben hat auch hier schon gezeigt, dass man sehr gut einer Regierung entbehren kann, hier wie anderswo. Die freie Vereinbarung, die freie Organisation ersetzen diesen teuren und schädlichen Apparat und leisten Besseres.

Man weiß, dass die Kanäle für Holland das sind, was für uns die Straßen. Man weiß auch, welcher Verkehr auf den Kanälen herrscht. Was man bei uns auf gepflasterten Wegen oder Schienen transportiert, wird in Holland auf Kanälen befördert. Hier wäre also der Ort, wo man sich schlagen könnte, um seine Schiffe denen Anderer zuvorkommen zu lassen. Hier wäre der Ort, wo eine Regierung eingreifen müsste, um Ordnung im Verkehr zu schaffen.

Nichts von dem ist der Fall. Die Holländer waren praktischer; seit langer Zeit schon haben sie anderen und besseren Rat gewusst: sie schufen Gilden, Syndikate von Schiffern. Dies waren freie Assoziationen, welche den Bedürfnissen der Schifffahrt selbst entsprungen waren. Die Reihenfolge der Schiffe regelte sich auf Grund einer gewissen Einschreibetabelle, alle Kähne wurden abgefertigt in der Reihe, wie sie gekommen waren. Keiner durfte dem andern zuvorkommen unter Strafe, aus dem Syndikate ausgeschlossen zu werden. Niemand durfte an einer Landungsstelle länger als eine bestimmte Anzahl von Tagen stehen, und wenn er innerhalb dieser Zeit keine Waren zum Verladen fand, so war es allerdings sein Schaden, er musste leer abfahren und den Platz Neuankommenden überlassen. Eine Versperrung war also vermieden, selbst als die Konkurrenz der Unternehmer – die Folge des individuellen Eigentums – intakt blieb. Schaffet dieses ab, und das Einvernehmen wird ein noch viel herzlicheres und ein für Alle gerechteres werden.

Man wird sagen, dass nicht jeder Eigentümer eines Kahnes dem Syndikate anzugehören brauchte. Das war allerdings seine Sache, doch die meisten zogen es vor, sich ihm anzuschließen. Diese Syndikate boten und bieten noch heute so große Vorteile, dass sie sich über den Rhein, die Weser, die Oder bis nach Berlin hin ausdehnen. Die Schiffer haben nicht gewartet, bis der große Bismarck Holland für Deutschland annektierte und einen Ober-

Haupt-General-Staats-Kanal-Navigationsrat ernennen würde, der ebenso viele Tressen getragen hätte, als sein Name lang war. Sie haben es vorgezogen, sich auf internationalem Wege zu verständigen. Doch noch mehr haben sie geleistet: eine Anzahl von Seglern, welche den Dienst zwischen den Häfen Deutschlands, Skandinaviens wie auch Russlands versehen, haben sich diesen Syndikaten angeschlossen, um eine Regelung des Verkehrs im baltischen Meerbusen und eine Harmonie in diese „chassé croisé“ von Schiffen zu bringen. Frei entstanden, sich rekrutierend aus freien Mitgliedern, haben diese Assoziationen mit Regierungen nichts zu schaffen.

Es ist möglich, sogar sehr wahrscheinlich, dass auch hier das Großkapital das kleine unterdrückt. Es ist auch möglich, dass das Syndikat die Tendenz hat, sich zu einem Monopol umzugestalten, – namentlich wenn der Staat ihm seine Vormundschaft angedeihen lässt. Vergessen wir nicht, dass diese Syndikate nur eine Assoziation repräsentieren, deren Mitglieder persönliche Interessen verfolgen; aber wenn die Reeder durch die Vergesellschaftung der Produktion, der Konsumtion und des Handels gezwungen werden, zur Befriedigung ihrer Bedürfnisse sich gleichzeitig hundert anderen Assoziationen anzuschließen, so werden die Dinge ein anderes Gesicht bekommen. Mächtig auf dem Wasser, wird sich die Gruppe schwach auf dem festen Lande fühlen, sie wird von ihren Prätentionen lassen, um sich mit den Eisenbahnen, den Manufakturen und allen anderen Gruppen zu verständigen. In jedem Fall haben wir es hier, ohne von der Zukunft zu sprechen, mit einer spontan entstandenen Assoziation zu tun, die der Regierung hat entbehren können. Gehen wir jetzt zu anderen Beispielen über.

Da wir gerade von Schiffen und Booten sprechen, so wollen wir eine der schönsten Organisationen, die in diesem Jahrhundert entstanden sind, erwähnen, eine derjenigen, deren wir uns mit Recht rühmen können. Es ist die englische Rettungsgesellschaft für Schiffbrüchige (Lifeboat-Assoziation).

Man weiß, dass in jedem Jahre mehr als 1.000 Schiffe an den Küsten Englands scheitern. Auf dem Meere hat ein gutes Schiff den Sturm selten zu fürchten. An den Küsten warten aber seiner die Gefahren: die Meeresstrudel, welche den Hintersteven zerschellen, die Windstöße, welche die Masten und die Segel fortnehmen, die Strömungen, welche es unlenkbar machen, und die Klippen wie die Untiefen, auf die es geschleudert werden kann.

Damals schon, als die Küstenbewohner Feuer anfachten, um die Schiffe auf die Klippen zu locken und sich dann nach ihrer Gewohnheit der

Ladung zu bemächtigen, haben sie stets ihr Möglichstes getan, die Mannschaft zu retten. Wenn sie ein Schiff in Not bemerkten, so machten sie ihre Nussschalen flott und eilten den Schiffbrüchigen zu Hilfe um – wie häufig – den Tod dabei in den Wogen zu finden. Jeder Küstenweiler hat seine Legenden von heroischen Taten, gleichmäßig von Frauen wie von Männern verübt – zu dem Zwecke, Mannschaften, die im Versinken begriffen waren, zu retten.

Aber auch einige human gesinnte Männer nahmen sich dieser Sache an. Als gute Seeleute, die sie waren, erfanden sie ein Rettungsboot, das dem Sturme trotzen konnte, ohne umzuschlagen oder zu versinken. Auf Grund dieser Erfindung unternahmen sie es nun, die Öffentlichkeit für ihre Unternehmung zu interessieren, das nötige Geld aufzubringen, um Rettungsboote bauen und sie überall an der Küste platzieren zu können, wo sie gute Dienste leisten konnten.

Diese Männer wandten sich, da sie eben keine Jakobiner waren, nicht an die Regierung. Sie hatten eingesehen, dass sie die Unternehmung nur zu einem guten Ende führen könnten, wenn sie sich an die Bereitwilligkeit, die Begeisterung der Seeleute, ihre Kenntnis der Orte und namentlich – ihren Opfermut wandten.

Und um Menschen zu finden, welche sich Nachts bei dem ersten Signal in das Chaos der Wogen stürzten, sich weder durch die Finsternis, noch durch die Brandung zurückhalten ließen, und 5, 6, 10 Stunden gegen die Wellen kämpften, bevor sie zu dem in Not befindlichen Schiffe gelangten – Menschen, die jederzeit bereit wären, ihr Leben aufs Spiel zu setzen, um das anderer zu retten –, musste man an das Gefühl der Solidarität appellieren, den Geist des Opfermutes, Dinge, die sich nicht durch Tressen erkaufen ließen.

Es war also eine ganz spontane Bewegung, entsprossen der freien Vereinbarung und der individuellen Initiative. Hunderte von lokalen Gruppen bildeten sich sofort auf den Ruf dieser Männer längs der Küste. Die Männer, welche die Initiative ergriffen hatten, waren so klug, sich nicht als Lehrer aufzudrängen; sie suchten Belehrung und Aufklärung in den Fischerdörfern. Ein Lord sandte z. B. einem Küstendorf 20.000 Mk. zum Bau eines Bootes. Das Geschenk wurde angenommen, aber man überließ es den Fischern und Seeleuten des Ortes die Wahl der Werft, die Bestimmung der Bauart.

Nicht in der Admiralität ließ man die Pläne zu den neuen Booten herstellen. – „Weil es von Wichtigkeit ist“ – lesen wir in dem Rapport der Assoziation – „dass die Rettungsmannschaften volles Vertrauen zu dem

Fahrzeug haben, welches sie besteigen, so bemüht sich das Komitee ausdrücklich, den Booten die Gestalt und die Ausstattung zu geben, welche von den Rettungsmannschaften selbst gewünscht wird." Alles geschieht durch Freiwillige, die sich in Komitees oder lokalen Gruppen organisieren! Alles vollzieht sich durch gegenseitige Unterstützung auf dem Wege freier Vereinbarung! – O! diese Anarchisten! Auch haben sie keine Steuerpflichtigen, von denen sie etwas beitreiben konnten und doch verfügten sie schon Anfang der 1890er Jahre über 860.000 Mk., stammend – aus freiwilligen Beiträgen.

Und die Erfolge dieser Organisation?

Die Assoziation besaß im Jahre 1891 293 Rettungsboote. In diesem Jahre rettet sie 601 Schiffbrüchige und 33 Schiffe; seit ihrer Begründung hat sie 32.071 menschliche Wesen gerettet.

Im Jahre 1886 kamen drei Rettungsboote samt der Bemannung in den Wogen um; sofort kamen Hunderte von neuen Freiwilligen, die sich der Gesellschaft anschlossen und neue lokale Gruppen bildeten; die Folge war der Bau von 20 neuen Rettungsbooten.

Bemerken wir noch nebenbei, dass die Gesellschaft in jedem Jahre den Fischern und Seeleuten ausgezeichnete Barometer zu einem dreimal so geringen Preise, als ihr wirklicher Wert ist, liefert, dass sie weiterhin für eine Verbreitung meteorologischer Kenntnisse sorgt und die Interessierten über die plötzlichen, von den Gelehrten vorhergesehenen Witterungswechsel auf dem Laufenden hält.

Wiederholen wir, dass die Hunderte von kleinen Komitees und lokalen Gruppen sich nicht in hierarchischer Form organisiert haben und sich einzig aus freiwilligen Rettungsmannschaften und Männern, die sich für dieses Werk interessieren, zusammensetzen. Das Zentralkomitee, das nichts weiter als ein Zentrum für die Korrespondenz ist, maßt sich kein Einspruchsrecht an.

Wenn es sich darum handelt, über eine Frage der Erziehung oder lokaler Steuer zu beschließen, nehmen die Komitees als solche an den Beratungen nicht teil, eine Bescheidenheit, welche die Gewählten eines Munizipalrats leider nicht immer nachahmen. – Aber andererseits dulden es diese braven Leute auch nicht, dass diejenigen, die niemals dem Sturme getrotzt haben, ihnen Gesetze über ihre Rettungsarbeit vorschreiben. Beim ersten Notsignal eilen sie herbei, verständigen sich über die Maßnahmen und handeln. Sie warten nicht auf Tressen; der gute Wille treibt sie.

Nehmen wir eine andere Gesellschaft, diejenige des Roten Kreuzes. Der Name tut nichts zur Sache, sehen wir, was sie ist, und was sie leistet.

Denkt Euch, es wäre Jemand vor zwanzig Jahren gekommen und hätte gesagt: „Der Staat, so fähig er auch sein mag, 100.000 Menschen in einem Tage massakrieren und 50.000 verwunden zu lassen, ist doch unfähig, seinen eigenen Opfern Hilfe zu bringen. Es ist daher nötig, so lange einmal der Krieg existiert – dass die Privatinitiative sich der Sache annehme, und dass die wohlgesinnten Männer sich auf internationaler Basis zu diesem Werke der Menschheit organisieren!"

Welche Flut von Hohngelächter hätte nicht der über sich ergießen lassen müssen, der es gewagt hätte, sich einer solchen Sprache zu bedienen. Vor allem hätte man ihn einen Utopisten genannt, und wenn man dann es überhaupt noch der Mühe für wert gehalten hätte, den Mund zu öffnen, so würde man erwidert haben: „Die Freiwilligen werden immer gerade da fehlen, wo das Bedürfnis nach ihnen sich am meisten fühlbar macht. Die freien Hospitäler werden sich stets auf einen sicheren Ort konzentrieren, während es in den Feldlazaretten am Nötigsten fehlen wird. Die nationalen Rivalitäten werden sich so stark geltend machen, dass die armen Soldaten ohne Hilfe sterben werden." So viel Schwätzer, so viel entmutigende Erwägungen. Wer von uns hat nicht schon in diesem Tonfall salbadern hören!

Nun, wir wissen, wie es sich in Wirklichkeit verhält. Die Gesellschaften vom „Roten Kreuz" haben sich frei organisiert, überall, in jedem Lande, an Tausenden von Orten, und als der Krieg von 1870/71 ausbrach, machten sich die Freiwilligen an ihr Werk. Männer und Frauen kamen und boten ihre Dienste an. Hospitäler, Feldlazarette wurden zu Tausenden organisiert; ganze Züge mit Verbandsstoffen, Lebensmitteln, Wäsche, Medikamenten für die Verwundeten wurden entsendet. Die englischen Komitees sandten ganze Flotten voller Lebensmittel, Kleider, Werkzeuge, Saatgetreide, Zugvieh, sogar Dampfpflüge mit Führern, um den durch den Krieg verwüsteten Departements bei der Bestellung zu helfen. Informiert Euch nur bei Gustave Moynier über die Gesellschaft vom „Roten Kreuz" und Ihr werdet über ihre ungeheuren Leistungen staunen müssen.

Was die Propheten anbetrifft, die stets bereit sind, den anderen Menschen den Mut, die Opferfreudigkeit, die Intelligenz abzusprechen, und sich allein für fähig halten, die Welt mittels der Rute zu regieren, keine ihrer Vorahnungen hat sich bestätigt.

Der Opfermut der Freiwilligen vom „Roten Kreuz" ist über alles Lob erhaben. Sie verlangten stets nach den gefährlichsten Posten, und während die bezahlten Ärzte des Staates mit ihrem Stabe bei der Annäherung des

Feindes flohen, setzten die Freiwilligen vom „Roten Kreuz“ ihr Liebeswerk unter dem Kugelregen fort, indem sie ruhig die Brutalitäten der Bismarckschen und Napoleonischen Offiziere ertrugen und die gleiche Sorge allen Verwundeten, gleichgültig welcher Nation, widmeten. Holländer und Italiener, Schweden und Belgier – ja Japaner und Chinesen verständigten sich in wunderbarer Weise. Sie errichten ihre Hospitäler und Feldlazarette, ganz den Bedürfnissen des Augenblicks entsprechend; sie wetteiferten in der Pflege, die sie den Verwundeten angedeihen ließen. Und wie viele Franzosen sprechen noch heute mit tiefer Dankbarkeit von der liebevollen Pflege, die ihnen eine holländische oder deutsche Pflegerin hat angedeihen lassen – in den Feldlazaretten des „Roten Kreuzes“.

Doch alles dies wirkt nicht bei dem Autoritären. Sein Ideal ist und bleibt Regimentsoberst, Staatsbeamter. Zum Teufel also mit dem „Roten Kreuz“, mit seinen Hospitälern, wenn die Krankenwärter nicht Beamte sind.

Hier haben wir eine Organisation jungen Datums, welche ihre Mitglieder nach Hundertausenden zählt, welche Feldlazarette, Hospitäler, Eisenbahnzüge besitzt, welche die neuesten Erfahrungen in der Behandlung Verwundeter verwertet und – die einzig der freiwilligen Initiative von einigen hochherzigen Männern gedankt wird.

Man wird uns vielleicht entgegnen, dass die Staaten auch ihren Anteil an dieser Organisation haben? Ja, insoweit, als sich die Staaten bemüht haben, sie für sich in Anspruch zu nehmen. Den Vorsitz in den leitenden Komitees führen Personen, welche von Lakaien Prinzen von Geblüt genannt werden. Kaiser und Königinnen haben das Patronat in den nationalen Komitees inne. Aber wahrlich nicht jenem Patronat wird der Erfolg dieser Organisation geschuldet, sondern einzig den tausend lokalen Komitees jeder Nation, der Tätigkeit der Individuen, dem Opfermut Aller, welche den Opfern des Krieges Linderung zu schaffen suchen. Und die Opferfreudigkeit würde eine noch größere sein, wenn die Staaten sich überhaupt nicht um sie kümmerten.

In jedem Fall, nicht auf die Befehle eines internationalen leitenden Komitees haben die Engländer und Japaner, die Schweden und Chinesen sich beeilt, ihre Hilfe den Verwundeten von 1870/71 zu bringen. Nicht auf die Befehle eines internationalen Ministers erstanden Hospitäler auf französischer Erde und folgten die Feldlazarette den Schlachtfeldern. Dies geschah einzig durch die Initiative der Freiwilligen eines jeden Landes. Einmal an Ort und Stelle, wo man ihrer bedurfte, haben sie sich keineswegs die Haare ausgerauft, wie jene Jakobiner voraussahen: sie haben sich alle dem Liebeswerk gewidmet ohne Unterschied der Nationalitäten. Wir können nur bedauern, dass so große Mühen im Dienste einer so schlechten Sache aufgewendet worden sind, und wir können nur mit dem Kinde des Dichters fragen: „Warum verwundet man sie, wenn man sie nachher pflegt?“ Indem wir die Macht des Kapitals und der Bourgeoisie zu brechen suchen, arbeiten wir darauf hin, diesen Mördereien ein Ende zu machen; und wir würden lieber sehen, dass die Freiwilligen vom „Roten Kreuz“ ihre Tätigkeit darauf verwendeten, um mit uns den Krieg aus der Welt zu schaffen.

Doch wir mussten dieser gewaltigen Organisation Erwähnung tun, als Beweis für die fruchtbaren Resultate, die durch die freie Vereinbarung und ein freies Hilfsbedürfnis erzielt werden.

Wenn wir die Beispiele vermehren wollten, und zwar, indem wir sie der Kunst, Menschen auszurotten, entnehmen, wir würden kein Ende finden.

Sogar Deutschland hielt es für nötig, neben seiner großen, wohlorganisierten Armee unzählige freiwillige Gesellschaften mit militärischen Zwecken ins Leben zu rufen, ich meine den Kriegerbund, die Schützenvereine, die Gesellschaften für militärische und strategische Spiele, für topographische Studien usw. Diese umfassen Militär- und Zivilpersonen, Geographen und Turner, Jäger und Techniker usw. usw. Sie Alle haben sich in spontaner Weise gebildet, organisiert und föderiert. Sie veranstalten Übungen auf freiem Felde und tragen wohl gleichfalls zur Kriegstüchtigkeit des deutschen Heeres bei.

Ihr Ziel ist verdammenswert. Aber was uns an dieser Organisation der Hervorhebung wert scheint, das ist das Faktum, dass der Staat – trotz seiner „hohen“ Mission der militärischen Organisation – begriffen hat, dass die Entwicklung dieser Gesellschaften viel fruchtbarer ist, wenn sie der freien Vereinbarung der Gruppen und der freien Initiative der Individuen überlassen bleibt.

Also selbst bezüglich des Krieges wendet man sich heute an die freie Vereinbarung. So hat England eine Armee von 300.000 Freiwilligen und seine „Nationale Artillerieassoziation“. Noch in der Organisation befindlich ist jene Gesellschaft für die Verteidigung der englischen Küste. Sollte diese letztere sich einmal konstituiert haben, so wird sie sicherlich eine viel wirksamere Tätigkeit entfalten, als das Marineministerium mit seinen Panzern, die sich gegenseitig einrennen, und seinen Bajonetten, die sich wie Blei biegen.

Überall überlebt sich der Staat und überlässt er seine heiligsten Befugnisse privaten Individuen. Überall dringt die freie Vereinbarung in die „Staatsdomäne“. Doch alle diese Tatsachen, deren wir Erwähnung getan haben, gestatten nur einen schwachen Ausblick auf das, was uns die freie Vereinbarung in der Zukunft vorbehält, wenn es keinen Staat mehr geben wird.

Einwürfe

I.

Prüfen wir jetzt die hauptsächlichsten Einwürfe, die man gegen den Kommunismus erhebt. Die meisten derselben beruhen offenbar auf einem einfachen Missverständnis; aber einige betreffen zu wichtige Fragen, als dass wir ihnen nicht unsere ganze Aufmerksamkeit zuwenden müssten.

Es ist keineswegs unsere Pflicht, die Einwürfe, welche man dem autoritären Kommunismus macht, zurückzuweisen: wir machen sie selbst. Die zivilisierten Nationen haben zu viel in dem Kampfe für die Befreiung des Individuums gelitten, als dass sie ihre Vergangenheit verleugnen und eine Regierung dulden könnten, welche für die kleinsten Äußerungen des gesellschaftlichen Lebens Vorschriften erlassen würde, – auch wenn diese Regierung kein anderes Ziel als das Wohl der Allgemeinheit im Auge haben sollte. Wenn jemals eine autoritäre kommunistische Gesellschaft das Licht der Welt erblicken sollte, so wird sie nicht von langer Dauer sein, sie wird bald durch die allgemeine Unzufriedenheit gezwungen sein, entweder sich aufzulösen oder sich nach freiheitlichen Prinzipien zu reorganisieren.

Wir haben es mit einer anarchistisch-kommunistischen Gesellschaft zu tun, mit einer Gesellschaft, die die volle und unumwundene Freiheit des Individuums anerkennt, keine Autorität zulässt und auf jedes Zwangsmittel, um den Menschen zu Arbeit zu zwingen, verzichtet. Indem wir uns nun in unseren Studien auf die ökonomische Seite dieser Frage beschränken, wollen wir sehen, ob diese Gesellschaft, sich aus einem Menschenmaterial wie das heutige, nicht besserem, nicht schlechterem, nicht mehr oder minder arbeitsamem zusammensetzend, Aussichten für eine glückliche Entwicklung hat.

Folgender Einwurf ist wohl bekannt. – „Wenn die Existenz eines Jeden gesichert ist und wenn die Notwendigkeit, einen Lohn zu verdienen, – sagt man nun – den Menschen nicht mehr zwingt, zu arbeiten, so wird niemand mehr arbeiten. Jeder wird auf den Anderen die Arbeit abwälzen, welche er nicht zwangsweise verrichten muss.“ Heben wir zuerst hervor, mit welcher unglaublichen Leichtfertigkeit man diesen Einwurf hinwirft. Man denkt gar nicht daran, dass dieses so viel besagt, als ob man einerseits durch die Lohnarbeit wirklich jene günstigen Resultate erreicht hätte, und als ob andererseits die freiwillige Arbeit, soweit sie heute besteht, unproduktiver sei, als die durch einen Lohn angestachelte Arbeit. – Dies ist aber eine große Frage, welche ein ernsthaftes Studium erfordert. Jedoch, während man sich in den exakten Wissenschaften über viel weniger wichtige und komplizierte Gegenstände nur nach den gewissenhaftesten Forschungen ausspricht, sorgsam und fleißig Belege sammelt, die Tatsachen sorgsam prüft – begnügt man sich hier mit einem beliebigen Faktum – z. B. mit dem Fehlschlagen des Planes einer kommunistischen Gemeinde in Amerika, und zieht daraus die wichtigsten Schlussfolgerungen. Man macht es wie der Advokat, der in dem Advokaten der Gegenpartei nicht den Repräsentanten einer Ansicht sieht, sondern nur einen einfachen Gegner im Redestreit, und wenn man nur glücklich genug ist, eine Parade zu finden, dann bekümmert man sich nicht weiter darum, was wahr oder unwahr ist.

Dies ist auch der Grund, weswegen das Studium, auf dem die gesamte politische Ökonomie beruht, – das Studium der günstigen Bedingungen, unter welchen der Gesellschaft die größtmögliche Menge nützlicher Güter bei einem möglichst geringen Verlust von menschlichen Kräften gesichert sein kann – keine Fortschritte macht. Man beschränkt sich auf diesem Gebiete damit, Gemeinplätze zu wiederholen, oder man schweigt sich aus.

Was diese Leichtfertigkeit umso frappierender macht, das ist der Umstand, dass man selbst schon in der bürgerlichen politischen Ökonomie Schriftsteller findet, die durch die Macht der Tatsachen dazu geführt werden, jenes Axiom der Begründer ihrer Wissenschaft, jenes Axiom, nach welchem die Furcht vor dem Hunger das stärkste Mittel sei, um den Menschen zu produktiver Arbeit zu veranlassen, in Zweifel ziehen. Sie fangen an, einzusehen, dass in der Produktion ein gewisses kollektives Moment mehr und mehr Geltung gewinnt, ein Moment, das bis heute wenig berücksichtigt geblieben ist, das aber von größerer Wichtigkeit und Triebkraft als die Aussicht auf persönlichen Gewinn werden kann. Die schlechte Qualität der Lohnarbeit, der erschreckende Verlust menschlicher Arbeitskraft bei den Arbeiten der modernen Landwirtschaft und Industrie, die immer wachsende Anzahl von Müßiggängern, welche den Anderen wieder zur Last fallen, das Fehlen jedes frischen Lebenshauches in der Produktion, – alles dieses beginnt schon die Ökonomisten der „klassischen Schule“ zu beschäftigen und stutzig zu machen. Einige von ihnen fragen sich schon, ob sie nicht einen Fehlschluss machen, wenn sie auf den Menschen als ein Wesen schließen, das ein Ideal von Hässlichkeit ist, welches ausschließlich durch die Hoffnung auf Gewinn und Lohn geleitet wird. Diese Ketzerei dringt selbst schon in die Universitäten: man wagt sie schon in den Büchern der ökonomistischen Orthodoxie zu äußern. Doch alles dieses verhindert eine sehr große Anzahl sozialistischer Reformatoren keineswegs, Anhänger der individuellen Entschädigung zu bleiben und die alte Zitadelle des Lohnsystems zu verteidigen, selbst in dem Augenblick, wo die früheren Verteidiger sie schon Stein für Stein den Stürmenden überlassen.

Man fürchtete also, dass die Masse ohne Zwang nicht arbeiten wird.

Haben wir nicht in der Geschichte schon zu wiederholten Malen diese Befürchtung aussprechen hören – seitens der Sklavenhalter der Vereinigten Staaten vor der Befreiung der Neger, und seitens der russischen Adligen vor der Befreiung der Leibeigenen? – „Ohne Peitsche wird der Neger nicht arbeiten" – sagten die Sklavenhalter. „Steht der Vogt nicht mehr hinter ihnen, so wird der Leibeigne die Felder unbebaut lassen", sagten die russischen Grafen. – Dasselbe Lied wurde von den französischen Adligen im Jahre 1789 gesungen, dasselbe Lied im Mittelalter, dasselbe Lied, so alt wie die Welt, hören wir auch heute jedes Mal, wenn es sich darum handelt, eine menschliche Ungerechtigkeit aus der Welt zu schaffen.

Und jedes Mal hat die Wirklichkeit ein schlagendes Dementi gegeben. Der befreite Bauer vom Jahre 1792 verrichtete seine Feldarbeit mit einer Energie, die seinen Vorfahren unbekannt war. Der befreite Neger leistete mehr als seine Väter; und nachdem der russische Bauer den Honigmond seiner Befreiung dadurch gefeiert hatte, dass er den „Heiligen Freitag" in gleicher Weise als den Sonntag ehrte, hat er seine Arbeit wieder aufgenommen und zwar um so intensiver, je vollkommener seine Befreiung gewesen war. Da, wo kein Mangel an Land war, bebaute er die Felder mit Leidenschaft.

Das alte Lied der Sklavenbarone kann wohl für die Besitzer der Sklaven Bedeutung haben. Was die Sklaven selbst betrifft, so wissen sie, was es wert ist: sie kennen seine Motive.

Übrigens, haben denn nicht die Ökonomisten selbst gelehrt, dass, wenn schon der Lohnsklave eine leidlich gute Arbeit liefert, eine wirklich intensive und produktive Arbeit nur von dem Manne erlangt werden kann, der sein Wohlergehen im Verhältnis zu seinen Anstrengungen wachsen sieht? Alle Lobgesänge, die zu Ehren des Eigentums angestimmt werden, laufen auf dieses Axiom hinaus.

Denn – und dies ist sehr bemerkenswert – wenn die Ökonomisten in ihren Verherrlichungen des Eigentums uns zeigen, wie ein unbebautes Land, ein Sumpf oder ein steiniger Boden sich mit reichen Ernten bedeckt unter der harten Arbeit des Bauern als Eigentümer, so beweisen sie damit keineswegs etwas zu Gunsten des Eigentums.

Mit der Voraussetzung, dass die einzige Garantie, um nicht der Früchte seiner Arbeit beraubt zu werden, in dem Besitze der Arbeitsinstrumente besteht – was unbestreitbar ist –, beweisen sie einzig, dass nur der Mensch wirklich produziert, der in voller Freiheit arbeitet, der eine gewisse Auswahl in seinen Beschäftigungen hat, der nicht unter einer peinlichen und hinderlichen Überwachung steht, der da sieht, dass ihm wie allen Anderen, die gleich ihm tun, der Nutzen seiner Arbeit zufällt und nicht dem ersten besten Müßiggänger.

Was die Form des Besitzes an den Arbeitsinstrumenten anbetrifft, so läuft dieses Moment in ihrer Beweisführung nur indirekt und zu dem Zwecke mit unter, um dem Bauer zu versichern, dass niemand ihm den Gewinn an seinen Produkten und seinen Bodenverbesserungen rauben wird. Um ihre These zugunsten des Privateigentums gegenüber jeder anderen Form des Besitzes zu erhärten, müssten uns die Ökonomisten den Beweis liefern, dass unter der Form des Gemeindeeigentums die Erde niemals ebenso reiche Ernten getragen hat, als in der Zeit, wo ihr Besitz ein persönlicher war. Doch dieses haben sie nie bewiesen; man kann sogar das direkte Gegenteil konstatieren.

In der Tat, nehmen wir z. B. eine Kommune des Kantons Waadt zu einer Zeit, wo alle Dorfbewohner im Winter in den Gemeindewald gehen und gemeinschaftlich das Holz schlagen. Gerade an diesen „Festen" der Arbeit offenbart sich der intensivste Hang zur Arbeit und die höchste Entfaltung menschlicher Kraft. Keine Lohnarbeit, nicht die harten Mühen eines Privateigentümers würden dagegen den Vergleich aushalten.

Oder nehmet auch ein russisches Dorf, dessen gesamte Bewohnerschaft eine der Kommune gehörige oder von dieser gepachtete Wiese zu mähen geht, – da werdet Ihr erfahren, was der Mensch produzieren kann, wenn er in Gemeinschaft für ein gemeinschaftliches Ziel arbeitet. Die Dorfgenossen wetteifern untereinander, wer von ihnen die breiteste Schwade zieht, die Frauen beeilen sich, um nur nicht beim Häufeln des Grases hinter den Männern zurückzubleiben. Wir haben es hier mit einem förmlichen Fest der Arbeit zu tun, währenddessen hundert Personen in einigen Stunden das vollbringen, was ihre Arbeit, getrennt geleistet, nicht in mehreren Tagen zustande gebracht hätte. Welchen traurigen Kontrast bildet demgegenüber die Arbeit des isolierten Eigentümers!

Kurz, man könnte Tausende von Beispielen zitieren: Blicket nur auf die Pioniere Amerikas, in die Dörfer der Schweiz, von Deutschland, Russland und einigen Teilen Frankreichs; auf die Arbeiten, die in Russland durch 'Artelen' von Maurern, Zimmerleuten, Schiffern, Fischern usw. verrichtet werden, welche einen ganzen Auftrag übernehmen, sich direkt in die Produkte oder auch in die Entschädigung teilen, und zwar ohne zu der Vermittlung von Unternehmern ihre Zuflucht zu nehmen. Man könnte noch die gemeinschaftlichen Jagden der Nomadenstämme und eine unendliche Zahl von gemeinschaftlichen und herrlich ausgeschlagenen Unternehmen erwähnen. Überall würde man eine unbestreitbare Überlegenheit der gemeinschaftlichen Arbeit, verglichen zu der des Lohnarbeiters oder des einfachen Besitzers, konstatieren können.

Der Wohlstand, d. h. die Befriedigung der physischen, künstlerischen und geistigen Bedürfnisse und eine ständigere Gewährleistung dieser Befriedigung haben immer den mächtigsten Stachel zur Arbeit gebildet. Und während der Lohnsklave kaum dazu gelangt, das dringend Notwendige zu produzieren, entfaltet der freie Arbeiter, welcher Wohlstand und Luxus für sich und die Anderen im Verhältnis zu seinen Anstrengungen wachsen sieht, unendlich viel mehr Energie und Intelligenz und erzielt Produkte nicht nur erster Qualität, sondern auch im Überfluss. Der Eine fühlt sich ständig dem Elend überliefert, der Andere kann in der Zukunft auf Muße und Genuss rechnen.

Und hier liegt auch das Geheimnis. Darin besteht auch der Grund, warum eine Gesellschaft, welche das Wohlergehen aller zum Ziel hat und Allen die Möglichkeit bietet, das Leben in seinen gesamten Manifestationen zu genießen, freiwillig eine unendlich bessere und höhere Arbeitsleistung zutage fördern wird, als man bisher unter dem Stachel der Sklaverei, der Leibeigenschaft und des Lohnsystems erreicht hat.

II.

Wer heute die für seine Existenz unerlässliche Arbeit irgendwie auf Andere abwälzen kann, beeilt sich, dies zu tun; und man nimmt nun an, dass dem immer so sein wird.

Die für die Existenz unerlässliche Arbeit ist aber wesentlich Handarbeit. Wir mögen Künstler, Gelehrte usw. sein; doch keiner kann der Produkte, die im Allgemeinen nur durch die Handarbeit hergestellt werden, des Brotes, der Kleidung, der Straßen, der Schiffe, des Lichtes, der Wärme usw., entbehren. Und noch weiter: so hoher künstlerischer und so feiner metaphysischer Natur unsere Vergnügungen auch sein mögen, es gibt kein einziges unter ihnen, das nicht auf der Handarbeit beruht. Und gerade dieser Arbeit – dem Lebensfundament – sucht sich ein Jeder zu entziehen.

Wir begreifen dies vollkommen. Es muss sogar heute so sein.

Eine Handarbeit verrichten, bedeutet gegenwärtig, täglich 10 und 12 Stunden in eine ungesunde Fabrik eingeschlossen und zehn, dreißig Jahre, sein ganzes Leben hindurch an diese gleiche Qual gefesselt zu sein.

Es bedeutet, sich zu einem elenden Lohn verdammt zu sehen, fortwährend in Unsicherheit für den nächsten Tag zu sein, ständig das Gespenst der Arbeitslosigkeit und des Elends vor Augen zu haben, häufiger noch dem Tode im Hospital geweiht zu sein, dies, nachdem man vierzig Jahre hindurch sich abgemüht hatte, Andere zu ernähren, zu kleiden, Anderen anstatt sich und seinen Kindern Vergnügungen und Bildung zu schaffen.

Es bedeutet, sein ganzes Leben in den Augen Anderer den Stempel der Sklaverei zu tragen und auch selbst dieses Bewusstsein zu haben; denn – was auch alles jene klugen Herren reden mögen – der Handarbeiter wird heute immer als dem Kopfarbeiter unterlegen angesehen, und derjenige, der zehn Stunden in der Werkstatt geschafft hat, hat weder die Zeit noch die Möglichkeit, sich den hohen Genüssen der Wissenschaft und der Kunst hinzugeben; er muss sich mit den Brocken begnügen, die von dem Tische der Privilegierten fallen.

Wir begreifen also vollkommen, dass unter diesen Umständen die Handarbeit als ein Fluch des Schicksals betrachtet wird.

Wir begreifen, dass sich Alle nur dem einen Traume hingeben, nämlich für sich selbst oder wenigstens für ihre Kinder die untergeordnete Lage zu überwinden, sich eine „unabhängige" Situation zu schaffen – was heute so viel heißt, als auf Kosten anderer zu leben.

So lange es eine Klasse von Handarbeitern und eine andere Klasse von „Kopfarbeitern" gibt – schwarze schwielige und weiße zarte Hände – wird es auch so bleiben.

Welches Interesse könnte diese abstumpfende Arbeit für den Arbeiter haben? Er weiß, was seiner wartet von der Wiege bis zum Grabe: in Mittelmäßigkeit, Armut und Unsicherheit zu leben. Wenn man jene ungeheure Menge von Menschen jeden Morgen ihre traurige Tätigkeit wieder aufnehmen sieht, so kann man nur staunen, wie beharrlich, wie zugeneigt und gewohnt sie der Arbeit sind. Sonst wäre es unmöglich, dass sie, gleich einer

Maschine, welche nach einmal gegebenem Anstoß mechanisch weiterläuft, dieses Leben voller Elend führen könnten, ein Leben ohne Hoffnung für den nächsten Tag, ohne dass das Morgenrot sich eines Tages ankündigte, an welchem sie oder wenigstens ihre Kinder endlich einmal Mitglieder der Menschheit werden – der Menschheit, die so reich sein könnte durch all die Schätze der freien Natur, so glücklich durch all jene Freuden, welche das Wissen, die wissenschaftliche und künstlerische Schöpfung in sich birgt, durch Genüsse, welche heute nur den Bevorrechteten zugänglich sind.

Gerade um dieser Trennung zwischen Hand- und Kopfarbeitern ein Ziel zu setzen, wollen wir das Lohnsystem abschaffen, wollen wir die soziale Revolution. Dann wird die Arbeit nicht mehr als ein fluchwürdiges Los betrachtet werden: sie wird werden, was sie sein sollte: die freie Betätigung der menschlichen Fähigkeiten.

Es wird übrigens endlich einmal Zeit, die Legende, dass man unter der Fuchtel des Lohnsystems die best- und größtmögliche Arbeitsleistung erreiche, einer ernsthaften Analyse zu unterziehen.

Man besuche nur einmal, nicht eine jener Mustermanufakturen oder Fabriken, welche sich hier und da ausnahmsweise finden, sondern eine rechte Durchschnittsfabrik und man wird sich jener ungeheuren Verschwendung menschlicher Arbeitskraft, welche die gegenwärtige Industrie charakterisiert, bewusst werden. Auf eine mehr oder weniger rationell organisierte Fabrik gibt es hundert oder mehr, welche die Arbeit des Menschen, diese kostbare Kraft, verschleudern, und zwar ohne ein ernsteres Motiv als dem Besitzer vielleicht täglich zwei Sous mehr einzutragen.

Hier sehet Ihr junge Männer von 20 bis 25 Jahren mit eingebogener Brust, unter fieberhaft zittrigen Bewegungen von Kopf und Leib den ganzen Tag auf einer Bank sitzen, um mit der Geschwindigkeit eines Taschenspielers die Enden von Baumwollfäden zusammenzuknüpfen, die man aus der Spitzenwerkstatt zurückgeschickt hat. Welche Generation werden diese zitternden und schwindsüchtigen Körper der Erde hinterlassen?

Doch ... „ sie nehmen wenig Raum in der Fabrik fort und sie bringen mir täglich pro Kopf 50 Centimes ein", wird der Arbeitgeber sagen.

Doch sehet Ihr in einem ungeheuren Etablissement Londons Mädchen, die mit 17 Jahren ihr Kopfhaar verloren haben, weil sie aus dem einen Saal in den anderen Tabletts mit Streichhölzern auf dem Kopfe tragen müssen, die man ebenso gut durch eine äußerst einfache Maschine nach den verschiedenen Tischen transportieren könnte. Aber ... „die Arbeit der Frauen, die kein Spezialhandwerk kennen, kostet so wenig! Wozu da eine Maschine! Wenn diese Mädchen untauglich sein werden, so wird man sie eben durch andere ersetzen ... es gibt deren so viele auf der Straße."

Auf dem Trottoir vor dem Hause eines Reichen findet Ihr in eisiger Nacht ein barfüßiges, schlafendes Kind mit einem Paket Zeitungen unter dem Arm ... Sie kostet so wenig, die Kinderarbeit, so wenig, dass man sie sehr gut dazu verwenden kann, allabendlich für einen Franc Journale zu verkaufen, für welche Mühe dann jener arme Knabe vielleicht 2 oder 3 Sous bezieht. Ihr sehet endlich den kräftigen Mann mit untätigen Armen einhergehen; er feiert während ganzer Monate, während seine jugendliche Tochter sich in der überheizten, dampfigen Fabrik bei der Appretur von Tuchen abquält und während sein Sohn mit der Wichskruke an der Straßenecke steht und ganze Stunden wartet, bis ihn endlich ein Vorübergehender 2 Sous verdienen lässt.

Und so ist es überall, von San Francisco bis Moskau, von Neapel bis Stockholm. Die Verschwendung menschlicher Arbeitskräfte ist der vorherrschende und charakteristischste Zug unserer Industrie – des Handels gar nicht zu erwähnen, wo sie noch unglaublichere Proportionen annimmt.

Welche traurige Satire liegt in dem Worte „politische Ökonomie", das man für eine Wissenschaft anwendet, welche die Verschwendung der Arbeitskraft unter dem Lohnsystem zum Ziel hat.

Doch das ist nicht einmal alles. Wenn Ihr mit dem Leiter einer wohlorganisierten Fabrik sprecht, so wird Euch dieser ganz naiv erklären, dass es heute schwierig wäre, einen geschickten, energischen Arbeiter, der sich seiner Arbeit wirklich mit Lust hingibt, zu finden. – „Wenn sich ein solcher", so wird er sagen, „unter den zwanzig oder dreißig, die jeden Montag kommen und um Arbeit betteln, vorstellt, so stellt man ihn sicher ein, selbst wenn man gerade im Begriff war, die Zahl der Arbeiter zu reduzieren. Man kennt ihn auf den ersten Blick heraus und man gibt ihm stets Arbeit; man entlässt dann am folgenden Tage einen gealterten oder weniger tätigen Arbeiter." Und der Entlassene, wie alle Diejenigen, die morgen entlassen werden, verstärkt die Zahl der ungeheuren Reservearmee des Kapitals, jener arbeitslosen Arbeiter, die man zur Ausübung ihres Berufes einstellt – in eiligen Momenten oder wenn es den Widerstand von Streikenden zu brechen gilt. Oder dieser Auswurf der besseren Fabriken, dieser „schlechtere Arbeiter schließt sich vielleicht der ebenso gewaltigen Armee der gealterten Arbeiter oder der Arbeiter zweiten Ranges an, die fortwährend zwischen den Fabriken zweiter Ordnung hin und her fluktuieren, den Fabriken, die kaum ihre Unkosten decken und sich durch Tricks und Fallen, die sie dem Käufer und namentlich dem Konsumenten ferner Länder stellen, aus der Verlegenheit ziehen müssen.

Und wenn Ihr mit dem Arbeiter selbst sprecht, so werdet Ihr erfahren, dass es allgemeiner Brauch in den Werkstätten ist, *nicht* das zu leisten, was man zu leisten imstande ist. Wehe demjenigen, der in einer englischen Fabrik nicht diesem Rate, den er von seinen Kameraden beim Eintritt in sie empfängt, Folge leistet!

Die Arbeiter wissen eben, dass, wenn sie in einem Augenblick von Großmut dem Drängen des Arbeitsherrn nachgeben und einmal intensiver arbeiten, um vielleicht dringende Aufträge fertigzustellen, diese nervöse Arbeit in Zukunft als Regel gefordert und als Durchschnittsarbeit in der Lohnskala behandelt werden wird. In neun Fabriken auf zehn zieht man es heute vor, nicht nach seiner Leistungsfähigkeit zu produzieren. In gewissen Industrien setzt man auch die Produktion herab, um hohe Preise zu erhalten, und bisweilen bedient man sich auch der Parole „Ca'canny“ (Sabot), welches bedeutet: „Für eine schlechte Bezahlung eine schlechte Arbeit.“

Dem Lohnarbeiter geht es wie dem Leibeignen: er kann und darf nicht das leisten, was er leisten könnte. Und es wäre endlich an der Zeit, dieser Legende, dass der Lohn das beste Mittel für eine produktive Arbeit ist, ein Ende zu machen. Wenn die Industrie gegenwärtig hundertmal mehr leistet, als zu Zeiten unserer Großväter, so verdanken wir das dem Aufschwung der Chemie und Physik, nicht indes der kapitalistischen Organisation der Lohnarbeit; man ist zu diesen Erfolgen gelangt, trotz jener Organisation.

III.

Diejenigen, welche ernsthaft die Frage studiert haben, leugnen auch keinen der Vorteile des Kommunismus – unter der Bedingung wohlverstanden, dass dieser ein vollkommen freier, ein anarchistischer Kommunismus ist. Sie erkennen an, dass die Arbeit, solange sie mit Geld, selbst unter der versteckten Form von „Bons“ entlohnt wird, und wenn sie selbst in Arbeiterassoziationen, die unter der Leitung des Staates stehen, geleistet wird, doch stets den Stempel des Lohnsystems und seine Nachteile bewahren wird. Sie verstehen, dass das ganze System darunter leiden müsste, selbst wenn die Gesellschaft auch wieder in den Besitz der Produktionsmittel treten sollte. Und sie meinen, dass dank der guten Erziehung, die allen Kindern zuteilwerden würde, dank der arbeitsamen Tugenden einer zivilisierten Gesellschaft, bei der Freiheit, seine Beschäftigungen zu wählen und zu wechseln, und bei dem Reiz, den die Arbeit erhält, wenn sie in Gemeinschaft mit

Gleichgestellten und für das Wohl Aller verrichtet wird, eine kommunistische Gesellschaft keineswegs produzierender Menschen ermangeln würde, welche die Fruchtbarkeit des Bodens bald verdrei- und verzehnfachen und der Industrie einen gewaltigen Aufschwung sichern würden.

Nachdem unsere Gegner dieses vielfach eingeräumt haben, sagen sie jedoch: „Aber die Gefahr wird von jener Minorität der Faulen kommen, die nicht arbeiten wollen, trotz der ausgezeichneten Bedingungen, welche die Arbeit so angenehm machen; Unregelmäßigkeit und Unbeständigkeit werden die Folge sein. Heute zwingt die Perspektive des Hungers selbst die Widerspenstigen, mit den Andern Schritt zu halten. Derjenige, welcher heute nicht zur festgesetzten Stunde erscheint, ist sofort entlassen. Doch kann ein räudiges Schaf die ganze Herde anstecken, und drei oder vier lässige Arbeiter werden alle andern verderben und in die Werkstatt den Geist der Unordnung und Empörung tragen, der die Arbeit unmöglich macht; man wird schließlich wieder zu einem Zwangssystem, das die Arbeiter an ihre Arbeitsstätte fesselt, greifen müssen. Das einzige System nun, welches erlaubt, diesen Zwang auszuüben, ohne das Unabhängigkeitsgefühl des Arbeiters zu verletzen, ist das, welches sie entsprechend der geleisteten Arbeit entschädigt. Jedes andere Mittel würde die fortwährende Intervention einer Autorität einschließen, was dem freien Manne bald widerstreben müsste."

Hiermit glauben wir diesen Einwurf in seiner ganzen Gewichtigkeit wiedergegeben zu haben.

Er gehört augenscheinlich in die Kategorie der Räsonnements, durch welche man auch den Staat, das Strafgesetz, die Notwendigkeit der Richter und des Kerkermeisters rechtfertigt.

„Da es Menschen gibt, – eine schwache Minorität – welche sich nicht den gesellschaftlichen Bräuchen unterwerfen", sagen die Autoritätsanbeter, „so ist es notwendig, den Staat, so kostspielig es auch sein mag, die Autorität, das Tribunal und das Gefängnis aufrecht zu erhalten, selbst wenn diese Institutionen auch die Quelle neuer Übel aller Art sein mögen."

Wir könnten uns nun darauf beschränken, das zu antworten, was wir schon so viele Male gegenüber der Autorität im Allgemeinen gesagt haben: „Um ein mögliches Übel zu vermeiden, nehmt Ihr Eure Zuflucht zu einem Mittel, welches an sich selbst ein größeres Übel ist und gerade wieder die Quelle jener Missbräuche wird, denen Ihr steuern wollt. Denn, vergesset nicht, dass es das Lohnsystem – die Unmöglichkeit, anders zu leben, als dass man seine Arbeitskraft verkauft – gewesen ist, welches das gegenwärtige kapitalistische System, dessen Mängel ihr jetzt allmählich anerkennt, geschaffen hat."

Wir könnten auch sagen, dass dieses hinterherhinkende Räsonnement nichts weiter, als ein Plädoyer zur Entschuldigung des Bestehenden ist. Das gegenwärtige Lohnsystem ist nicht eingesetzt worden, um den Nachteilen des Kommunismus zu begegnen. Sein Ursprung ist ein ganz anderer, ebenso wie der des Staates und des Eigentums. Es ist geboren in der durch Gewalt aufgezwungenen Sklaverei und Leibeigenschaft, von denen es nur eine moderne Modifikation ist. Dieses Argument hat also nicht mehr Gewicht, als alle jene, mittels deren man das Eigentum und den Staat zu entschuldigen sucht.

Wir wollen indes trotzdem diesen Einwand prüfen und sehen, was an demselben Wahres ist.

Erstlich ist noch nicht erwiesen, dass sich eine Gesellschaft, die wirklich auf dem Prinzip der freien Arbeit begründet ist und durch Müßiggänger in ihrem Bestehen bedroht wird, sich nicht gegen diese schützen könnte, ohne sich eine autoritäre Organisation zu geben und ohne auf das Lohnsystem zurückzugreifen.

Nehmen wir eine Gruppe Freiwilliger an, die sich zu einer Unternehmung vereinigt haben und für ihr Gelingen zusammenarbeiten. Ein Genosse bildet eine Ausnahme und fehlt häufig an seinem Posten. Sollte man nun seinetwegen die freie Gruppierung aufgeben, einen Präsidenten wählen, welchem das Recht zustände, Strafen zu verhängen, oder, wie es in der Akademie Brauch ist, Besuchsmarken zu verteilen? Es ist augenscheinlich, dass man weder das Eine noch das Andere tun wird, sondern dass man eines Tages zu dem Kameraden, der die Unternehmung zu gefährden droht, sagen wird: „Mein Freund, wir würden gerne mit Dir zusammenarbeiten; aber wenn Du so häufig an Deinem Posten fehlst oder Deine Arbeit nachlässig verrichtest, so müssen wir uns trennen. Geh Du und suche Dir andere Kameraden, die sich Deine Lässigkeit gefallen lassen.“

Dieses Mittel ist ein so natürliches, dass es heute schon überall, in allen Industrien neben allen möglichen Strafmitteln, Lohnreduktionen, Überwachungen usw. angewendet wird. Ein Arbeiter kann stets noch so pünktlich zur Stelle sein, wenn er aber seine Arbeit schlecht verrichtet, wenn er seine Kameraden durch Lässigkeit oder andere Mängel schädigt, wenn sie sich deswegen entzweien, so hat es ein Ende; er ist durch die Kameraden selbst gezwungen, die Werkstatt zu verlassen.

Man behauptet im Allgemeinen, dass der allwissende Arbeitsherr und seine Aufpasser die Regelmäßigkeit und die gute Beschaffenheit der Arbeit in der Werkstatt garantieren. Nicht diese sind es in Wahrheit, welche in jeder Unternehmung – sei sie noch so einfacher Natur – bei der das Produkt vor seiner Vollendung durch mehrere Hände geht, über die Beschaffenheit der Arbeit wachen; es ist die Werkstatt, die Gesamtheit der Arbeiter selbst. Daher kommt es auch, dass die größten englischen Fabriken so wenig Aufpasser haben – viel weniger, als im Durchschnitt die französischen Fabriken oder die englischen Staatsfabriken.

Es verhält sich damit ebenso, wie mit der Aufrechterhaltung eines bestimmten Moralniveaus in der Gesellschaft mittels der Magistratur. Man behauptet, sie dem Gendarm, dem Richter, dem Stadtsergeanten zu schulden, während es in Wirklichkeit *trotz* des Richters, des Schutzmannes und des Gendarms besteht.

„Viel Gesetze, viele Verbrechen“ – hat man schon lange vor uns gesagt.

Nicht allein für die industriellen Werkstätten gilt dieses, es zeigt sich überall, täglich, in einem Umfange, von dem sich die meisten Bücherwürmer nichts träumen lassen.

Wenn eine Eisenbahnkompagnie, die mit andern Kompagnien föderiert ist, ihren Verpflichtungen nicht nachkommt, mit ihren Zügen sich ständig verspätet und die Waren auf ihren Bahnhöfen unbefördert liegen lässt, drohen die andern Kompagnien nur, die Kontrakte zu annullieren, und dies genügt gewöhnlich schon. Man glaubt im Allgemeinen – wenigstens lehrt man es –, dass der Handel nur mittels der Drohung mit den Gerichten zur Erfüllung seiner Pflichten angehalten werden kann; nichts ist unwahrer als dies. Dort, wo der Verkehr am lebhaftesten ist, wie in London, genügt die Tatsache allein, einen Gläubiger zur Klage gezwungen zu haben, der ungeheuren Majorität der Kaufleute, hinfort jede Geschäftsbeziehung mit dem abzubrechen, der sie mit dem Advokaten in Berührung bringen könnte.

Warum sollte also das, was heute schon zwischen den Arbeitern einer Werkstatt, zwischen den Kaufleuten und den Eisenbahnkompagnien möglich ist, nicht auch in einer Gesellschaft möglich sein, die auf der freiwilligen Arbeit basiert?

Man stelle sie sich doch nur einmal als eine Assoziation vor, die mit jedem seiner Mitglieder folgenden Kontrakt abschlösse: „Wir sind bereit, Euch unsere Häuser, Magazine, Straßen, Verkehrsmittel, Schulen, Museen usw. zur Verfügung zu stellen – unter der Bedingung, dass Ihr Euch Eurerseits vom zwanzigsten bis zum fünfundvierzigsten resp. fünfzigsten Jahre täglich vier oder fünf Stunden einer für die Lebenserhaltung als notwendig anerkannten Arbeit unterzieht. Wählet selbst die Gruppen, denen Ihr Euch anschließen wollt, oder konstituiert eine neue Gruppe, vorausgesetzt, dass sie sich nur die Aufgabe stellt, das anerkannt Notwendige zu produzieren. Und für den Rest Eurer Zeit vereinigt Euch zu Gruppen, mit wem Ihr wollt – zum Zwecke der Erholung in Vergnügungen, wissenschaftlicher oder künstlerischer Tätigkeit ganz nach Eurem Geschmack.

„1.200 bis 1.500 Arbeitsstunden im Jahre, geleistet in einer der Gruppen, welche die Nahrung, die Kleidung, die Behausung produzieren oder in der öffentlichen Gesundheitspflege oder im Verkehrsgebiete usw. tätig sind – das ist alles, was wir von Euch verlangen, um Euch dafür alles das zu garantieren, was diese Gruppen produzieren oder produziert haben. Doch wenn keine der Tausende von Gruppen unserer Föderation Euch aufnehmen will – aus welchem Motive es auch sein möge – wenn Ihr absolut unfähig sein solltet, etwas Nützliches zu produzieren, oder Ihr Euch weigern solltet, es zu tun, nun, so lebet als Isolierte oder wie die Kranken. Wenn wir reich genug sein werden, so dass wir Euch nicht das Notwendige zu versagen brauchen, so werden wir erfreut sein, dieser Menschenpflicht genügen zu können. Ihr seid Menschen und Ihr habt ein Recht, zu leben. Da Ihr Euch aber unter besondere Bedingungen stellen und die Reihen der Genossen meiden wollt, so ist sehr wahrscheinlich, dass Ihr dies in Euren täglichen Beziehungen zu den andern Bürgern zu fühlen bekommen werdet. Man wird Euch betrachten wie ein Gespenst aus der bürgerlichen Gesellschaft und Euch fliehen – sofern nicht Freunde, die in Euch ein Genie entdeckt haben, sich beeilen, Euch von jeder moralischen Verpflichtung zu befreien, indem sie der Gesellschaft die Euch zufallende, für die Lebenserhaltung notwendige Arbeit für Euch mit leisten.

Und wenn Euch auch dies nicht gefällt, so gehet und suchet, ob Ihr anderswo in der Welt für Euch günstigere Bedingungen findet, oder suchet Anhänger zu finden und bildet mit diesen andere Gruppen, die sich nach neuen Prinzipien organisieren. Wir werden die unsrigen vorziehen.“

Das ist, was man in einer kommunistischen Gesellschaft tun könnte, wenn die Müßiggänger so zahlreich werden sollten, dass man sich ihrer zu erwehren hätte.

IV.

Doch wir zweifeln stark daran, dass man diese Eventualität in einer Gesellschaft, die auf der vollständigen Freiheit des Individuums beruht, zu befürchten hat.

In der Tat, trotz des Vorschubs, der dem Müßiggang durch den individuellen Kapitalbesitz geleistet wird, ist jetzt schon der wahrhaft faule Mensch äußerst selten, in den meisten Fällen ist er ein Kranker.

Man sagt sehr häufig in Arbeiterkreisen, dass die Reichen Müßiggänger sind. Es gibt unter ihnen deren allerdings genug, doch bilden sie auch bei ihnen nur die Ausnahme. Im Gegenteil, in jeder industriellen Unternehmung ist man sicher, einen oder mehrere Bourgeois zu finden, die viel, sehr viel arbeiten. Es ist wahr, dass die große Zahl der Reichen ihre günstige Lage dazu benutzt, um sich weniger unangenehmen Arbeiten hinzugeben, und dass sie unter gesunden Nahrungs-, Luft- usw. Bedingungen arbeitet, die es ihr möglich macht, sich ihrer Arbeit ohne große Ermüdung zu entledigen. Dies sind aber gerade auch die Bedingungen, die wir für alle Arbeiter ohne Ausnahme anstreben. Man muss auch sagen, dass dank ihrer privilegierten Stellung die Reichen häufig eine absolut unnütze und häufig sogar für die Gesellschaft schädliche Arbeit verrichten. Die Kaiser, Minister, hohen Beamten, Fabrikleiter, Kaufleute, Bankiers usw. verrichten auch täglich eine Arbeit, die sie als mehr oder weniger lästig empfinden – Alle ziehen ihre Mußestunden denen der zwangsweisen Arbeit vor. Und wenn in neun Fällen auf zehn diese Arbeit eine verderbliche ist, so ist dieselbe deswegen nicht weniger ermüdend. Wenn die Bourgeois Müßiggänger wären, so würden sie schon seit langem nicht mehr existieren. Aber es ist eine Tatsache, dass sie eine große Energie und Arbeitstätigkeit aufwenden, um ihre privilegierte Stellung zu verteidigen. Durch ihre Arbeitstätigkeit haben sie den Grundadel gestürzt, und damit fahren sie fort, die Masse des Volkes zu beherrschen.

In einer Gesellschaft, welche von ihnen täglich nur 4 oder 5 Stunden nützlicher, angenehmer und gesunder Arbeit fordern würde, würden sie diese Mühe gern auf sich nehmen; aber gewiss, sie würden sich nicht jenen furchtbaren Bedingungen unterziehen, unter welchen sie heute die Arbeit durch Andere verrichten lassen. Wenn ein Pasteur nur 5 oder 6 Stunden in den Abzugskanälen von Paris umherginge, glaubet mir, er würde bald ein Mittel gefunden haben, um sie ebenso gesund zu machen, wie sein bakteriologisches Laboratorium.

Was den Müßiggang der ungeheuren Majorität der Arbeiter betrifft, so können nur Ökonomisten und Philanthropen darüber predigen.

Sprechet mit einem intelligenten Industriellen darüber, und er wird Euch sagen, dass, wenn die Arbeiter es sich in den Kopf setzen wollten, lässig zu sein, es würde nichts übrig bleiben, als alle Fabriken zu schließen; denn keine Strenge, kein Spionagesystem könnte etwas dagegen ausrichten. Man hätte nur den Schrecken sehen sollen, der unter den englischen Industriellen ausbrach, als einige Agitatoren die „Ca'canny"-Theorie predigten und den Arbeitern sagten: „Für schlechten Lohn liefert schlechte Arbeit, arbeitet langsam, quält Euch nicht ab, und verderbet, was Ihr nur könnt!" – „Man demoralisiert den Arbeiter, man will die Industrie vernichten!", schrien da diejenigen, welche ehemals gegen die Immoralität des Arbeiters und die schlechte Beschaffenheit seiner Produkte gedonnert hatten. Wenn der Arbeiter das war, als was ihn die Ökonomisten hinstellen – ein Faulpelz, dem man unaufhörlich mit der Entlassung aus der Werkstatt drohen müsse – was hätte dann das Wort „Demoralisation" zu bedeuten?

Wenn man also von einem etwaigen künftigen Müßiggang spricht, so muss man bemerken, dass es sich um eine Minorität, eine unendlich kleine Minorität in der Gesellschaft handeln wird. Und bevor man gegen diese eventuelle Minorität Gesetze erließe, täte man gut, über ihren Ursprung klar zu werden.

Wer mit vorurteilslosem Blick beobachtet, der wird wahrnehmen, dass das in der Schule als „faul" geltende Kind häufig nur ein Kind ist, das schlecht begreift, was ihm schlecht gelehrt worden ist. Sehr häufig ist die vermeintliche Faulheit auch nichts anderes, als Blutmangel im Gehirn, eine Folge der Armut und einer ungesunden Erziehung.

Jener Knabe, faul im Lateinischen und Griechischen, würde wie ein Neger arbeiten, wenn man ihn in die Wissenschaften einzuführen verstände, namentlich wenn dies durch die Vermittlung der Handarbeit geschähe. Jenes Mädchen, das als Null in der Mathematik gilt, würde die erste Mathematikerin ihrer Klasse sein, wenn sie zufällig Jemandem begegnete, der sie durchschaut und ihr zu erklären versteht, was sie in den Anfangsgründen der Arithmetik nicht begriffen hatte. Und jener Arbeiter, lässig in der Fabrik, wird dagegen seinen Garten vom Aufgang der Sonne bis in die sinkende Nacht hinein bestellen.

Es hat Jemand einmal gesagt, dass der Schmutz Stoff ist, der sich nicht an seiner richtigen Stelle befindet. Die gleiche Erklärung trifft für neun Zehntel derer zu, die man „Faule" nennt. Es sind Leute, die auf einen Weg geraten sind, der ihrem Temperament und ihren Fähigkeiten nicht entspricht. Wenn man die Biographien der großen Meister liest, so ist man von der Zahl der „Faulen" unter ihnen betroffen. Sie waren faul, solange sie nicht den rechten Weg gefunden hatten; später arbeitsam bis zum Extrem. Darwin, Stephenson und so viele andere gehören zu diesen „Faulen".

Sehr häufig ist der Faule nur ein Mann, dem es widerstrebt, während seines ganzen Lebens den 18. Teil einer Nadel oder den 100. Teil einer Uhr zu machen. Er würde Überfluss an Energie haben, wenn er sie auf etwas anderes verwenden könnte. Häufig ist er auch ein Revolutionär, der nicht die Idee fassen will, dass er sein ganzes Leben an den Werktisch geschmiedet sein soll und arbeiten muss, um seinem Arbeitgeber tausenderlei Genüsse zu verschaffen, – während er sich klüger als jener weiß und kein anderes Unrecht begangen hat, als in einer Hütte anstatt in einem Palaste geboren zu sein.

Endlich kennt eine gute Zahl der „Faulen“ nicht das Handwerk, durch welches sie gezwungen sind, ihr Leben zu verdienen. Indem sie in dem Gegenstand, der der Arbeit ihrer Hände entstammt, etwas Unvollkommenes sehen und sich vergebens bemühen, ihn besser herzustellen, und bemerken, dass ihnen dies niemals glücken wird wegen der schlechten Arbeitsmethoden, die sie sich einmal angewöhnt haben, werden sie von Hass gegen ihr Handwerk, und da sie kein anderes kennen, gegen die Arbeit überhaupt erfüllt. Tausende von Arbeitern oder verfehlten Künstlern rechnen unter diese Kategorie.

Ganz anders verhält es sich mit dem, welcher in seiner Jugend *gut* Klavier spielen, *gut* den Hobel, die Schere, den Pinsel oder die Feile zu handhaben lernte und dadurch das Bewusstsein hat, dass er etwas *Schönes* vollbringt, dieser wird niemals vom Piano, von der Schere oder der Feile lassen. Er wird ein Vergnügen in seiner Arbeit finden, die ihn nicht ermüden wird, solange sie nicht zu jener Überarbeit wird.

Unter der einen Bezeichnung *Faulheit* gruppiert man also eine ganze Reihe von Resultaten, die den verschiedenen Ursachen geschuldet werden, und von denen jede vielleicht eine Quelle des Nutzens für die Gesellschaft sein könnte, anstatt, wie heute, ein Übel. Unter diesem Begriff hat man, wie bei der Kriminalität, wie in allen Gebieten, welche die Fähigkeiten des Menschen betreffen, Tatsachen zusammengebracht, die gewöhnlich nichts miteinander gemein haben. Man spricht von Faulheit oder Verbrechen, ohne sich auch nur Mühe zu geben, ihre Ursachen zu analysieren. Man beeilt sich, jene zu bestrafen, ohne sich zu fragen, ob die *Strafe* nicht selbst eine *Förderung* der „*Faulheit*“ oder des „*Verbrechens*“ sein konnte.

Das ist der Grund, weshalb eine freie Gesellschaft, wenn sie die Zahl der Müßiggänger in ihrem Schoße wachsen sieht, ohne Zweifel darauf denken wird, nach den Ursachen ihrer Faulheit zu forschen, und sie wird versuchen, sie zu beseitigen anstatt zu Züchtigungsmitteln zu greifen. Wenn es sich, wie wir schon oben sagten, um einen einfachen Fall von Blutarmut handelt, so wird man sich sagen: „Bevor Ihr das Gehirn des Kindes mit Wissenschaft vollpfropft, verschafft ihm erst Blut; kräftigt es, und damit es seine Zeit nicht verliere, führet es auf das Land oder an den Strand des Meeres. Dort in frischer Luft, nicht über Büchern, lehret ihm die Geometrie – indem Ihr beispielsweise mit ihm die Distanzen bis zu den nächsten Felsen abmesset; – es wird dort die Naturwissenschaften lernen, indem es Blumen sammelt oder auf dem Meere fischt, die Physik, indem es sich das Boot erbaut, in welchem es fischen fahren wird. Belastet aber sein Gehirn nicht mit hohlen Phrasen und toten Sprachen. *Macht* nicht erst aus dem Kinde einen „Faulpelz".

Ein anderes Kind mag keinen Sinn für Ordnung und Regelmäßigkeit haben. Lasset die Kinder diesen sich nur selbst und gegenseitig einflößen. Später werden das Laboratorium und die Fabrik, die Arbeit auf einem beschränkten Raum mit vielen Werkzeugen ihnen Methode geben. Machet Ihr sie nicht selbst zu unharmonischen Wesen durch Eure Schule, die keine andere Ordnung als die Symmetrie ihrer Bänke kennt, die aber in ihrem Unterricht ein wahrhaftes Bild des Chaos ist. Sie wird niemals Jemandem Liebe zur Harmonie, Beständigkeit und Methode für die Arbeit beibringen.

Sehet Ihr denn nicht, dass Ihr mit Euren Unterrichtsmethoden, ausgearbeitet von einem Minister für 8 Millionen Schüler, die ebensoviele verschiedene Kapazitäten bedeuten, nur ein System schaffen könnt, das, vom Durchschnitt der Mittelmäßigkeit erdacht, nur gut für Mittelmäßigkeiten sein kann. Eure Schule ist eine Universität der Faulheit, wie Euer Gefängnis eine Universität des Verbrechens ist. Gebet also die Schule frei, schaffet Eure Universitätsgrade ab, appelliert an Freiwillige für den Unterricht, – dort beginnet, anstatt dass Ihr Gesetze gegen die Faulheit macht; Ihr könnt dadurch nur die Faulen in Faulen-Regimenter bringen.

Gebet dem Arbeiter, welcher sich nicht dazu bequemen kann, einen winzigen Teil irgendeines Artikels zu machen, der bei der kleinen Bohrmaschine sich solange abgequält hat, bis er sie schließlich hasst, gebet diesem die Möglichkeit, das Land zu bearbeiten, die Bäume im Walde zu fällen, auf dem Meere gegen den Sturm anzukämpfen, den Weltraum auf der Lokomotive zu durcheilen. Aber machet nicht erst aus ihm einen „Faulpelz", indem Ihr ihn zwingt, während seines ganzen Lebens eine kleine Maschine zu überwachen, die Schraubenköpfe furcht oder Öhre in Nähnadeln bohrt?

Unterdrücket nur die *Ursachen*, welche die „Faulen" machen und glaubet mir, es wird kaum noch Individuen geben, welche wirklich die Arbeit hassen. Man wird keines Arsenals von Gesetzen mehr gegen sie bedürfen.

Das kollektivistische Lohnsystem

I.

In ihren Plänen über die Regeneration der Gesellschaft begehen die Kollektivisten[5] unserer Ansicht nach einen doppelten Irrtum. Sie sprechen davon, das kapitalistische Regime abschaffen zu wollen, und nichtsdestoweniger wollen sie zwei Institutionen, welche die Grundlage dieses Regimes bilden, aufrechterhalten: die Repräsentativregierung und das Lohnsystem.

Was die Regierung, welche sich selbst Repräsentativregierung nennt, anbelangt, so haben wir uns schon häufig über sie ausgesprochen. Es ist uns absolut unverständlich, wie intelligente Männer – und die kollektivistische Partei ermangelt dieser keineswegs – Anhänger von nationalen oder munizipalen Parlamenten bleiben können, und dies nach allen den Lehren, welche die Geschichte uns in Frankreich sowohl wie in England, in Deutschland, in der Schweiz oder den Vereinigten Staaten bezüglich dieses Gegenstandes gegeben hat.

Während wir sehen, dass das parlamentarische Regime überall zu Grunde geht und während überall schon eine Kritik der Prinzipien dieses Systems, nicht bloß mehr seiner Anwendung, erwacht – wie kommt es da, dass revolutionäre Sozialisten dieses Regime, das offenbar zum Tode verdammt ist, noch verteidigen?

Erdacht von der Bourgeoisie, um die königliche Gewalt zu kontrollieren und zu gleicher Zeit ihre Herrschaft über die Arbeiterklasse zu sanktionieren, ist das parlamentarische Regime die Herrschaftsform der Bourgeoisie par excellence. Die Hauptbegründer und -verteidiger dieses Systems haben auch niemals ernsthaft behauptet, dass ein Parlament oder ein Munizipalrat wirklich die Vertretung einer Nation oder einer Stadt bilden könne, die Intelligenzen unter ihnen wissen sehr wohl, dass derartiges unmöglich ist.

---

5 Unsere Sozialdemokraten aller drei Richtungen, die Regierungssozialisten, die Unabhängigen und die Parteikommunisten.

Durch das parlamentarische Regime hat die Bourgeoisie einfach dem Königtum einen Damm entgegensetzen wollen, ohne dem Volke die Freiheit zu geben. Doch in dem Maße, wie sich das Volk seiner selbst bewusst wird und die Mannigfaltigkeit der Interessen wächst, wird ein Funktionieren dieses Systems mehr und mehr unmöglich.

Die Demokraten aller Länder sinnen daher auch vergeblich auf die verschiedensten Palliativmittelchen. Man versucht es mit dem Referendum und findet, dass es nichts taugt. Man spricht von der Proportionalvertretung, der Vertretung der Minoritäten – und andern parlamentarischen Utopien. – Man müht sich, mit einem Wort, mit der Suche nach etwas Unfindbarem ab. Man ist gezwungen, anzuerkennen, dass man sich auf falschem Wege befindet, und das Vertrauen zu einer Repräsentativregierung schwindet.

Ebenso steht es mit dem Lohnsystem: denn, nachdem man die Abschaffung des Privateigentums und das Gemeindeeigentum an den Produktionsmitteln erklärt hat, wie kann man da noch die Aufrechterhaltung des Lohnsystems in der einen oder anderen Form fordern? Und dennoch tun es die Kollektivisten, indem sie die Arbeitsbons predigen.

Man begreift, dass die englischen Sozialisten am Anfange dieses Jahrhunderts zu der Erfindung der Arbeitsbons kommen konnten: Sie suchten eben eine Harmonie zwischen Kapital und Arbeit herzustellen. Sie verabscheuten jeden Gedanken, gewaltsam an dem Eigentum zu rütteln.

Wenn später Proudhon diese Erfindung aufnahm, so ist uns auch dies noch begreiflich. In seinem mutualistischen System suchte er das Kapital weniger offensiv zu machen. Er behielt das individuelle Eigentum, das er im Grunde seines Herzens verabscheute, bei, aber nur, weil er es als Schutz des Individuums gegen den Staat für notwendig hielt.

Dass die mehr oder weniger bürgerlichen Ökonomisten gleichfalls die Arbeitsbons akzeptieren, setzt uns keineswegs in Erstaunen. Es ist ihnen gleichgültig, ob der Arbeiter in Arbeitsbons oder in klingender Münze mit den Bildnissen der Republik oder des Kaisertums bezahlt wird. Ihnen ist nur daran gelegen, dass in dem kommenden Zusammensturz das individuelle Eigentum an den Wohnhäusern und dem industriellen Kapital auf jeden Fall gerettet wird. Und um dieses Eigentum zu retten, werden ihnen die Arbeitsbons sehr gute Dienste leisten.

Vorausgesetzt, dass der Arbeitsbon gegen Edelsteine und Equipagen ausgetauscht werden kann, wird ihn der Hauseigentümer gern bei der Mietszahlung entgegennehmen. Und solange das Wohnhaus, das Feld und die Fabrik isolierten Eigentümern gehören, wird auch ein Zwang bestehen, letztere in irgendeiner Weise dafür zu bezahlen, dass man auf ihren Feldern oder in ihren Fabriken arbeiten oder ihre Häuser bewohnen kann. Der Zwang wird der gleiche sein, ob die Zahlung in Gold, Papier, Geld oder Arbeitsbons, gegen die man jede Ware eintauschen kann, erfolgt.

Wie kann man aber diese neue Form des Lohnsystems – den Arbeitsbon – verteidigen, wenn man annimmt, dass das Haus, das Feld, die Fabrik nicht mehr Privateigentum sind, dass sie der Kommune oder der Nation gehören?

II.

Betrachten wir einmal dieses Entschädigungssystem, wie es von den französischen, deutschen, englischen und italienischen Kollektivisten gepredigt wird, ein wenig näher.

Dasselbe läuft auf folgendes hinaus: Jedermann arbeitet auf den Feldern, in den Fabriken, den Schulen, den Hospitälern usw. Der Arbeitstag wird durch den Staat, dem die Erde, die Fabriken, die Verkehrsmittel usw. gehören, geregelt. Jeder Arbeitstag kann gegen einen „Arbeitsbon" ausgetauscht werden, der, sagen wir, die Worte: „8 Stunden Arbeit" trägt. Mit diesem Bon kann sich der Arbeiter in den Magazinen des Staates oder bei den verschiedenen Korporationen alle Warengattungen verschaffen. Der „Bon" ist teilbar, derart, dass man für eine Stunde Arbeit Fleisch, für zehn Minuten Streichhölzer oder auch für eine halbe Stunde Tabak kaufen kann. Anstatt zu sagen: für 5 Pfennig Seife, wird man nach der kollektivistischen Revolution sagen: „für 5 Minuten Seife".

Die meisten Kollektivisten, getreu dem Unterschied, der von den bürgerlichen Ökonomisten (und von Marx) zwischen „qualifizierter" und „einfacher" Arbeit gemacht wurde, lehren uns, dass die „qualifizierte" oder professionelle Arbeit höher bezahlt werden müsste als die „einfache" Arbeit. So müsste eine Arbeitsstunde des Arztes als gleichwertig mit 2 oder 3 Arbeitsstunden des Krankenwärters oder auch drei Stunden des Erdarbeiters betrachtet werden. „Die professionelle oder qualifizierte Arbeit wird ein Vielfaches der einfachen Arbeit sein", sagt uns der Kollektivist Groenlund, weil diese Arbeit eine mehr und minder lange Lehrzeit erfordert.

Andere Kollektivisten, z. B. die französischen Marxisten, machen diese Unterscheidung nicht. Sie proklamieren „die Gleichheit der Löhne". Der Doktor, der Schullehrer, der Professor werden bezahlt werden (in Arbeitsbons) nach der gleichen Taxe wie der Erdarbeiter. Acht Stunden Hospitaldienst werden denselben Wert wie 8 Stunden Erd-, Fabrik- oder Bergwerksarbeit repräsentieren.

Einige machen noch weitere Konzessionen; sie nehmen an, dass die ungesunde oder unangenehme Arbeit, z. B. diejenige des Kloakenreinigens, nach einer höheren Taxe als die angenehme Arbeit bezahlt werden könnte. Eine Stunde Kloakenreinigungsdienst wird, sagen sie, für 2 Arbeitsstunden eines Sprachlehrers rechnen.

Manche Kollektivisten nehmen auch die Entschädigung en bloc durch die Korporation an. Eine Korporation sagt z. B.: „Hier sind 100 Tonnen Stahl, die Produktion derselben ist durch 100 Arbeiter geschehen und wir haben darauf 10 Tage verwandt; da unser Arbeitstag 8 Stunden gewährt hat, so macht dies 8.000 Arbeitsstunden für 100 Tonnen Stahl und 80 Stunden für eine Tonne.“ Für diese Arbeitsleistung soll ihnen dann der Staat 8.000 Arbeitsbons à eine Stunde geben und diese 8.000 Bons werden dann unter die Mitglieder der Fabrik nach deren Gutdünken verteilt.

Einen anderen Fall gesetzt: 100 Bergleute haben 20 Tage zur Förderung von 8.000 Tonnen Kohle gebraucht; die Tonne Kohlen würde also einem Werte von 2 Arbeitsstunden gleichkommen. Diese 16.000 Bons à 1 Stunde werden der Korporation der Bergleute vom Staate ausgehändigt und diese verteilt sie dann nach Gutdünken unter ihre Mitglieder.

Wenn die Bergleute nun protestierten und sagten: die Tonne Stahl darf nur 6 Arbeitsstunden und nicht 8 kosten; wenn der Lehrer sich seine Tagesarbeit doppelt so hoch entschädigen lassen will als der Krankenwärter – dann tritt der Staat in Funktion und regelt die Differenzen. Das ist in wenigen Worten die Organisation, welche die Kollektivisten aus der sozialen Revolution hervorgehen lassen wollen. Wie man sieht, sind ihre Prinzipien folgende: Kollektiveigentum an den Arbeitsinstrumenten, und Entschädigung des Einzelnen je nach der bei der Produktion aufgewendeten Zeit, unter Berücksichtigung der Produktivität seiner Arbeit. Bezüglich des politischen Regimes würde es der Parlamentarismus sein, gemildert durch das Zwangsmandat und durch das „Referendum“, d. h. das Plebiszit mittels „ja“ oder „nein“.

Bemerken wir erstlich, dass dieses System uns absolut undurchführbar erscheint.

Die Kollektivisten proklamieren zuerst ein revolutionäres Prinzip – die Abschaffung des Privateigentums – und verneinen es nachher wieder durch die Aufrechterhaltung einer Organisation innerhalb der Produktion und Konsumtion, die ihren Ursprung im Privateigentum hat.

Sie proklamieren ein revolutionäres Prinzip und ignorieren die Konsequenzen, die dieses Prinzip unvermeidlich nach sich ziehen muss. Sie vergessen, dass die bloße Tat der Abschaffung des Privateigentums an den Arbeitsinstrumenten (dem Grund und Boden, den Fabriken, den Verkehrsmitteln, den Kapitalien) die Gesellschaft auf absolut neue Bahnen leiten, die gesamte Produktion von Grund auf umwälzen muss – ebenso wohl in ihren Zielen wie in dem Mittel; dass es die Änderung der gesamten täglichen Beziehungen zwischen den Individuen heißt, sobald der Grund und Boden, die Maschine und alle übrigen Arbeitsinstrumente als Gemeinbesitz betrachtet werden.

„Kein Privateigentum", sagen sie – und sogleich beeilen sie sich wieder, das Privateigentum in seinen täglichen Manifestationen aufrechtzuerhalten. Ihr werdet, erwidern wir, eine Kommune sein, was die Produktion anbelangt; die Felder, die Werkzeuge, die Maschinen – alles was bis zum heutigen Tage geschaffen worden ist, die Manufakturen, die Eisenbahnen, die Brücken, die Bergwerke usw., alles wird Euch gehören.

Aber morgen werdet Ihr Euch kleinlich den Anteil streitig machen, den Ihr an der Erschaffung neuer Maschinen, an der Erschließung neuer Bergwerke haben werdet. Ihr werdet genau den Teil abzuwägen suchen, welcher Jedem in der neuen Gesellschaft zufällt. Ihr werdet Eure Arbeitsminuten zählen und werdet darüber wachen, dass Euer Nachbar mit seiner Arbeitsminute nicht mehr kaufen kann als Ihr mit der Eurigen.

Und da die Stunde keinen Maßstab angibt, da in der einen Manufaktur ein Arbeiter 6 Webstühle zugleich bedienen kann, während er in der andern Fabrik nur deren zwei überwachen kann, so werdet ihr die Muskelkraft, die Gehirn- und Nervenenergie, die Ihr verbraucht habt, zu bestimmen versuchen. Ihr werdet genau die Lehrjahre usw. in Anschlag bringen, um den Anteil eines Jeden an dem zukünftigen Produkt nur ja genau bestimmen zu können. Und alles dieses, nachdem Ihr erklärt habt, dass Ihr nicht den Anteil in Rechnung stellet, welchen in der Produktion die Vergangenheit genommen hat.

Für uns ist es aber augenscheinlich, dass sich eine Gesellschaft nicht auf zwei absolut entgegengesetzten Prinzipien, zwei Prinzipien, die ständig miteinander in Widerstreit geraten müssen, basieren lässt. Und die Nation oder die Kommune, die sich eine derartige Organisation gibt, würde gezwungen sein, entweder zum Privateigentum zurückzukehren oder sich unmittelbar in eine kommunistische Gesellschaft umzugestalten.

III.

Wir haben von gewissen kollektivistischen Schriftstellern gesagt, dass sie eine Unterscheidung zwischen qualifizierter oder professioneller Arbeit und einfacher Arbeit fordern. Sie behaupten, dass die Arbeitsstunde des Ingenieurs, des Architekten oder des Arztes als zwei oder drei Arbeitsstunden des Schneiders, des Maurers oder des Krankenwärters gerechnet werden müsste. Dieselbe Unterscheidung muss, wie sie sagen, gegenüber jeder Arbeit, die im Verhältnis zu den Verrichtungen des Tagelöhners eine mehr oder weniger lange Lehrzeit erfordert, gemacht werden.

Nun, diese Unterscheidung machen, heißt alle Ungleichheiten der gegenwärtigen Gesellschaft aufrechterhalten. Es heißt im Voraus eine Scheidungslinie ziehen zwischen den Arbeitern und denen, welche sie zu beherrschen beanspruchen. Es heißt die Gesellschaft in zwei streng voneinander geschiedene Klassen teilen, die Aristokratie des Wissens über dem Plebs der schwieligen Hände thronen lassen, die eine der andern dienstbar machen; die eine soll mit ihren Armen schaffen, um die zu ernähren und zu kleiden, welche ihre Muße dazu benutzen, ihre Ernährer beherrschen zu lernen.

Es bedeutet nichts weiter, als einen der charakteristischen Züge der gegenwärtigen Gesellschaft herausgreifen und ihm die Sanktion der sozialen Revolution geben. Es heißt einen Missbrauch, den man heute schon in der absterbenden alten Gesellschaft verdammt, zum Prinzip zu erheben.

Wir wissen, was man uns erwidern wird. Man wird uns von „wissenschaftlichem Sozialismus“ sprechen. Man wird die bürgerlichen Ökonomisten – und auch Marx – anführen, um zu beweisen, dass die Lohnskala ihre Berechtigung hat, da die „Arbeitskraft“ des Ingenieurs der Gesellschaft mehr gekostet hat als die „Arbeitskraft“ des Erdarbeiters. Und haben uns die Ökonomisten nicht auch wirklich zu beweisen gesucht, dass der Ingenieur 20 Mal so hoch honoriert wird als der Erdarbeiter – weil die „gesellschaftlich notwendigen“ Kosten, um einen Ingenieur zu erzeugen, höher sind als die, welche die Heranbildung eines Erdarbeiters erfordert. Und haben die Marxisten nicht behauptet, dass dieselbe Unterscheidung ebenso logisch und notwendig zwischen den verschiedenen Zweigen der Handarbeit sei? Die mussten so schließen, da Marx, von der Werttheorie Ricardos ausgehend, behauptet hatte, dass die Produkte und die Arbeitskraft sich austauschen nach Maßgabe der in ihnen enthaltenen gesellschaftlich notwendigen Arbeit.

Aber wir wissen auch, was wir von dieser Behauptung zu halten haben. Wir wissen, dass, wenn der Ingenieur, der Gelehrte, der Arzt heute 10 oder 100 mal so hoch bezahlt wird, als der Arbeiter, und wenn der Spinner dreimal so viel als ein Landarbeiter und zehnmal so viel als eine Arbeiterin in den Zündholzfabriken empfängt, dies nicht auf Grund ihrer „Produktionskosten“ geschieht. Es ist dies vielmehr die Folge eines Erziehungs- und Industriemonopols. Der Ingenieur, der Gelehrte und der Arzt beuten ebenso gut ein Kapital – ihr Patent – aus, wie der Bourgeois eine Fabrik oder der Adlige seine Geburtstitel ausbeutete.

Wenn der Arbeitgeber den Ingenieur zuweilen 20-mal höher als den Arbeiter bezahlt, so tut er es auf Grund folgender sehr einfacher Rechnung: „Der Ingenieur kann mir bei der Produktion im Jahre 100.000 Francs ersparen, also – zahle ich ihm 20.000 Francs.“ Und wenn er einen Zwischenmeister findet, der recht geschickt ist, die Arbeiter in Schweiß zu bringen und der ihm jährlich an der Handarbeit 10.000 Francs ersparen kann, so ist er natürlich schnell bei der Hand, demselben 2.000 bis 3.000 Francs jährlich zu geben. Er verausgabt 1.000 Francs im Voraus mehr, weil er darauf rechnet, sie nachher fünffach wieder zu gewinnen; das ist das Wesen des kapitalistischen Regimes. Ebenso verhält es sich auch mit den Differenzen zwischen den Löhnen der verschiedenen Handarbeiten.

Man komme uns nicht und spreche uns von „Produktionskosten“, welche die Arbeitskraft kostet und sage uns, dass ein Student, der seine Jugend lustig auf der Universität verbracht hat, Recht auf einen zehnmal so hohen Lohn hat, als das Kind eines Bergarbeiters, das sich von seinem 11. Lebensjahre in der Grube abquält, oder auch, dass ein Spinner drei- oder viermal so viel an Lohn als ein Landarbeiter beanspruchen darf.

Die Kosten, die notwendig sind, um aus Jemand einen Spinner zu machen, sind nicht drei oder vier Mal so hoch, als die Kosten, welche die Erlernung der Landarbeit erfordert. Der Spinner profitiert einfach von den Vorteilen, in welchen sich die Spinnerei seines Landes im Verhältnis zu den anderen europäischen Ländern, die in dieser Industrie noch zurückstehen, befindet.

Niemand hat übrigens jemals diese „Produktionskosten“ berechnet. Und wenn auch ein Müßiggänger der Gesellschaft mehr kostet als ein arbeitsamer Mensch, so bleibt immer noch zu wissen, ob nicht, alles gerechnet (die Sterblichkeit der Arbeiterkinder, die Blutarmut, die an ihnen nagt, die frühzeitigen Tode usw.), ein robuster Tagelöhner der Gesellschaft mehr kostet, als ein Handwerker.

Will man uns etwa glauben machen, dass z. B. der Lohn von 30 Sous (Mk. 1,20), welchen man der Pariser Arbeiterin zahlt, die 6 Sous (Mk. 0,24) der Bäuerin aus der Auvergne, die über ihrer Klöppelei erblindet, oder die 40 Sous (Mk. 1,60) Tageslohn des Bauern ihre „Produktionskosten“ darstellen? Wir wissen wohl, dass man häufiger für noch weniger arbeitet, wir wissen aber auch, dass man es ausschließlich tut, weil man dank unserer herrlichen Organisation ohne diese schändlichen Löhne des Hungers sterben müsste.

Für uns ist die Lohnskala ein äußerst kompliziertes Produkt von Steuern, staatlicher Bevormundung, Kapitalskonzentration, in einem Wort des Staats- und Kapitalmonopols. Auch müssen wir bemerken, dass alle jene Theorien über die Verschiedenheit der Löhne erst später erfunden worden sind, um die Ungerechtigkeiten, die gegenwärtig bestehen, denen wir indes nicht Rechnung tragen dürfen, zu rechtfertigen.

Man wird sicherlich nicht verfehlen, uns entgegenzuhalten, dass die kollektivistische Lohnskala immerhin einen Fortschritt bedeutet. – Es wird immerhin besser sein, wenn einige Arbeiter einen 2 oder 3 mal so hohen Lohn bekommen im Verhältnis zu dem, welcher heute gang und gäbe ist, als dass der Minister für einen Tag ebenso viel als der heutige Arbeiter in einem Jahre bezieht. Das wird immerhin ein Schritt zur Gleichheit sein.

In unseren Augen wäre es ein zweifelhafter Fortschritt. In eine neue Gesellschaft die Unterscheidung zwischen „einfacher“ und „qualifizierter“ Arbeit einführen, liefe darauf hinaus – wie wir schon einmal sagten –, durch die Revolution eine Brutalität, die wir wohl heute hinnehmen, aber nichtsdestoweniger ungerecht finden, zu sanktionieren und zum Prinzip zu erheben. Es hieße, jene Herren vom 4. August 1789 nachahmen, welche die Abschaffung der feudalen Vorrechte mit effektvollen Phrasen proklamierten, aber diese zu gleicher Zeit sanktionierten, indem sie die Bauern zur Ablösung dieser Vorrechte zwangen und die Feudalherren dadurch unter den Schutz der Revolution stellten. Es hieße auch die russische Regierung nachahmen, die bei der Aufhebung der Leibeigenschaft erklärte, dass der Grund und Boden künftighin den Adligen gehöre, obgleich früher es nur ein unerhörter Missbrauch war, wenn der Herr über das den Leibeigenen gehörige Land verfügte.

Oder um noch ein bekanntes Beispiel zu wählen: Als die Kommune von 1871 beschloss, den Mitgliedern des Kommunalrates fünfzehn Francs täglich zu zahlen, während die auf den Befestigungen kämpfenden Föderierten nur 30 Sous (Mk. 1,20) beziehen sollten, wurde dieser Beschluss schon als ein Akt hoher egalitärer Demokratie mit allgemeinem Beifall begrüßt. In

Wirklichkeit bestätigte die Kommune damit nur die alte Ungleichheit zwischen dem Beamten und dem Soldaten, zwischen der Regierung und dem Regierten. Von Seiten einer opportunistischen Kammer hätte ein derartiger Beschluss wunderbar erscheinen können; die Kommune versündigte sich damit an ihrem revolutionären Prinzip, verdammte es geradezu dadurch.

Wenn wir in der gegenwärtigen Gesellschaft einen Minister ein Jahresgehalt von 100.000 Francs empfangen sehen, während der Arbeiter sich mit tausend oder noch weniger begnügen muss; wenn wir die Zwischenmeister zweimal so hoch als den Arbeiter bezahlt sehen und bemerken, dass auch zwischen den Arbeitern die verschiedensten Lohnsätze von zehn Francs täglich bis zu den 6 Sous (Mk. 0,24) der Bäuerin bestehen, so missbilligen wir das hohe Gehalt des Ministers, ebenso aber auch die Differenz zwischen den 10 Francs des Arbeiters und den 6 Sous des armen Weibes. Und wir sagen: „Nieder mit den Privilegien der Erziehung wie mit denjenigen der Geburt!“ Wir sind Anarchisten, gerade weil wir diese Privilegien hassen.

Sie sind uns schon in der heutigen autoritären Gesellschaft hässlich – und wir sollten sie in einer Gesellschaft dulden, deren erstes Werk die Proklamation der Gleichheit sein sollte?

Das ist auch der Grund, weshalb manche Kollektivisten die Unmöglichkeit einer Aufrechterhaltung der Lohnskala innerhalb einer vom Hauch der Revolution begeisterten Gesellschaft begreifen und sich zu proklamieren beeilen, dass die Löhne in der Zukunftsgesellschaft gleichgestellt werden. Doch sie stoßen auf neue Schwierigkeiten und ihre Gleichheit der Löhne wird sich als ebenso wenig verwirklicht erweisen als die Lohnskala der anderen Kollektivisten.

Eine Gesellschaft, die sich der gesamten sozialen Reichtümer bemächtigt und welche laut das Recht Aller auf diese Reichtümer erklärt hat – welchen Anteil sie auch früher an der Schaffung derselben gehabt haben – wird gezwungen sein, die ganze Idee des Entlohnens der Arbeit, sei es in Geld, in Arbeitsbons oder in irgendeiner anderen Form, aufzugeben.

IV.

„Jedem nach seinen Werken“, sagen die Kollektivisten, oder in anderen Worten: Jeder nach den Diensten, die er der Gesellschaft erwiesen. Und man empfiehlt dieses Prinzip, obgleich es jetzt in Geltung steht, bevor die Revolution die Arbeitsinstrumente und alles, was zur Produktion notwendig ist, in Gemeineigentum verwandelt hat!

Nun, wenn die soziale Revolution so unglücklich sein sollte, dieses Prinzip zu reklamieren, so hieße das die Entwicklung der Menschheit hemmen, es würde bedeuten, das ungeheure soziale Problem, das uns von den vergangenen Jahrhunderten überkommen, ungelöst lassen.

In der Tat, in einer Gesellschaft wie der unsrigen, wo wir sehen, dass der Mensch, je mehr er arbeitet, um so weniger Lohn erhält, konnte dieses Prinzip auf den ersten Blick als ein Schritt zur Gerechtigkeit erscheinen. Im Grunde bedeutet es aber nur die Weihung der früheren Ungerechtigkeiten. Gerade mit diesem Prinzip ist das Lohnsystem auf die Welt gekommen, um schließlich in den schreiendsten Ungerechtigkeiten, allen den Ungeheuerlichkeiten zu endigen; denn gerade mit dem Tage, wo man die geleisteten Dienste in Geld oder jeder anderen Lohnform zu werten begann – mit dem Tage, wo man sagte, dass jeder nur das erhielte, was ihm gelänge, sich für seine Mühen zahlen zu lassen, war die gesamte Geschichte der kapitalistischen Gesellschaft mit der Hülfe des Staates im Voraus geschrieben. Sie war in diesem Prinzip im Keime enthalten.

Sollen wir also auf den Ausgangspunkt zurückkehren und die gleiche Entwicklung von neuem durchmachen. Unsere Theoretiker wollen es: doch glücklicherweise ist es unmöglich. Die Revolution, wiederholen wir, wird eine kommunistische sein; wenn nicht, so wird sie ein neues Blutbad in ihrem Gefolge haben.

Die der Gesellschaft geleisteten Dienste – sei es in der Fabrik oder auf den Feldern, oder auch die moralischen Dienste, sie können nicht in Münzeinheiten gewertet werden. Es kann kein exaktes Wertmaß für das, was man unkorrekter Weise Tauschwert genannt hat, geben und ebenso wenig für den Gebrauchswert.

Wenn wir zwei Individuen Jahre hindurch täglich fünf Stunden für das Allgemeinwohl arbeiten sehen, und zwar in verschiedenen Tätigkeitszweigen, die ihnen gleichmäßig zusagen, so können wir vielleicht sagen, dass, im ganzen genommen, ihre Arbeitsprodukte gleichwertig sind. Doch man kann nicht ihre Arbeit in Stücke zerlegen und sagen, dass das Produkt des einen an jedem Tage, in jeder Stunde, in jeder Minute, gleich dem Produkt des andern innerhalb dieser Zeiten ist.

Man kann wohl sagen, dass der Mensch, welcher während seines ganzen Lebens zehn Stunden täglich gearbeitet hat, der Gesellschaft wohl mehr geleistet hat, als jener, welcher nur fünf Stunden oder überhaupt nicht gearbeitet hat. Doch man kann nicht das nehmen, was er in zwei Stunden produziert hat, und davon sagen, dass es zweimal so viel wert ist als das Produkt einer Arbeitsstunde eines anderen Individuums und es dementsprechend entlohnen. Dies hieße den ganzen innigen Zusammenhang, der zwischen der Industrie, der Landwirtschaft, dem gesamten Leben der modernen Gesellschaft besteht, verkennen, es hieße ignorieren, in einem wie weiten Maße jede Arbeit des Individuums das Resultat früherer und gegenwärtiger Arbeiten der gesamten Gesellschaft ist. Es hieße, sich in der Steinzeit glauben, während wir im Zeitalter des Stahls leben.

Tretet in ein Kohlenbergwerk ein und betrachtet Euch jenen Mann, der bei der gewaltigen Maschine postiert ist, die den Fahrstuhl hinauf- und hinabsteigen lässt. Er hält in der Hand den Hebel, welcher den Gang der Maschine hemmt und wechselt, er senkt ihn und der Fahrstuhl steigt pfeilschnell empor, er hebt ihn und er verschwindet in fabelhafter Schnelligkeit in der Tiefe. Ganz Aufmerksamkeit, verfolgt er mit den Augen einen Zeiger, der ihm auf einer Skala die Stelle des Schachtes bezeichnet, an welchem sich der Fahrstuhl in jedem Augenblicke seines Ganges befindet; und wenn der Zeiger eine bestimmte Stelle erreicht hat, so hemmt er plötzlich den Hebel und der Fahrstuhl hält an dem gewollten Punkte, nicht einen Meter höher oder niedriger. Und kaum hat man die mit Kohlen beladenen Wägelchen in ihm entleert, so schnellt er den Hebel zurück, und der Fahrstuhl steigt von neuem an das Tageslicht empor.

Während 8 und 10 Stunden hintereinander hält er seine Aufmerksamkeit derartig gespannt. Wenn sein Gehirn einen Augenblick erschlafft, so stößt der Fahrstuhl auf, zerbricht die Räder, zerreißt das Kabel, erschlägt Menschen und gebietet der gesamten Arbeit in der Mine Stillstand. Verpasst er zwei oder drei Sekunden bei jedem Hebelschlag, so bedeutet dies in den modernen vervollkommneten Bergwerken eine tägliche Herabsetzung der Förderung um 20 bis 50 Tonnen.

Ist er es, welcher in der Mine den wichtigsten Dienst versieht? Ist es vielleicht der Knabe, welcher ihm durch eine Glocke das Signal zum Hinaufsteigen des Fahrstuhls gibt? Ist es der Bergmann, der jeden Augenblick in der Tiefe des Schachtes sein Leben aufs Spiel setzt und eines Tages durch ein schlagendes Wetter getötet werden wird? Oder der Ingenieur, der auf Grund eines einfachen Additionsfehlers in seinen Berechnungen die Kohlenschicht verliert und auf Stein bohren lässt? Oder endlich der Eigentümer, der sein ganzes Vermögen in das Bergwerk gesteckt hat und vielleicht entgegen allen Berechnungen gesagt hat: „Bohret hier, hier werdet Ihr ausgezeichnete Kohle finden."

Alle Arbeiter, die in der Mine angestellt sind, tragen zur Kohlenförderung nach Maßgabe ihrer Kräfte, ihrer Energie, ihres Wissens, ihrer Intelligenz und ihrer Geschicklichkeit bei. Und wir können sagen, dass alle das

Recht zu leben haben, ihren Bedürfnissen zu genügen, sogar ihren Luxusbedürfnissen, nachdem die Produktion des Notwendigen für Alle gesichert ist. Aber wie können wir ihre Werke abschätzen?

Und dann, – ist die Kohle denn, die sie gefördert haben, ihr Werk? Ist sie nicht auch das Werk jener Menschen, welche die Eisenbahnlinie, die zur Mine führt und die Straßen, welche von allen ihren Stationen ausgehen, erbaut haben? Ist sie nicht auch das Werk derer, die die Felder bestellt und besäet haben, das Eisen gegraben, die Bäume im Wald gefällt, die Maschinen, in denen die Kohlen verbrannt, konstruiert haben und so fort?

Kein Unterschied kann zwischen den Werken der Einzelnen gemacht werden. Sie zu messen nach den Resultaten, führt ins Absurde. Sie zu zerlegen und zu bemessen nach den Arbeitsstunden, führt uns gleichfalls ins Absurde. Es bleibt nur eins: Die Bedürfnisse über die Leistungen zu stellen und zuerst das Recht auf das Leben anzuerkennen, alsdann darauf bedacht zu sein, für den Wohlstand aller derer zu sorgen, welche irgendeinen Anteil an der Produktion nehmen.

Nehmet jeden anderen Zweig menschlicher Tätigkeit, nehmet die Gesamtheit der Lebensmanifestationen. Wer unter uns darf für seine Werke eine höhere Belohnung verlangen? Etwa der Arzt, der die Krankheit geahnt oder der Krankenwächter, der die Heilung durch seine sorgliche Pflege gesichert hat?

Etwa der Erfinder der ersten Dampfmaschine oder jener Knabe, der, müde, die Schnur zu ziehen, die früher zum Öffnen des Ventils, welches den Dampf unter den Kolben gelangen ließ, diente, sie eines Tages an der Kolbenstange befestigte und mit seinen Kameraden spielen ging, ohne im Entferntesten zu ahnen, dass er den wesentlichsten Mechanismus der modernen Maschine – das automatische Ventil erfunden hatte?

Ist es der Erfinder der Lokomotive oder jener Arbeiter aus Newcastle, der auf den Gedanken kam, Holzschwellen unter die Schienen zu legen statt der früheren Steine, die aus Mangel an Elastizität Zugentgleisungen hervorriefen? Ist es der Lokomotivführer oder jener Mann, der durch die Signale die Züge zum Stehen bringt, oder der Weichensteller, der ihnen die Wege öffnet?

Wem verdanken wir das transatlantische Kabel? Jenem Ingenieur, der bei seiner Behauptung, dass das Kabel Depeschen befördern würde, beharrte, während die Weisen der Elektrizität dieses als unmöglich erklärten? Dem Gelehrten Maury, der von den starken Kabeln abzusehen und sie durch kleine von der Stärke eines Spazierstockes zu ersetzen riet? Oder jenen Freiwilligen, gekommen von wer weiß wo her, die Tag und Nacht auf der Schiffsbrücke zubrachten, um jeden Meter Kabel genau zu untersuchen und aus ihnen die Nägel zu entfernen, die von den Aktionären der Seegesellschaften in das isolierende Lager des Kabels getrieben worden waren, um dadurch dasselbe außer Tätigkeit zu setzen?

Und um von der weitesten Domäne, dem ganzen Bereich des menschlichen Lebens mit seinen Schmerzen, Freuden und Unfällen zu sprechen, – könnte nicht jeder daselbst jemanden namhaft machen, welcher ihm den größten Dienst seines Lebens erwiesen hat, und würde er nicht in Entrüstung geraten, wenn man davon spräche, diesen in Geldform abschätzen zu wollen? Dieser Dienst kann nur in einem Wort, einem zur rechten Zeit zufällig gesprochenen Wort bestehen, oder es können Monate und Jahre voller Aufopferung gewesen sein. – Werdet Ihr auch diese Dienste, „die unberechenbaren“, „in Arbeitsbons“ umrechnen?

„Die Werke eines Jeden!“ – Doch die Gesellschaften würden nicht zwei Generationen überleben, sie würden in 50 Jahren verschwunden sein, wenn nicht jeder unendlich viel mehr gäbe, als ihm Geld entschädigt würde oder in „Arbeitsbons“ und irgendwelchen andern bürgerlichen Belohnungen geboten werden könnte. Es hieße die Ausrottung der Menschheit, wenn die Mutter nicht mehr ihr Leben wagte, um das ihrer Kinder zu retten, wenn jeder Mensch nicht manches gäbe, ohne zu rechnen, wenn der Mensch besonders nicht da gäbe, wo er auf keine Entschädigung rechnet.

Und wenn die bürgerliche Gesellschaft im Untergang begriffen ist; wenn wir uns heute in einer Sackgasse befinden, aus der wir nicht entrinnen können, ohne dass wir Säge und Axt an die Institutionen der Vergangenheit legen, so besteht die Schuld gerade darin, dass man zu viel gerechnet hat. Es ist unsere Schuld, dass wir uns zu dem Grundsatze haben hinreißen lassen, nur zu geben, um zu empfangen, d. h. dass wir aus der Gesellschaft eine Handelskompagnie, die auf dem Prinzip des Soll und Habens basiert, machen wollten.

Die Kollektivisten wissen dies übrigens gleichfalls. Sie begreifen allmählich, dass eine Gesellschaft, die dieses Prinzip: „Jedem nach seinen Werken“ auf die Spitze treibt, nicht bestehen kann. Sie ahnen, dass die Bedürfnisse des Individuums nicht immer seinen Werken entsprechen können. Daher sagt denn auch De Paepe:

„Dieses Prinzip – eminent individualistischer Natur – wird schließlich gemildert durch die Intervention der Gesellschaft bezüglich der Erziehung (inbegriffen sind dabei Kleidung, Nahrung usw.) der Kinder und jungen

Männer und durch die Organisation der Gesellschaft zur Unterstützung der Schwachen, der Kranken und der invalid gewordenen alten Arbeiter usw."

Sie ahnen, dass der Mann von 40 Jahren, der Vater dreier Kinder, andere Bedürfnisse hat, als der junge Mann von 20 Jahren. Sie ahnen, dass die Frau, welche ihr Kleines säugt und schlaflose Nächte auf ihrem Pfühl verbringt, nicht die gleichen Werke verrichten kann, als der Mann, der ruhig geschlafen hat. Sie scheinen zu begreifen, dass der Mann und die Frau, die ihre Kräfte bei übermäßiger und vielleicht im Interesse der Gesellschaft geleisteter Arbeit verbraucht haben, sich unfähig fühlen könnten, ebenso viel zu leisten, als diejenigen, welche ihre Stunden angenehm verbracht haben und in der bevorzugten Situation eines Staatsstatistikers ihre „Bons" eingesäckelt haben.

Und sie beeilen sich, ihr Prinzip zu mildern: „Gewiss", sagen sie, „wird die Gesellschaft ihre Kinder ernähren und erziehen. Gewiss wird sie den Greisen und Schwachen zur Seite stehen. Gewiss werden die Bedürfnisse den Grad der Leistungen bestimmen, die sich die Gesellschaft auferlegen wird, um das Prinzip 'Jeder nach seinen Werken!' zu mildern."

Das Mitleid also! Das Mitleid, immer das christliche Mitleid, diesmal durch den Staat organisiert, ist der Beweggrund. Das Haus für die Findelkinder verbessern, eine Versicherung für das Greisenalter und für Krankheitsfälle ins Leben rufen, – und das Prinzip wird gemildert sein! – „Zu verwunden, um nachher zu heilen", – davon können sie nicht loskommen!

Nachdem man also den Kommunismus negiert hat, nachdem man nach Herzenslust über die Forderung „Jeder nach seinen Bedürfnissen" gespottet hat, da bemerken sie schließlich – unsere großen Ökonomisten –, dass sie etwas vergessen haben – die Bedürfnisse des Produzenten. Und sie beeilen sich, dieselben anzuerkennen. Nur überlassen sie es dem Staat, sie zu begutachten, dem Staat die Bestimmung darüber, ob die Bedürfnisse auch im rechten Verhältnis zu den geleisteten Diensten stehen.

Der Staat wird die Almosenpflege übernehmen. Von hier bis zum Armengesetz und dem englischen Workhouse ist es nur ein Schritt. Und nicht einmal mehr ein Schritt, da schon die heutige versumpfte Gesellschaft, gegen welche man revoltiert, sich gezwungen sieht, ihr Prinzip des Individualismus zu „mildern"; auch sie hat schon dem Kommunismus Konzessionen gemacht, und unter der gleichen Form des Mitleids.

Auch sie lässt für einen Sou Mahlzeiten verabreichen, um der Plünderung der Läden vorzubeugen. Auch sie hat Hospitäler – häufig sehr schlechte, bisweilen ausgezeichnete – erbaut, um der Verbreitung von Seuchen in ihrer Mitte vorzubeugen. Auch sie hat, nachdem sie die Arbeit nur stundenweise bezahlt hat, die Kinder derjenigen, die bis an die äußerste Grenze des Elends gekommen sind, in Verwahrung und Pflege genommen. Auch sie trägt den Bedürfnissen Rechnung – aus Mitleid.

Das Elend, wir haben es schon an anderer Stelle gesagt – war die erste Ursache der Reichtümer. Das Elend war es, das den ersten Kapitalisten schuf. Denn bevor man den bösen „Mehrwert", dem man die Schuld an allem beizulegen liebt, aufhäufen konnte, musste man erst die genügende Anzahl armer Teufel haben, die dazu gezwungen wurden, eher ihre Arbeitskraft zu verkaufen als Hungers zu sterben. Das Elend ist es, das den Reichtum geschaffen hat. Und wenn die Zunahme des Elends im Mittelalter eine so rapide war, so rührt dies daher, weil die feindlichen Überfälle und die Kriege, welche den Staatenbildungen und der räuberischen Bereicherung im Orient folgten, die Bande, die ehemals die Agrargemeinden und städtischen Kommunen zusammengehalten hatten, brachen und sie dazu führten, an Stelle der Solidarität, die sie ehemals hochgehalten, das Prinzip der Entlohnung – so teuer den Ausbeutern – zu setzen.

Ist es dieses Prinzip, das aus der Revolution siegreich hervorgehen und dem man wagen sollte, den Namen „soziale Revolution" beizulegen? – Diesen Namen, der den Hungrigen, den Leidenden, den Unterdrückten so teuer ist?

Es wird dem nicht so sein. Denn an dem Tage, wo die alten Institutionen zusammenbrechen werden, wird man Stimmen hören, die da rufen: „Das Brot, die Wohnung, den Wohlstand für Alle!"

Und diese Stimmen werden gehört werden, und das Volk wird sich sagen: Lasst uns zuerst unsern Hunger nach Leben, Lebensfreudigkeit und Freiheit stillen; es war uns nie bisher erlaubt. Und wenn Alle dieses Glück gekostet haben, so werden wir uns an das Werk machen: an die Vertilgung der letzten Spuren des bürgerlichen Regimes und seiner aus den Rechnungsbüchern geschöpften Moral, seiner Philosophie des „Soll und Habens", seiner Institutionen des „Mein und Dein". „Indem wir zerstören, werden wir aufbauen", wie Proudhon sagt, werden wir bauen im Namen des Kommunismus und der Anarchie.

Konsumtion und Produktion

I.

Wir betrachten die Gesellschaft und ihre politische Organisation von einem ganz anderen Gesichtspunkt aus, als die autoritären Schulen; wir gehen vom freien Individuum aus, um zur freien Gesellschaft zu gelangen, während jene bei dem Staate anfangen, um zum Individuum herabzusteigen. Dieselbe Methode verfolgen wir auch für die ökonomischen Fragen. Wir studieren die Bedürfnisse des Individuums und die Mittel, welche es zu ihrer Befriedigung anwendet, bevor wir uns daran machen, über die Produktion, den Handel, die Steuern usw. zu diskutieren.

Auf den ersten Blick scheint dieser Unterschied ein minimaler zu sein. In der Tat wirft er aber alle Errungenschaften der offiziellen politischen Ökonomie über den Haufen.

Öffnet irgendein Werk eines Ökonomisten. Es beginnt mit der Produktion, der Analyse der Mittel, die heute angewendet werden, um den Reichtum zu schaffen: die Arbeitsteilung, die Manufaktur, das Maschinenwesen, die Kapitalakkumulation. Seit Adam Smith bis auf Marx sind alle in dieser Weise vorgegangen. In dem zweiten oder dritten Band seines Werkes wird der Ökonomist erst von der Konsumtion, d. h. von der Befriedigung der individuellen Bedürfnisse diskutieren; und dann beschränkt er sich noch auf die Auseinandersetzung, wie sich die Reichtümer zwischen denen, die sich ihren Besitz streitig machen, verteilen.

Man wird vielleicht sagen, dass dies nur logisch ist; bevor man seine Bedürfnisse befriedigen kann, muss man erst die Befriedigungsmittel schaffen, man muss erst produzieren, um konsumieren zu können. Bevor man aber produziert – muss man da nicht das Bedürfnis nach dem ersehnten Produkt empfunden haben? War es nicht zuerst das Bedürfnis, das den Menschen auf die Jagd trieb, ihn bewog, das Schlachtvieh aufzuziehen, den Boden zu kultivieren, die ersten Werkzeuge herzustellen und später die Maschinen zu erfinden und zu erbauen? Ist es nicht auch das Studium der Bedürfnisse, nach welchem sich die Produktion richten müsste? – Es wäre also wenigstens ganz ebenso logisch, dort anzufangen und alsdann zu sehen, wie man den Bedürfnissen durch die Produktion Genüge schaffen kann.

Und das ist unser Standpunkt.

Wenn wir aber von diesem Gesichtspunkt die politische Ökonomie betrachten, so wechselt sie total ihr Aussehen. Sie hört auf, eine einfache Beschreibung von Tatsachen zu sein und wird eine Wissenschaft mit dem gleichen Rechte, wie die Physiologie: man kann sie dann definieren als das Studium der menschlichen Bedürfnisse und der Mittel, diese mit dem möglichst geringen Verlust an menschlichen Kräften zu befriedigen. Ihr wahrer Name ist dann: Physiologie der Gesellschaft. Sie würde eine Parallelwissenschaft der Physiologie der Pflanzen oder der Tiere sein, die sich ihrerseits das Studium der Bedürfnisse der Pflanzen oder des Tieres und der vorteilhaftesten Mittel, diese zu befriedigen, zum Ziel setzt. In der Reihe der soziologischen Wissenschaften wird alsdann die Ökonomie der menschlichen Gesellschaft den Platz einnehmen, den heute in der biologischen Wissenschaft die Physiologie der organischen Wesen einnimmt.

Wir sagen: „Hier sind menschliche Wesen zu einer Gesellschaft vereinigt. Alle fühlen das Bedürfnis, gesunde Häuser zu bewohnen. Die Höhle des Wilden genügt ihnen nicht mehr. Sie beanspruchen für sich ein solides Wohnhaus, mehr oder weniger komfortabel. – Es handelt sich nun darum, zu wissen, ob bei der gegebenen Produktivität der Arbeit ein Jeder sein Haus erhalten kann, oder was dem im Wege steht."

Und wir sehen sofort, dass jede Familie in Europa vollkommen ein komfortables Haus, wie man es in England oder Belgien erbaut, oder doch eine ihren Ansprüchen entsprechende Wohnung haben könnte. Eine gewisse Anzahl von Arbeitstagen würde genügen, um einer Familie von 7 bis 8 Personen ein niedliches und geräumiges, gesundes und mit Gas erleuchtetes Haus zu schaffen.

Doch neun Zehntel der Europäer haben niemals ein gesundes Haus besessen, weil von jeher der Mann aus dem Volke Tag um Tag, fast unausgesetzt, arbeiten musste, um die Bedürfnisse seines Herrn zu befriedigen; und er hat niemals die nötige Zeit und das notwendige Geld gehabt, um sich das Haus seiner Träume zu erbauen oder erbauen zu lassen. Und er wird auch nicht ein Haus bekommen, er wird ständig in einem wahren Stalle leben, so lange nicht die gegenwärtigen Verhältnisse sich geändert haben.

Wir schlagen, wie man sieht, den entgegengesetzten Weg wie die Ökonomisten ein. Diese verewigen die Gesetze der Produktion, und, indem sie eine Berechnung über die Häuser, die heute jährlich erbaut werden, anstellen, beweisen sie an der Hand der Statistik, dass die neuerbauten Häuser nicht der Nachfrage genügen würden, und daher neun Zehntel der Europäer in Hütten wohnen müssen.

Gehen wir zur Nahrung über: Nachdem sie die Wohltaten der Arbeitsteilung aufgezählt haben, behaupten die Ökonomisten, diese Arbeitsteilung erfordere, dass die einen sich ausschließlich dem Ackerbau und die anderen ausschließlich der Industrie widmen. Die Ackerbauern produzieren so viel, die Manufakturen so und so viel, der Handel leistet und erfordert das und das. Nachdem sie dies festgestellt haben, analysieren sie dann endlich, was Verkauf, was Gewinn, Reingewinn oder Mehrwert, Lohn, Steuer, Bankwesen usw. ist.

Wenn wir ihnen bis dahin gefolgt sind, und eigentlich nicht weitergekommen sind, und sie nun fragen: „Wie kommt es, dass so viele Millionen menschlicher Wesen des Brotes ermangeln, während jede Familie doch den Getreidebedarf von 10, 20 und gar 100 Personen produzieren könnte", so antworten sie damit, dass sie die alte Leier von der Arbeitsteilung, dem Lohne, Mehrwert, Kapital usw. von neuem beginnen. Schließlich kommen sie dann zu dem Schlüsse, dass die Produktion unter ihren gegenwärtigen Voraussetzungen zur Befriedigung aller Bedürfnisse nicht ausreiche, ein Schluss, der, selbst wenn er wahr wäre, gar nicht unserer Frage entspricht, der Frage: Kann der Mensch oder kann er nicht durch seiner Hände Arbeit das Brot produzieren, dessen er bedarf? Und wenn er es nicht kann – was verhindert ihn daran?

Hier sind 350 Millionen Europäer. In jedem Jahre gebricht es ihnen an so und so viel Brot, so und so viel Fleisch, Wein, Eiern und Butter. Es gebricht ihnen an so und so viel Wohnräumen, so und so viel Bekleidungsstücken. Das ist das Minimum ihrer Bedürfnisse. Können sie dies alles produzieren? Und wenn sie es können, wird ihnen dann noch die nötige Muse bleiben, um sich Luxus, Kunstgegenstände zu verschaffen, sich der Wissenschaft und dem Vergnügen hinzugeben – mit einem Wort, sich alles das zu leisten, was nicht zu der Kategorie des unbedingt Notwendigen gehört? Wenn die Antwort bejahend lautet – wer verhindert uns, dahin zu gelangen? Was gilt es zu tun, die im Wege befindlichen Hindernisse hinfortzuräumen? Bedarf es der Zeit dazu? So möge man sich gedulden! Doch verlieren wir nicht das Ziel der ganzen Produktion aus dem Auge: die Befriedigung der Bedürfnisse.

Wenn aber die wichtigsten Bedürfnisse des Menschen unbefriedigt bleiben, – was muss man dann tun, um die Produktivität der Arbeit zu steigern? Welches sind die Gründe der Unproduktivität? Ist es nicht vor allen anderen die Tatsache, dass die Produktion, die Bedürfnisse des Menschen aus den Augen verlierend, eine absolut falsche Richtung angenommen hat, und dass ihre Organisation fehlerhaft ist? Und wenn wir dies konstatiert haben, so lasset uns das Mittel suchen, die Produktion derartig zu organisieren, dass sie wirklich allen Bedürfnissen genügt.

Das ist die einzige Art und Weise, die Dinge zu betrachten, die uns richtig erscheint: die einzige, welche die politische Ökonomie zu einer Wissenschaft machen könnte, – zu der Wissenschaft der sozialen Physiologie.

Wenn diese Wissenschaft einmal die Produktion, wie sie gegenwärtig bei den zivilisierten Nationen, in der Kommune der Hindus oder bei den Wilden in Blüte steht, behandeln würde, dann würde sie gewiss, wie die Ökonomisten, bei einer bloßen Bestätigung der Tatsachen stehen bleiben und nur eine beschreibende Abhandlung, analog den beschreibenden Kapiteln der Zoologie und der Botanik, liefern. Aber sogar diese Beschreibung, wenn sie vom Standpunkt der Ökonomie der Kräfte der Bedürfnisbefriedigung geschrieben würde, könnte dadurch nur an Übersichtlichkeit und wissenschaftlichem Wert gewinnen. Sie würde zur Evidenz beweisen, welche erschreckende Verschwendung mit den menschlichen Kräften im gegenwärtigen System getrieben wird, und man würde mit uns zu dem Schlusse kommen, dass, solange dies währen wird, auch die Bedürfnisse der Menschheit niemals befriedigt werden können.

Das Bild würde aber, wie man sieht, ein total verändertes. Hinter dem Webstuhl, welcher so viele Meter Leinwand webt, hinter der Maschine, welche so viele Stahlplatten durchbohrt, und hinter dem Geldspind, in das so viele Millionen fließen, würde man den Menschen, den Schöpfer der Produktion erblicken, der von dem Bankett, welches er für andere zugerichtet hat, bisher immer ausgeschlossen ist. Man würde auch begreifen, dass die vermeintlichen Wert- und Tauschgesetze nur der Ausdruck (häufig der sehr falsche Ausdruck, weil der Ausgangspunkt ein falscher war) der gegenwärtigen ökonomischen Verhältnisse sind, die sich aber ganz anders gestalten könnten und würden, sobald die Produktion zu dem Zwecke organisiert würde, allen Bedürfnissen der Gesellschaft gerecht zu werden.

II.

Es gibt nicht einen einzigen Grundsatz der politischen Ökonomie, der nicht total verändert erscheinen würde, wenn man ihn von unserem Gesichtspunkte aus betrachtet.

Beschäftigen wir uns z. B. mit der Überproduktion. Es ist dies ein Wort, welches wir täglich hören. Gibt es in der Tat einen einzigen Ökonomisten, Akademiker oder solchen, der es werden will, der nicht Thesen aufgestellt hätte, um die ökonomischen Krisen als aus der Überproduktion resultierend hinzustellen, der nicht gesagt hätte, dass man in einem gegebenen Moment mehr Baumwollstoffe, Tuche, Uhren, produziert, als man bedarf? Hat er nicht auch bisweilen die Kapitalisten, welche stets über den möglichen Verbrauch hinaus produzieren wollten, beschuldigt?

Nun, ein solches Räsonnement erweist sich als falsch, wenn man der Frage wirklich auf den Grund geht. Nennt uns einmal wirklich eine Ware, welche in allgemeinem Gebrauch ist, und von der man wirklich mehr produziert, als man bedarf. Prüfet alle jene Artikel, einen nach dem andern, welche durch die großen Exportländer ausgeführt werden, und Ihr werdet sehen, dass fast alle in ungenügenden Quantitäten gerade für die Einwohner desselben Landes produziert sind.

Es ist nicht ein Überschuss an Getreide, welchen der russische Bauer nach Europa versendet. Die besten Weizen- und Roggenernten im europäischen Russland würden der Bevölkerung gerade nur das gewähren, dessen sie bedarf. Und im Allgemeinen beraubt sich der Bauer selbst des notwendigen Getreides, indem er seinen Weizen und seinen Roggen verkauft. Er tut dies nur, um die Steuern und die Renten zahlen zu können.

Es ist nicht ein Überschuss an Kohle, welchen England nach allen vier Windrichtungen der Welt entsendet, da ihm selbst für seinen heimatlichen und häuslichen Bedarf pro Jahr und Einwohner nur 750 Kilo Kohle bleiben, und da Millionen von Engländern sich zur Erwärmung im Winter des Feuers berauben und es nur anfachen, um sich einiges Gemüse zu kochen. In Wirklichkeit (wir sprechen nicht von Luxusspielwaren) gibt es in dem Lande des größten Exports, in England, nun keine einzige Ware allgemeinen Gebrauchs, deren Produktion beträchtlich genug wäre, um vielleicht mehr als den Bedarf zu decken und wenn man an die Lumpen denkt, die bei einem guten Drittel der Einwohner des vereinigten Königreichs die Stelle von Wäsche und Kleidern einnehmen, so muss man sich doch fragen, ob nicht die exportierten Baumwollstoffe gerade nur die äußersten Bedürfnisse der Bevölkerung decken würden.

Im Allgemeinen exportiert man heute nicht einen Überschuss über den Bedarf, sollten selbst die ersten Exporte einmal diesen Ursprung gehabt haben. Die Fabel von dem Schuster, der keine Stiefel hat, ist aber auch für die heutigen Nationen ebenso wahr, wie sie ehemals für den Handwerker zutreffend war. Man exportiert das Notwendige, und dies geschieht, weil die Arbeiter mit ihrem Lohne nicht das kaufen können, was sie produziert haben, weil der Verkaufspreis einer jeden Sache enthält: die Renten, die Profite und die Zinsen der Kapitalisten und Bankiers.

Nicht allein das immer wachsende Bedürfnis nach Wohlstand bleibt unbefriedigt, sondern das äußerst Notwendige fehlt meistens. Überproduktion besteht also nicht, wenigstens unter diesem Gesichtspunkt; sie ist nur ein Wort, erfunden von den Theoretikern der politischen Ökonomie.

Alle Ökonomisten sagen uns: Wenn es ein begründetes ökonomisches „Gesetz" gibt, so ist es folgendes: „Der Mensch produziert mehr, als er konsumiert." Nachdem er von den Produkten seiner Arbeit gelebt hat, bleibt ihm immer noch ein Rest. Eine Bauernfamilie produziert so viel, dass mehrere Familien sich davon nähren könnten, und so fort.

Für uns entspricht diese Phrase, wenn auch noch so oft wiederholt, deswegen nicht mehr der Wahrheit. Wenn sie bedeuten soll, dass jede Generation der zukünftigen Generation etwas hinterlässt, so wäre es exakt. Ein Landmann pflanzt einen Baum, der 30 oder 40 Jahre, ja ein Jahrhundert leben wird, und von dem noch seine Enkel die Früchte sammeln werden. Wenn er einen Hektar jungfräuliche Erde urbar gemacht hat, so hat sich damit die Erbschaft der kommenden Generationen um ebenso viel vermehrt. Die Landstraße, der Kanal, die Brücke, das Haus und seine Möbel sind ebenso viele Reichtümer, die den folgenden Generationen vermacht werden.

Aber das ist es nicht, worum es sich handelt. Man sagt uns, dass der Bauer mehr Getreide produziert, als er verzehren kann. Man könnte vielmehr sagen, dass der Staat, der von jeher sich einen guten Teil der Produktion in Form von Steuern aneignete, der Priester, der dies in der Form von Zehnten tat, und der Eigentümer, der seine Rente beziehen wollte, dass diese drei Mächte eine ganze Klasse von Menschen geschaffen haben, welche ehemals wohl konsumierten, was sie produzierten, – vielleicht mit Ausnahme des Teiles, den sie für unvorhergesehene Fälle oder in Anlagen in der Form von Bäumen und Landstraßen usw. unverzehrt ließen, – die aber heute gezwungen sind, sich von Kastanien und Mais zu ernähren und Gesindewein zu trinken, weil alles übrige sich der Staat, der Eigentümer, der Pfaffe und der Wucherer aneignet.

Wir ziehen es vor, zu sagen: „Der Bauer konsumiert weniger, als er produziert, weil er gezwungen ist, auf Stroh zu schlafen, sich mit Gesindewein zu begnügen und Roggen zu essen, und die Federn, den guten Wein und den Weizen verkaufen muss.“

Bemerken wollen wir schließlich noch, dass, wenn man die Bedürfnisse des Individuums zum Ausgangspunkt wählt, man notwendigerweise zum Kommunismus gelangen muss, als einer Organisation, die es gestattet, allen Bedürfnissen in der vollkommensten und ökonomischsten Weise zu genügen. Geht man dagegen von der gegenwärtigen Produktion aus, und hat man stets nur den Gewinn oder den Mehrwert im Auge, ohne sich zu fragen, ob die Produktion der Befriedigung der Bedürfnisse entspricht – so kommt man notgedrungenerweise zum Kapitalismus oder auch zum Kollektivismus – beide aber sind nur verschiedene Erscheinungsformen des Lohnsystems.

Wenn man einmal den Bedürfnissen des Individuums und der Gesellschaft, und den Mitteln, deren sich der Mensch während der verschiedenen Entwicklungsphasen zu ihrer Befriedigung bedient hat, die Hauptaufmerksamkeit schenkt, da drängt sich einem auch die Überzeugung auf, dass man die Anstrengungen zu einem gemeinschaftlichen Zwecke vereinigen müsse, anstatt sie den Zufällen der gegenwärtigen Produktion zu überlassen. Man begreift alsdann, dass die Aneignung aller nicht verzehrten Reichtümer durch einige Wenige und ihre Vererbung von Generation auf Generation geschieht. Man konstatiert, dass auf diesem Wege die Bedürfnisse von drei Vierteln der Menschheit unbefriedigt bleiben, und dass die Vergeudung menschlicher Kraft ebenso unnütz wie verbrecherisch ist.

Man begreift endlich, dass der vorteilhafteste Verbrauch aller Produkte der ist, welcher der Befriedigung der dringendsten Bedürfnisse dient, und dass der Nutzwert eines Produktes nicht von einer einfachen Kaprice abhängt, wie man behauptet, sondern von der Befriedigung, welche es den wirklichen Bedürfnissen bringt.

Der Kommunismus – d. h. eine zusammengefasste Betrachtung von Konsumtion, Produktion und Tausch, und eine Organisation, die dem Resultate dieser Betrachtung entspricht – wird also die logische Konsequenz einer derartigen unserer Meinung nach einzig wissenschaftlichen Auffassung der Dinge sein.

Eine Gesellschaft, welche die Bedürfnisse Aller befriedigt, welche wirklich die Produktion zu organisieren versteht, wird außerdem auch reinen Tisch mit gewissen Vorurteilen gegenüber der Industrie machen und an erster Stelle auch mit der Theorie, die so lange von den Ökonomisten unter dem Namen der Arbeitsteilung gepredigt worden ist. Wir werden letztere im folgenden Kapitel behandeln.

Die Arbeitsteilung

Die politische Ökonomie hat sich stets darauf beschränkt, die Tatsachen, welche sie sich in der Gesellschaft vollziehen sah, zu konstatieren und sie im Interesse der herrschenden Klasse zu rechtfertigen. Ebenso verhielt sie sich der Arbeitsteilung, die durch die Industrie geschaffen worden war, gegenüber; sie hat sie vorteilhaft für die Kapitalisten gefunden und hat sie zum Prinzip erhoben.

Betrachtet euch einmal jenen Dorfschmied, sagt Adam Smith, der Vater der modernen politischen Ökonomie. Wenn er nur selten Nägel schmiedet, so gelangt er nur selten dahin, deren zwei- oder dreihundert an einem Tage zu fabrizieren; und dann sind sie noch schlecht. Wenn aber dieser Schmid nie etwas anderes als Nägel fabriziert hat, so fertigt er leicht deren 2.300 im Verlaufe eines Tages an. Und nun beeilt sich Smith, daraus zu schließen: „Teilen wir die Arbeit, spezialisieren wir sie, spezialisieren wir immerfort, haben wir Schmiede, welche nur Nagelköpfe oder Nagelspitzen zu machen wissen; – auf diese Weise werden wir mit großem Vorteil produzieren. Wir werden reich werden."

Was aber die Fragen betrifft, ob der Schmied, der während seines ganzen Lebens dazu verdammt ist, Nagelköpfe zu machen, nicht jegliches Interesse an seiner Arbeit verliert, ob er mit dieser begrenzten Arbeit nicht einzig seinem Arbeitgeber nützt, ob er nicht bald vier Monate von zwölf wird feiern müssen, und ob sein Lohn nicht schnell sinken wird, sobald man ihn durch einen Lehrling ersetzen kann, Smith hat nicht an diese gedacht, als er schrieb: „Es lebe die Teilung der Arbeit; sie ist die wahre Goldgrube, in der sich eine Nation bereichern kann!" und die Anderen jubelten ihm ohne weiteres zu.

Und wenn ein Sismondi oder ein J.B. Say später bemerkten, dass die Teilung der Arbeit, anstatt die Nation zu bereichern, nur die Reichen bereicherte, und dass der Arbeiter, der während seines ganzen Lebens gezwungen war, den achtzehnten Teil einer Nadel zu machen, abstumpfte und im Elend verkam – was schlugen da die offiziellen Herren Ökonomen? Nichts! Sie sagten sich nicht, dass ein Mensch, der sein ganzes Leben einer derartigen maschinenmäßigen Arbeit widmet, seine Intelligenz und Erfindungsgabe verlieren müsse und dass im Gegenteil der Wechsel in den Beschäftigungen eine beträchtliche Vermehrung der Produktivität der Nation zur Folge haben würde. Sie fuhren stattdessen fort, die „Teilung der Arbeit" zu preisen.

Wenn es übrigens nur Ökonomisten wären, welche die permanente und häufig erbliche Arbeitsteilung predigten, so würde man sich dies noch gefallen lassen. Doch diese Ideen, geäußert von den Lehrern der Wissenschaft, prägen sich dem Geist vieler Anderen ein und geben diesem eine verkehrte Richtung. Weil man unausgesetzt von der Arbeitsteilung als längst gelöstem Problem sprechen hört, so wird schließlich Jeder (selbst der Arbeiter) ebenso wie die Ökonomisten zum Verherrlicher dieses Fetisches.

So sehen wir selbst viele Sozialisten, und zwar solche, welche sich nicht gescheut haben, die Irrtümer der Wissenschaft anzugreifen, das Prinzip der Arbeitsteilung hoch achten. Sprecht mit ihnen über die Organisation der Gesellschaft während der Revolution und sie werden Euch antworten, dass die Arbeitsteilung unbedingt aufrechterhalten werden müsse; und wenn Ihr vor der Revolution Nadelspitzen gemacht habt, so werdet Ihr es auch nach ihr tun – allerdings! Ihr werdet während Eures ganzen Lebens Nadeln zuspitzen, während Andere nur Maschinen oder Maschinenprojekte, die Euch während Eures Lebens die Zuspitzung von Milliarden von Nadeln erlauben, machen werden. Andere werden sich einzig den erhabenen Berufen literarischer, wissenschaftlicher, künstlerischer Beschäftigung widmen. Ihr aber seid zum Nadler geboren, wie Pasteur zum Hundswutimpfer, und die Revolution wird den Einen wie den Andern bei seinen Beschäftigungen belassen.

Ein furchtbares Prinzip, das ebenso schädlich der Gesellschaft, wie abstumpfend für das Individuum, und es ist die Quelle einer ganzen Reihe von Übeln, die wir jetzt in ihren verschiedenen Manifestationen andeuten müssen.

Man kennt die Konsequenzen der Arbeitsteilung. Wir sind jetzt in zwei Klassen geschieden: auf der einen Seite die Produzenten, die äußerst wenig verzehren, die nicht denken dürfen, weil sie arbeiten müssen, und die schlecht arbeiten, weil ihr Gehirn untätig bleibt; auf der andern Seite die Konsumenten, welche wenig oder gar nichts produzieren, und das Privilegium haben, für die Andern zu denken, aber schlecht denken müssen, weil ihnen eine ganze Welt, nämlich die der Handarbeiter, unbekannt bleibt. Die

Landarbeiter verstehen nichts von der Maschine, und diejenigen, welche die Maschinen bedienen, nichts von der Feldarbeit. Das Ideal der modernen Industrie ist ein Kind, das eine Maschine bedient, deren Mechanismus es nicht begreifen kann, und Aufseher, welche es mit Strafen belegen, wenn einmal seine Aufmerksamkeit erlahmt. Man sucht sogar den Feldarbeiter gänzlich überflüssig zu machen. Das Ideal der industriellen Landwirtschaft ist ein Maschinist, den man für drei Monate mietet, und der einen Dampfpflug oder eine Dreschmaschine führt. Die Arbeitsteilung ist der Mensch, der für sein ganzes Leben zum Knotenschürzen in einer Weberei, zum Bedienen der Maschine in einer Fabrik, oder zum Wagenstoßen in einem Bergwerk verdammt und geeicht ist und deswegen keine Ahnung von der Gesamtheit der Maschine, der Industrie oder des Bergwerks haben kann; der deshalb die Lust zur Arbeit und jegliche Erfindungsgabe, gerade die Eigenschaften verliert, die im Kindesalter der modernen Industrie jenen Werkzeugsapparat geschaffen haben, auf den wir heute so stolz sind.

Was man für die Menschen getan hat, man wollte es auch für die Nationen tun. Die Menschheit sollte sich in nationale Werkstätten teilen, von denen jede ihre Spezialität hätte. Russland – lehrte man uns – ist von der Natur dazu bestimmt, Getreide zu bauen; England, Baumwollstoffe zu fabrizieren; Belgien, Tuche anzufertigen, während die Schweiz alle Länder mit Dienstmädchen und Erzieherinnen versorgen muss. Innerhalb jeder Nation sollte man sich dann noch weiter spezialisieren: Lyon sollte nur Seidenwaren, die Auvergne nur Spitzen und Paris nur Phantasieartikel machen. Damit wäre, behaupteten die Ökonomisten, der Produktion wie der Konsumtion ein unbegrenztes Feld eröffnet und eine Ära der Arbeit und ungeheuren Reichtums eingeleitet worden.

Doch diese großen Hoffnungen schwanden nach Maßgabe, als das technische Wissen mehr und mehr Allgemeingut wurde. Solange England allein Baumwollen- und Metallwaren im Großen produzierte usw., ging alles gut: man konnte die Arbeitsteilung predigen, ohne ein Dementi befürchten zu müssen.

Aber eine neue Strömung ergreift die zivilisierten Nationen und veranlasst sie, es mit allen Industrien bei sich selbst zu versuchen; sie finden es vorteilhaft, selbst zu fabrizieren, was sie ehemals von anderen Ländern empfingen; und selbst die Kolonien sind schon bestrebt, sich von ihrem Mutterland zu emanzipieren. Wo die Entdeckungen der Wissenschaft allen zugänglich sind, ist es unnütz, künftig noch dem Auslande einen übertriebenen Preis für das zu bezahlen, was man sich leichter selbst produzieren kann. – Ist diese Revolution, welche wir heute in der Industrie erleben, nicht ein Faustschlag ins Gesicht der Theorie der Arbeitsteilung?

Die Dezentralisation der Industrien

I.

Im Ausgang der Napoleonischen Kriege war es England fast gelungen, die in Frankreich am Ende des 18. Jahrhunderts aufblühende Industrie zu erdrücken. Es blieb Herr auf den Meeren und ohne ernsthafte Konkurrenten. Es nutzte diese Lage aus, um sich ein industrielles Monopol zu schaffen; und indem es seinen Nachbarn die Preise für die Waren diktierte, die es nur allein fabrizieren konnte, häufte es Reichtümer über Reichtümer auf und wusste seine privilegierte Situation und alle Vorteile gründlich auszubeuten.

Doch als die bürgerliche Revolution des vergangenen Jahrhunderts die Leibeigenschaft abgeschafft und in Frankreich ein Proletariat erzeugt hatte, nahm die Großindustrie, einen Augenblick in ihrem Laufe gehemmt, einen neuen Anlauf und Aufschwung. Seit der zweiten Hälfte des 19. Jahrhunderts hörte in Folge dessen Frankreich auf, England für manufakturelle Produkte tributpflichtig zu sein. Heute ist Frankreich selbst ein Exportland geworden. Es verkauft an das Ausland für mehr als eine halbe Milliarde Manufakturprodukte, und zwei Drittel dieser Waren sind Stoffe. Man schätzt, dass gegen drei Millionen Franzosen in der Exportindustrie und im Handel tätig sind.

Frankreich ist also nicht mehr der Tributär von England. Es hat vielmehr auch seinerseits gesucht, sich das Monopol für gewisse Zweige des Welthandels zu verschaffen, nämlich für Seiden- und Konfektionswaren; es hat ungeheuren Gewinn daraus gezogen, doch steht es jetzt auf dem Punkt, dieses Monopol auf immer zu verlieren, ebenso wie England auf dem Punkt steht, seines Monopols der Baumwollwaren verlustig zu gehen.

Geht man weiter nach Osten, so findet man, dass sich die Industrie auch in Deutschland eingebürgert hat. Vor 40 Jahren war Deutschland für fast alle Produkte der Großindustrie ein Tributär Englands und Frankreichs. In unseren Tagen ist dem nicht mehr so. Im Verlauf der letzten 25 Jahre und besonders seit dem Krieg 1870/71 hat Deutschland seine Industrie von Grund auf umgestaltet. Seine größeren Fabriken sind heute schon mit den besten Maschinen ausgestattet; die neuesten Schöpfungen industrieller Kunst, welche Manchester auf dem Gebiete der Baumwollwarenproduktion, oder Lyon auf dem der Seidenspinnerei aufzuweisen hat, werden in den neuen deutschen Fabriken verwertet. Wenn es zweier oder dreier Generationen von Arbeitern bedurfte, um die modernen Maschinen Lyons oder Manchesters zu schaffen, so übernimmt Deutschland diese in ihrer ganzen Vervollkommnung. Seine technischen Schulen, angepasst den Bedürfnissen der Industrie, liefern dieser eine Armee intelligenter Arbeiter, praktischer Ingenieure, die mit der Hand wie mit dem Kopf zu arbeiten wissen. Die deutsche Industrie beginnt heute auf denselben Punkt zu kommen, auf den Manchester und Lyon nach fünfzigjährigen Anstrengungen, Versuchen und Irrungen gelangt sind.

Daraus ergibt sich, dass Deutschland, da es am eigenen Herd alles ebenso gut fabriziert, von Jahr zu Jahr seine Importe aus Frankreich und England verringert. Es ist sogar schon deren Rivalin für den Export nach Asien und Afrika geworden, und was noch mehr sagen will, sogar schon auf den Märkten von Paris und London. Die Leute mit engem Gesichtskreise werden sicherlich gegen den Vertrag von Frankfurt zetern; sie werden die deutsche Konkurrenz durch winzige Differenzen in den Eisenbahntarifen erklären; sie werden sagen, dass der Deutsche für einen Hungerlohn arbeitet usw. usw. Doch diese Leute, halten sich nur an die nebensächlichen Punkte einer jeden Frage und übersehen die großen historischen Fakten. Es ist unbestreitbar, dass die Großindustrie – ehemals das Privilegium von England und Frankreich – auch im Osten festen Fuß gefasst hat; sie hat in Deutschland ein junges, energisches Volk und eine intelligente Bourgeoisie gefunden, die ihrerseits profitgierig genug ist, um sich gleichfalls am Exporthandel zu bereichern.

Während Deutschland sich von der englischen und französischen Bevormundung emanzipierte und selbst seine Baumwollwaren, Stoffe, Maschinen – alle Manufakturprodukte in einem Wort – für sich fabrizierte, verpflanzte sich die Großindustrie auch nach Russland, wo die Entwicklung der Manufaktur eine umso überraschendere ist, als sie erst kürzlich daselbst Boden gefasst hat.

In der Epoche der Abschaffung der Leibeigenschaft (im Jahre 1861) hatte Russland fast gar keine Industrie aufzuweisen. Alles, was es an Maschinen, Schienen, Lokomotiven, Luxusstoffen gebrauchte, kam aus dem Okzident. Zwanzig Jahre später besaß es schon mehr als 85.000 industrielle Etablissements, und die Waren, welche sie lieferten, hatten ihren Wert vervierfacht.

Der alte Werkzeugapparat ist verschwunden und durch einen neuen ersetzt. Fast den gesamten Stahl, den Russland heute verbraucht, zwei Drittel der Kohle, alle Lokomotiven, alle Waggons, alle Schienen, fast alle Dampfboote verdankt es heute schon seinem eigenen industriellen Fleiß.

Das Land, das – um mit den Ökonomisten zu reden – dazu bestimmt war, ein ackerbautreibendes zu bleiben, dieses Russland ist ein industrielles geworden. Es bezieht fast nichts mehr von England, sehr wenig noch von Deutschland.

Die Ökonomisten machen die Zölle dafür verantwortlich – doch die Manufakturprodukte werden in Russland zu dem gleichen Preise wie in London verkauft. Das Kapital kennt kein Vaterland: deutsche wie englische Kapitalisten im Gefolge von Ingenieuren und Zwischenmeistern ihrer Nationen haben die Manufakturen nach Russland und Polen verpflanzt, die heute gegen die besten Manufakturen Englands mit Produkten erster Qualität konkurrieren. Man schaffe die Zölle ab, und die Manufakturen der heutigen protektionistischen Länder werden nur dadurch gewinnen. In diesem Augenblick sind englische Ingenieure sogar im Begriff, den Tuch- und Wollexporten des Okzidents den Gnadenstoß zu geben: sie wandern nach dem Süden Russlands und errichten dort große Wollwaren-Manufakturen, die mit den vervollkommnetsten Maschinen Bradfords ausgestattet sind, – in zehn Jahren wird Russland nur noch englische Tuche und französische Wollzeuge als Muster importieren.

Die große Industrie schreitet indes nicht allein nach dem Orient fort: sie verbreitet sich auch über die südlichen Halbinseln Europas. Die Ausstellung in Turin vom Jahre 1884 hat der Welt die Fortschritte der italienischen Industrie vor Augen geführt, und verhehlen wir es uns nicht: der Hass zwischen der französischen und italienischen Bourgeoisie hat keinen andern Ursprung als ihre industrielle Rivalität. Italien emanzipiert sich von der französischen Oberherrschaft; es macht den französischen Kaufleuten im Mittelmeer und im Orient Konkurrenz. Deswegen und aus keinem andern Grunde wird eines Tages an der italienischen Grenze Blut fließen – es müsste denn gerade die Revolution das Vergießen dieses kostbaren Blutes verhindern.

Wir könnten auch die rapiden Fortschritte Spaniens auf dem Wege zur Großindustrie erwähnen. Aber beschäftigen wir uns lieber mit Brasilien. Hatten die Ökonomisten Brasilien nicht für die Ewigkeit dazu verdammt, Baumwolle als Rohstoff zu exportieren und von Europa die verarbeitete

Baumwolle zu importieren? Vor zwanzig Jahren gab es in Brasilien allerdings nicht mehr als neun elende kleine Baumwollmanufakturen mit im Ganzen 385 Spindeln. Heute hat es deren 46; fünf unter ihnen allein verfügen über 40.000 Spindeln und werfen jährlich 30.000.000 Meter Baumwollwaren auf den Markt.

Sogar Mexiko macht sich daran, Baumwollwaren zu fabrizieren, anstatt sie von Europa zu importieren. Und was die Vereinigten Staaten anbelangt, so haben sie sich längst von der europäischen Oberherrschaft befreit. Die Großindustrie hat sich daselbst in enormer Weise entwickelt, sie hat über die Europas den Triumph davongetragen.

Doch Indien ist es, das den Anhängern von der Spezialisation der nationalen Industrien das eklatanteste Dementi geben muss. Man kennt diese Theorie: – Die Kolonien sind den großen europäischen Nationen ein Bedürfnis. Diese Kolonien liefern dem Mutterland die Rohprodukte: die Baumwollfaser, die Naturwolle, die Gewürze usw. Und das Mutterland sendet dafür die Manufakturprodukte, die Brennmaterialien, das alte Eisen in der Form von veralteten Maschinen – kurz alles, dessen es selbst nicht bedarf, das ihm wenig oder nichts kostet, und welches es nichtsdestoweniger in den Kolonien zu einem sehr hohen Preise verkauft.

Dieses war die Theorie, und lange Zeit ist sie auch in Praxis umgesetzt worden. Man gewann große Vermögen in London und Manchester, während man Indien ruinierte. Geht einmal in das indische Museum von London, und Ihr werdet selbst unerhörte, unsinnige Schätze erblicken, die in Kalkutta und Bombay von englischen Kaufleuten zusammengerafft worden sind.

Indes, andere Kaufleute und andere Kapitalisten, gleichfalls Engländer, kamen auf die sehr natürliche Idee, dass es praktischer wäre, die Bewohner Indiens direkt auszubeuten, anstatt von England jährlich für fünf- oder sechshundert Millionen Francs zu importieren.

Anfangs hatte man eine Reihe von Misserfolgen zu verzeichnen. Die indischen Weber – Künstler in ihrem Handwerk – konnten sich nicht in dem Mechanismus der Maschinen zurechtfinden. Die Maschinen, die man von Liverpool gesandt hatte, taugten nichts; außerdem musste man dem Klima Rechnung tragen, sich den neuen Bedingungen erst anpassen, was heute alles geschehen ist. Heute wird das englische Indien eine mehr und mehr drohende Rivalin der Manufakturen des Mutterlandes.

Heute besitzt Indien 80 Baumwollen-Manufakturen, die fast 60.000 Arbeiter beschäftigen, und im Jahre 1885 hatten diese mehr als 1.450.000

Tonnen Baumwollzeug fabriziert. Sie exportieren jährlich nach China, nach dem holländischen Indien und nach Afrika – für fast 100 Millionen Francs – von demselben weißen Baumwollwaren, welches man die Spezialität Englands nannte. Und während die englischen Arbeiter feiern und dem Elend anheimfallen, sind es die indischen Frauen, die gegen eine tägliche Abfindung von 50 Pfennigen mittels Maschinen die Baumwolle verarbeiten, die in den Häfen des äußersten Orients verkauft werden.

Kurz, der Tag ist nicht mehr fern – und die intelligenten Industriellen verheimlichen es sich nicht –, wo man nicht mehr wissen wird, was man mit den „Armen“ tun soll, welche ehemals in England die Baumwolle für den Export spannen. – Doch dies ist nicht alles: aus sehr glaubwürdigen Berichten geht hervor, dass Indien nach Verlauf von 10 Jahren auch keine einzige Tonne Eisen mehr aus England beziehen wird. Man hat die Schwierigkeiten, die sich zuerst für die Verwendung, respektive die Verarbeitung der Kohle und des Eisens Indiens boten, überschätzt, und jetzt erheben sich an den Küsten des indischen Ozeans zahlreiche Eisenwerke – Rivalinnen der englischen Eisenwerke.

Die Kolonie macht dem Mutterlande mit ihren Manufakturprodukten Konkurrenz, das ist das Phänomen, das der Ökonomie des neunzehnten Jahrhunderts so recht eigen ist. Und warum sollte sie es nicht tun?

Was mangelt ihr daran? – Das Kapital? Das Kapital ist überall zu finden, wo es Hungerleider auszubeuten gibt. – Das Wissen? Das Wissen kennt keine nationalen Grenzpfähle. – Die technischen Kenntnisse des Arbeiters? Der erwachsene indische Hindu sollte zurückstehen hinter den 92.000 Knaben und Mädchen unter 15 Jahren, die gegenwärtig in den Textilmanufakturen Englands beschäftigt sind?

II.

Nachdem man einen Blick auf die nationalen Industrien geworfen hat, wäre es vielleicht nicht minder interessant, die Spezialindustrien einer gleichen Betrachtung zu unterziehen.

Nehmen wir z. B. die Seide, ein in der ersten Hälfte dieses Jahrhunderts vorzugsweise französisches Produkt. Man weiß, dass Lyon das Zentrum für die Verarbeitung der Seide war, die man anfangs nur im Süden Frankreichs baute, welche man aber allmählich auch in Italien, Spanien, Österreich, dem Kaukasus und Japan aufkaufte, um sie in Lyon zu verarbeiten. Auf die 5 Millionen Kilo Rohseide, die man im Jahre 1875 in der Gegend von Lyon zu Seidenstoffen verarbeitete, kamen nur 400.000 Kilo französischer Seide.

Doch da Lyon mit importierter Seide arbeitete, warum sollte es da die Schweiz, Deutschland, Russland nicht ebenso machen? Die Seidenspinnerei entwickelte sich allmählich in den Dörfern um Zürich. Auch Basel wurde ein großes Zentrum für Seidenfabrikation. Die Behörden des Kaukasus forderten Frauen von Marseille und Arbeiter von Lyon auf, nach dort zu kommen und den Georgiern die vervollkommnete Zucht der Seidenraupe und den Bauern des Kaukasus die Verarbeitung von Rohseide zu Stoffen zu lehren. Auch Österreich blieb nicht untätig. Und Deutschland errichtete mit der Hilfe von Lyoner Arbeitern große Seidenfabriken. Die Vereinigten Staaten taten das Gleiche in Paterson.

Und heute ist die Seidenindustrie weit entfernt, eine speziell französische Industrie zu sein. Man fabriziert Seidenstoffe in Deutschland, Österreich, den Vereinigten Staaten und England. Die Bauern des Kaukasus weben im Winter die Seidenstoffe zu einem Preise, bei dem die Hausweber von Lyon ohne Brot bleiben würden. Italien versendet Seide nach Frankreich; und Lyon, welches in den Jahren 1870 bis 1874 für 460 Millionen Francs Seide exportierte, exportiert heute nur noch für 233 Millionen Francs. Bald wird Lyon nur noch die besten Qualitäten nach dem Ausland versenden oder einige Neuheiten – die dann den Deutschen, Russen und Japanern als Muster dienen werden.

Ebenso ist es mit allen anderen Industrien. Belgien hat nicht mehr das Monopol des Tuchs, man macht sie jetzt auch in Deutschland, Russland, Österreich und den Vereinigten Staaten. Die Schweiz und der französische Jura haben nicht mehr das Monopol der Uhrenfabrikation; man macht sie überall. Schottland raffiniert nicht mehr den Zucker für Russland: man importiert russischen Zucker nach England; Italien, obgleich es weder Eisen noch Kohle hat, schmiedet sich selbst seine Panzerschiffe und fabriziert selbst die Maschinen für seine Dampfboote; die chemische Industrie ist nicht mehr ein Monopol Englands; man macht Schwefelsäure und Soda heute überall. Die Maschinen aller Art, die in der Umgebung von Zürich fabriziert werden, zeichneten sich auf einer der letzten Weltausstellungen vor allen übrigen aus: die Schweiz, die weder Eisen noch Kohle hat, stellt bessere und billigere Maschinen als England her – das ist, was von der Theorie des Austausches der Produkte zwischen den verschiedenen Ländern und vom Mutterland zur Kolonie übrig bleibt.

Also die Tendenz für die Industrie – wie für alles Übrige – heißt Dezentralisation.

Jede Nation findet es heute vorteilhaft, im eigenen Lande den Ackerbau mit einer großen Anzahl der verschiedensten Fabriken und Manufakturen zu kombinieren. Die Spezialisation, von der die Ökonomisten so viel gesprochen haben, war gut, um einige Kapitalisten zu bereichern: aber sie hat kein Recht mehr zu bestehen, und es bringt im Gegenteil nur Vorteil, wenn jedes Land, jeder abgeschlossene geographische Bezirk selbst sein Getreide, sein Gemüse baut und selbst die Manufakturprodukte, deren es bedarf, herstellt. Diese Vielseitigkeit ist die beste Gewähr für eine hohe Entwicklung der Produktion. Und sie wird resultieren aus den wechselseitigen Wettbestrebungen aller fortschrittlichen Elemente. Die Spezialisation bedeutet Stillstand.

Der Ackerbau kann nur neben der Industrie prosperieren. Und sobald irgendwo eine Fabrik ersteht, so müssen in deren Umgebung noch viele andere verschiedenster Art angelegt werden, damit sie, sich gegenseitig unterstützend und eine die andere durch ihre Erfindungen anstachelnd, gemeinsam einer ständigen Entwicklung entgegengehen.

III.

Es ist einfach unsinnig, Getreide, Wolle und Eisen zu exportieren und dafür Mehl, Tuch und Maschinen zu importieren, – nicht allein, weil der Transport unnütze Kosten verursacht, sondern auch, weil ein Land, welches keine entwickelte Industrie hat, gezwungenermaßen auch im Ackerbau zurückbleibt, weil ein Land, das über keine großen Hüttenwerke zur Anfertigung des Stahles verfügt, auch in allen übrigen Industriezweigen zurückstehen muss, weil endlich zahlreiche industrielle und technische Kapazitäten ohne Verwendung bleiben.

In der Welt der Produktion steht heute alles in einem innigen Zusammenhang. Die Landwirtschaft ist nicht mehr möglich ohne Maschinen, ohne großartige Bewässerungsanlagen, ohne Eisenbahnen, ohne Düngerfabriken. Und um jene den Örtlichkeiten entsprechenden Maschinen, jene Eisenbahnen, jene Bewässerungsmittel usw. usw. zu haben, muss sich ein gewisser Erfindungsgeist, eine gewisse technische Geschicklichkeit entwickeln, welche sich nicht heranbilden können, solange die Hacke oder die Pflugschar die einzigen Instrumente der Landwirtschaft bleiben. Um das Feld gut kultivieren zu können, um ihm jene erstaunenswerten Ernten zu entlocken, welche der Mensch das Recht hat, von ihm zu fordern, müssen das Eisenwerk und die Manufaktur – viele Eisenwerke und Manufakturen – in seiner unmittelbaren Nachbarschaft ihre Rauchwolken ausstoßen.

Die Mannigfaltigkeit der Beschäftigungen, die Verschiedenheit der Kapazitäten, welche daraus hervorgehen und sich zu einem gemeinsamen Ziele ergänzen – das ist die wahre Gewähr des Fortschritts.

Und jetzt stellen wir uns einmal eine Stadt, ein Territorium vor, groß oder klein – dies ist von geringer Wichtigkeit – das seine ersten Schritte auf dem Wege der sozialen Revolution macht.

„Nichts wird sich ändern" – hat man uns bisweilen gesagt. – „Man wird die Werkstätten, die Fabriken expropriieren, man wird sie zu nationalem oder kommunalem Eigentum erklären; – und Jeder wird dann zu seiner gewohnten Arbeit zurückkehren."

Nein. Die soziale Revolution wird sich nicht mit dieser Einfachheit vollziehen.

Wir sagten schon einmal: Möge morgen in Paris, in Lyon oder irgendeiner anderen Stadt die Revolution ausbrechen, möge man morgen in Paris oder sonst wo Hand an die Fabriken, die Häuser oder die Bank legen – die gesamte gegenwärtige Produktion wird durch diese Tatsache eine totale Veränderung erleiden.

Der internationale Handel mit seiner Zufuhr fremdländischen Getreides wird stillstehen, die Zirkulation der Waren und Lebensmittel wird gelähmt sein. Und die in Aufruhr befindliche Stadt oder das Territorium werden die gesamte Produktion von Grund aus reorganisieren müssen. Scheitern sie dabei, ist es ihr Tod. Sind sie glücklich dabei, so heißt es eine Revolution in der Gesamtheit des ökonomischen Lebens jenes Ortes.

Die Zufuhr der Lebensmittel lässt nach, und die Konsumtion hat sich vermehrt. Drei Millionen Franzosen, welche ehemals für den Export arbeiteten, feiern gezwungenermaßen; tausend Dinge, welche man heute in fernen Ländern und benachbarten Gegenden produziert, langen nicht mehr an; die Luxusindustrie ruht vor der Hand, – was werden die Bewohner tun, um bis zur nächsten Ernte zu essen zu haben?

Es ist klar, dass diese große Masse vom Boden seine Nahrung fordern wird, wenn die Magazine erschöpft sind; Es wird gelten, die Erde zu kultivieren: in Paris selbst und in seinen Umgebungen ländliche und industrielle Produktion zu kombinieren, tausenderlei kleine Handwerke, die Luxusindustrie aufzugeben, um das Dringlichste, das Brot zu schaffen.

Die Bürger werden zu Landbebauern werden müssen. Nicht jedoch in der Gestalt des Bauern, welcher sich hinter dem Pflug abquält, um mit ungeheurer Mühe gerade seine Nahrung zu gewinnen, nein, sondern indem er die Prinzipien der intensiven Landwirtschaft und der Gartenkultur verwertet und sie mittels verbesserter Maschinen, welche der Mensch erfunden hat und erfinden kann, in großem Maßstabe anwendet. Man wird Landbau treiben, aber nicht wie das Lasttier von Cantal – der Goldarbeiter des Temple würde sich dafür schön bedanken, – man wird die Landwirtschaft reorganisieren, nicht in zehn Jahren, sondern sofort, inmitten der revolutionären Kämpfe, unter Strafe, dem Feinde zu unterliegen.

Man wird es als intelligenter Mensch tun müssen, seine Hilfe bei der Wissenschaft suchend, und sich für diese angenehme Arbeit zu freudigen Scharen vereinigend, gleich denen, welche vor hundert Jahren das Märzfeld für das Fest der Föderationen zubereiteten – für eine Arbeit voller Genüsse, wenn sie sich nicht über das Maß hinaus verlängert, wenn sie von wissenschaftlichem Gesichtspunkt organisiert wird, wenn der Mensch seine Werkzeuge verbessert und neue erfindet, und wenn er das Bewusstsein hat, ein nützliches Glied der Gemeinschaft zu sein.

Man wird Landbau treiben. Man wird dann tausend Dinge produzieren, welche wir nur vom Ausland zu beziehen gewohnt sind. Und vergessen wir nicht, dass für die Bewohner des aufrührerischen Territoriums „Ausland" alles heißt, was ihm nicht auf dem Wege der Revolution gefolgt ist. In den Jahren 1793 und 1871 war schon die Provinz das Ausland, begann es schon vor den Toren von Paris. Der Kornaufkäufer von Troyes hungerte die Sansculotten von Paris ebenso gut oder noch besser aus, als die germanischen Horden, welche von den Verschwörern von Versailles auf den französischen Boden gerufen worden waren. Man wird lernen müssen, dieses Auslandes zu entbehren. Und man wird seiner entbehren können. Frankreich erfand den Rübenzucker, als der Rohrzucker in Folge der Kontinentalblockade zu mangeln begann. Paris fand in seinen Dunggruben das Salpeter, als man es nicht mehr von anders woher beziehen konnte. Sollten uns unsere Großväter, welche kaum die ersten Worte der Wissenschaft stammelten, überlegen sein?

Eine Revolution ist mehr als der Sturz einer Regierung. Es ist das Erwachen der menschlichen Intelligenz, die Verzehn-, Verhundertfachung des Erfindungsgeistes, es ist das Morgenrot einer neuen Wissenschaft – der Wissenschaft eines Laplace, Lamarck und Lavoisier! – Es ist eine Revolution mehr noch in den Geistern als in den Institutionen.

Und man spricht uns davon, in die Werkstatt zurückzukehren, wie wenn es sich darum handelte, nach einem schönen Spaziergang in einem herrlichen Wald in sein Heim zurückzukehren?

Die Tatsache allein, dass man an dem bürgerlichen Eigentum gerüttelt hat, schließt schon die Notwendigkeit ein, das gesamte ökonomische Leben, in der Werkstatt, auf dem Bauplatz, auf dem Felde von Grund auf zu reorganisieren.

Und die Revolution wird es tun. Möge Paris nur einmal während eines oder zweier Jahre in der Revolution sein und sich durch die Helfershelfer der bürgerlichen Ordnung von der ganzen Welt isoliert befinden, und Millionen von Intelligenzen in dieser Stadt der Kleinhandwerke, welche den Erfindungsgeist anstacheln, Intelligenzen, welche die große Fabrik glücklicherweise noch nicht abgestumpft hat, werden der Welt zeigen, was das Gehirn des Menschen vermag, ohne vom Weltall etwas anderes zu verlangen, als die Bewegungsenergie der Sonne, welche dieses erleuchtet, des Windes, der allen Schmutz fortkehrt, und der tätigen Kräfte des Bodens, welchen wir mit Füßen treten.

Man wird dann sehen, was die Anhäufung dieser immensen Mannigfaltigkeit sich gegenseitig ergänzender Handwerke auf einem Punkt und der belebende Geist einer Revolution vermögen, um jene zwei Millionen intelligenter Wesen zu ernähren, zu kleiden, in Wohnungen zu bergen und mit allen möglichen Luxusgegenständen zu überhäufen.

Man braucht keinen Roman darüber zu schreiben. Was man schon kennt, was man schon erprobt und als praktisch befunden hat, genügte, um dieses zu vollbringen, unter der Bedingung indessen, dass es befruchtet und belebt würde von dem frischen Hauche einer Revolution, von dem spontanen Aufschwung der Massen.

Der Ackerbau

I.

Man hat der politischen Ökonomie häufig vorgeworfen, sie leite alle ihre Deduktionen aus dem – unzweifelhaft falschen – Prinzip ab, dass der einzige Beweggrund, der den Menschen zur Erhöhung seiner Produktivkraft treiben könnte, das persönliche Interesse, im engsten Sinne genommen, sei. Der Vorwurf ist ein vollkommen gerechtfertigter, so gerecht, als es Tatsache ist, dass die Epochen der großen industriellen Entdeckungen und wahrer Fortschritte in der Industrie gerade diejenigen waren, in denen man von dem Glück Aller träumte, wo man am wenigsten an eine persönliche Bereicherung gedacht hat. Die großen Forscher und die großen Erfinder dachten hauptsächlich an die Befreiung der Menschheit; und wenn die Watts, die Stephensons, die Jaquards usw. hätten ahnen können, welches Elend aus ihren schlaflosen Nächten für den Arbeiter resultieren würde, so würden sie wahrscheinlich ihre Pläne verbrannt, ihre Modelle zerbrochen haben.

Ein anderes Prinzip, welches gleichfalls in der politischen Ökonomie Anklang gefunden hat, und ebenso falsch ist, ist die stillschweigende, fast allen Ökonomisten gemeinsame Voraussetzung, dass – wenn es auch eine Überproduktion in gewissen Industriezweigen gegeben haben mag – gleichwohl eine Gesellschaft niemals genügend Produkte erzielen könnte; und dass folglich niemals der Moment kommen wird, wo jemand des Zwanges enthoben sein würde und dürfte, seine Arbeitskraft gegen einen Lohn zu verkaufen. Diese stillschweigende Voraussetzung ist die Basis aller Theorien und aller sogenannten „Gesetze“, die uns von den Ökonomisten gelehrt werden.

Und dennoch ist es sicher, dass an dem Tage, wo sich irgendeine zivilisierte Gesellschaft nur fragt, welches die Bedürfnisse Aller und welches die Mittel sind, diese zu befriedigen, sie sehen würde, dass die Industrie und Landwirtschaft schon vollkommen im Besitz dieser Mittel sind. Sie kann allen vorhandenen Bedürfnissen gerecht werden, wenn sie es nur versteht, diese Mittel zur Befriedigung ihrer wirklichen Bedürfnisse anzuwenden.

Dass dies für die Industrie zutrifft, kann keiner mehr bestreiten. Es genügt in der Tat, nur die in den großen industriellen Etablissements heute schon gebräuchlichen Verfahren, um Kohle und Erz zu graben, um Stahl zu gewinnen und zu formen, um zu fabrizieren, was zur Bekleidung usw. dient, zu studieren; und man muss sich sagen, dass bezüglich der Produkte unserer Manufakturen, Hüttenwerke und Bergwerke kein Zweifel möglich ist. Wir könnten unter gewissen Umständen schon heute unsere Produktion vervierfachen, und noch dabei an Arbeit sparen.

Doch wir gehen weiter. Wir behaupten, dass der Ackerbau in der gleichen Lage wie die Industrie ist: der Landwirt besitzt ebenso wie der Industrielle heute schon die Mittel, um seine Produktion zu vervier-, zu verhundertfachen, und er könnte dies mit dem Augenblick zur Wahrheit machen, wo er das Bedürfnis dazu fühlt und zu einer gesellschaftlichen Organisation der Arbeit anstelle der kapitalistischen Schritte.

Jedes Mal, wenn man von der Landwirtschaft spricht, so denkt man an den Bauer, der über seinen Pflug gebückt einherschreitet, der das schlecht ausgelesene Saatkorn, so wie es gerade fällt, auf den Acker wirft und dann mit Bangen harrt, was ihm die Witterung, ob gut oder schlecht, bescheren wird. Man sieht vor Augen eine Familie, die vom Morgen bis zum Abend sich abquält und als Entgelt dafür ein schlechtes Lager, trockenes Brot und sauren Wein hat. Man sieht in einem Wort „la bête fauve“ (das wilde Tier) von La Bruyère.

Und was will man für diesen dem Elend anheimgefallenen Menschen tun? Im Notfall die Last der Steuern und der Pacht erleichtern. Doch man kann sich nicht zu dem Gedanken aufschwingen, den Landmann einmal in gerader Haltung zu sehen, einen Landmann zu sehen, der sich Muse nimmt und in wenigen Stunden täglich das produziert, womit er nicht allein seine Familie, sondern 100 Menschen wenigstens ernähren könnte. In ihrem weitgehenden Zukunftstraum wagen selbst die Sozialisten nicht einmal über die große amerikanische Landwirtschaft, die im Grunde genommen, sich noch in den Kinderschuhen befindet, hinauszugehen.

Der heutige Landwirt hat weitergehende Ideen, Pläne von ganz anderer Großartigkeit. Er fordert nur einen Hektar Land, um darauf die ganze Pflanzenkost für eine Familie wachsen zu lassen; um 25 Haupt Rindvieh mit Futter zu versorgen, braucht er heute keinen größeren Raum, als ehemals für die Haltung *eines* notwendig war; er will dahin gelangen, Boden zu erzeugen, der Witterung und dem Klima zu trotzen, die die junge Pflanze umgebende Luft und Erde zu wärmen; in einem Wort, auf einem Hektar zu produzieren, was man früher kaum auf fünfzig geerntet hatte, und dies ohne große Anstrengungen und bei einer bedeutenden Verminderung der Totalarbeitsleistung. Er behauptet, dass man reichlich produzieren könnte, was jedermann gebraucht, wenn man nur der Landwirtschaft die nötige Sorgfalt und Pflege widmete, die man ihr überdies unter eigenen Vergnügungen und Freuden zuwenden könnte.

Das ist die gegenwärtige Tendenz der Landwirtschaft.

Während die Gelehrten, an der Spitze Liebig, der Schöpfer der Agrikulturchemie, sehr häufig in ihrer Theoretikerblindheit fehlgingen, haben die ungelernten Landwirte dem Glücke der Menschheit neue Wege gezeigt. Die Gemüsegärtner von Paris, von Troyes, Rouen, die englischen Gärten, die flämischen Farmer, die Landwirte von Jersey, Guernsey und den Scilly-Inseln haben der Landwirtschaft einen so weiten Horizont eröffnet, dass das Auge ihn kaum zu fassen wagt.

Während eine Bauernfamilie wenigstens 7 oder 8 Hektare bedurfte, um die zu ihrer Erhaltung nötigen Bodenprodukte erzielen zu können, – und man weiß, wie schlecht die Bauern leben – so kann man heute nicht einmal bestimmen, wie winzig klein wirklich der Raum sein wird, der zur Ernährung einer ganzen Familie nicht allein vom Standpunkt des Notwendigen, sondern auch des Luxus erforderlich sein wird – sobald man ihn nur nach den Prinzipien der modernen Landwirtschaft bewirtschaftet. Jeder Tag fast setzt diese Grenze herab. Und wenn man uns fragt, wie groß die Anzahl der Personen sein wird, die auf einer Quadratmeile werden leben können, ohne landwirtschaftliche Produkte von anderwärts zu importieren, so würde es uns schwierig sein, diese Frage genau zu beantworten. Diese Zahl vergrößert sich in gleichem Schritte mit den rapiden Fortschritten der Landwirtschaft.

Vor zehn Jahren konnte man schon behaupten, dass eine Bevölkerung von 100 Millionen sehr gut, und ohne etwas zu importieren, von den Bodenprodukten Frankreichs leben könnte. Doch wenn man heute die vor wenigen Jahren in Frankreich wie in England gemachten Fortschritte ins Auge fasst, wenn man den neuen Horizont betrachtet, der sich vor uns eröffnet, so werden wir sagen, dass man die Erde nur in der Weise zu kultivieren braucht, wie man sie schon heute in vielen Gegenden, sogar bei armem Boden kultiviert, und 100 Millionen Bewohner auf den 50 Millionen Hektaren französischer Erde sind nur ein Bruchteil im Verhältnis zu der Zahl Menschen, welche dieser Boden ernähren könnte. Die Bevölkerung wird und kann sich ebenso schnell wie jetzt vermehren; der Mensch wird auch dementsprechend mehr von der Erde zu fordern wissen.

In jedem Fall – wir werden es sehen – kann man es als bewiesen betrachten, dass, wenn z. B. Paris und die beiden Departements Seine und Seine-et-Oise sich morgen zu einer kommunistischen Gemeinde vereinigen würden, in welcher alle mit ihren Armen arbeiten, und wenn dann die ganze übrige Welt sich weigerte, dieser einen einzigen Zentner Weizen, ein einziges Haupt Rindvieh, einen einzigen Korb Früchte zu senden, und ihr nur das Territorium dieser beiden Departements lassen würde – so könnte diese Gemeinde nicht nur das Getreide, das Fleisch und die notwendigen Gemüse, sondern auch noch alle Luxusfrüchte für die ländliche wie städtische Bevölkerung in genügenden Quantitäten produzieren.

Und wir behaupten außerdem, dass der Totalaufwand an menschlicher Arbeitskraft um vieles geringer sein würde, als der, welcher gegenwärtig zur Ernährung dieser Bevölkerung erfordert wird – durch dem Konsum von Getreide, das in der Auvergne und in Russland gebaut ist, von Gemüsen, die an allen möglichen Orten der Erde gezogen wurden, und von Früchten, die im Süden von Frankreich reiften.

Wir verlangen keineswegs, dass alle Austauschakte verschwinden sollen und dass jede Gegend sich unbedingt der Produktion dessen, was unter ihrem Klima nur bei einer mehr oder minder künstlichen Kultur wächst, widmen soll. Wir wollen nur beweisen, dass die Theorie des Austausches in der Weise, wie man sie heute predigt, äußerst übertrieben ist, dass viele Austauschakte unnütz oder gar schädlich sind. Wir behaupten außerdem, dass man bei derartigen Diskussionen niemals die Arbeitsmenge in Rechnung stellt, welche bei aller Fruchtbarkeit ihrer Wiesen und Felder von den Weinbauern des südlichen Europas erst zur Ermöglichung ihres Weinbaues, von den russischen und ungarischen Bauern zur Ermöglichung ihres Getreidebaues aufgewandt wurde. Mit ihrem gegenwärtigen Verfahren der extensiven Landwirtschaft haben sie unendlich viel mehr Arbeitslast, als man haben würde, um die gleichen Produkte durch die intensive Kultur zu erzielen, – selbst bei weniger günstigen klimatischen Bedingungen und unendlich weniger fruchtbarem Boden.

II.

Es ist hier unmöglich, die Tatsachen aufzuzählen, auf die wir unsere Behauptungen stützen. Wir sind also gezwungen, den Leser für weitere Aufklärungen auf diesem Gebiet auf die einschlägige Literatur zu verweisen, welche die aufgestellten Behauptungen bestätigen wird.

Was die Einwohner der großen Städte betrifft, welche sich keine Vorstellung von dem zu machen vermögen, was die Landwirtschaft wirklich sein könnte, so raten wir ihnen, die Umgebungen ihrer Städte zu Fuß zu durchstreifen und dabei die Gartenwirtschaft zu studieren.

Mögen sie beobachten, mit den Gärtnern plaudern – eine ganz neue Welt wird sich dann vor ihnen auftun. Sie werden dann begreifen, was die Landwirtschaft des 20. Jahrhunderts sein wird; sie werden dann einsehen, mit welcher Kraft die soziale Revolution ausgestattet sein wird, wenn man erst alles vom Boden zu erhalten weiß, was man von ihm fordert.

Die Aufzählung einiger Tatsachen wird genügen, um zu beweisen, dass unsere Behauptungen keineswegs übertriebene sind. Zuvor halten wir es indessen für angebracht, noch einige allgemeine Bemerkungen folgen zu lassen.

Man weiß, in welchen elenden Verhältnissen sich die Landwirtschaft Europas befindet. Wenn der Landwirt nicht durch den Grundeigentümer geplündert wird, so geschieht dies durch den Staat. Und wenn ihn der Staat in bescheidener Weise schröpft, so macht ihn der Geldverleiher, der ihn mittels Wechsels knechtet, tatsächlich bald zu einem bloßen Pächter seines Bodens, der in Wirklichkeit einer Gesellschaft von Geldmännern gehört.

Der Eigentümer, der Staat und der Bankier plündern also den Landwirt mittels der Pacht, der Steuern und der Zinsen aus. Diese Summe variiert mit jedem Lande, aber nirgends fällt sie unter ein Viertel, sehr häufig erreicht sie sogar die Hälfte des Gesamtertrages. In Frankreich führt die Landwirtschaft 44 Prozent ihres Gesamtertrages an den Staat ab.

Und noch mehr. Der Teil des Eigentümers und des Staats ist immer im Wachsen begriffen. Sobald einmal der Landwirt durch wahre Wunder an Arbeit, Erfindungsgeist und Unternehmungstrieb größere Ernten erzielt hat, so erhöht sich auch sofort dementsprechend der Tribut, den er an den Staat, den Eigentümer und den Bankier abzuführen hat. Wenn sich die Zahl der geernteten Hektoliter pro Hektar verdoppelt, so wird sich auch die Pacht verdoppeln und folglich auch die Steuern, die sich der Staat zu steigern beeilen wird, solange noch die Preise im Steigen begriffen sind. Und so geht es immer fort. Kurz, überall arbeitet der Landwirt 10 bis 16 Stunden täglich, und überall rauben ihm diese drei Geier alles, was er beiseitelegen könnte; überall entblößen sie ihn dessen, was mittelbar zur Verbesserung seines Bodens dienen könnte. Das sind die Ursachen, weswegen die Landwirtschaft sich im Durchschnitt auf einem so niedrigen Niveau befindet.

Nur unter ganz ausnahmsweisen Bedingungen, etwa durch einen Streit der drei Blutsauger untereinander, oder durch hervorragende Anstrengungen der Intelligenz, durch eine außerordentliche Arbeitsamkeit gelingt es der Landwirtschaft, einen Schritt vorwärts zu machen. Wir haben dabei noch nicht einmal von dem Tribut gesprochen, den jeder Landwirt an den Industriellen zahlt. Jede Maschine, jeder Spaten, jede Tonne künstlichen Düngers wird zu einem drei- oder viermal so hohen Preis verkauft, als deren Herstellungskosten betragen. Vergessen wir auch nicht den Zwischenhändler, welcher den Löwenanteil an den Bodenprodukten schluckt.

Das alles sind die Gründe, weshalb in diesem Zeitalter der Erfindungen und des Fortschritts die Landwirtschaft nur in vereinzelten Gegenden, fast nur zufällig und ganz schrittweise Fortschritte machen konnte.

Glücklicherweise hat es immer kleine Landesteile gegeben, die einige Zeit von den drei Geiern übersehen wurden, und dort können wir lernen, was die intensive Landwirtschaft leisten könnte. Geben wir einige Beispiele.

In den Prärien Amerikas (die übrigens nur schwache Ernten von 7 bis 12 Hektoliter pro Hektar ergaben; und lange Perioden von Trockenheit schaden hier noch sehr häufig den Ernten) produzierten 500 Menschen den jährlichen Bedarf für 50.000 Personen. Dieses Resultat wird durch eine sehr starke Arbeitsersparnis erzielt. Auf diesen weiten Ebenen, die das Auge nicht umfassen kann, sind die Bestellung, die Ernte und das Dreschen fast militärisch organisiert; kein unnützes Kommen und Gehen gibt es da, keine Zeitverluste. Alles vollzieht sich mit der Exaktheit einer Parade.

Es ist die große Landwirtschaft, die extensive Landwirtschaft, jene, welche den Boden hinnimmt, wie sie ihn aus den Händen der Natur empfängt, und welche ihn nicht zu verbessern sucht. Wenn die Kraft des Bodens erschöpft ist, so lässt man ihn liegen und sucht sich an anderer Stelle jungfräulichen Boden, um diesen gleichfalls zu erschöpfen.

Anders die intensive Landwirtschaft. Ihr kommen die Maschinen mehr und mehr zu Hilfe, ihr Ziel ist es, einen beschränkten Raum gut zu kultivieren, ihn zu düngen, zu verbessern, die Arbeit zu konzentrieren und den größtmöglichen Ertrag zu erzielen. Diese Art der Landwirtschaft breitet sich von Jahr zu Jahr mehr aus, und während man sich in der Großlandwirtschaft des Südens von Frankreich wie der fruchtbaren Strecken des westlichen Amerikas mit einer Durchschnittsernte von 10 bis 12 Hektoliter pro Hektar begnügt, erntet man auf dem gleichen Raum im Norden Frankreichs regelmäßig 36, sogar 50 und bisweilen 56 Hektoliter. Der jährliche Getreidekonsum eines Menschen ließe sich unter diesen Verhältnissen von der Fläche eines Zwölftel-Hektars erzielen.

Und je mehr man sich der intensiven Kultur zuwendet, umso weniger Arbeit erfordert die Produktion eines Hektoliters Getreide. Die Maschine ersetzt den Menschen bei den vorbereitenden Arbeiten, und man macht eine derartige Bodenamelioration, wie die Drainage oder das Beseitigen von Steinen – Arbeiten, welche die zukünftigen Ernten verdoppeln – ein für alle Male. Bisweilen gelangt man einzig durch eine tiefe Bestellung eines mittelmäßigen Bodens, ohne dass man im Geringsten düngt, jahrelang zu ausgezeichneten Ernten. Man hat es so während zwanzig Jahren in der Nähe von London, in Rothamstead, gemacht.

Doch schreiben wir keinen landwirtschaftlichen Roman. Bleiben wir bei jener Ernte von 40 Hektolitern stehen, die keinen exzeptionellen Boden, sondern einfach eine rationelle Landwirtschaft erfordert, und sehen wir, was bedeutet sie.

Die 3.600.000 Menschen, welche die beiden Departements Seine und Seine-et-Oise bewohnen, konsumieren jährlich zu ihrer Erhaltung etwas weniger als 8 Millionen Hektoliter Brotgetreide. Nach unserer Annahme müssten sie, um diese zu erzeugen, von den 610.000 Hektaren, die sie besitzen, 200.000 bewirtschaften.

Es ist offenbar, dass sie dieselben nicht mit dem Spaten bestellen werden. Dies würde zu viel Zeit (nämlich 240 Tage à 5 Stunden pro Hektar) erfordern. Sie werden stattdessen den Boden ein für alle Male verbessern, sie werden drainieren, was drainiert werden muss; applanieren, was applaniert werden muss; den Boden von Steinen säubern usw. – Sollte diese vorbereitende Arbeit 5 Millionen Arbeitstage à 5 Stunden in Anspruch nehmen, so würde dies pro Hektar einen Durchschnitt von 25 Arbeitstagen ergeben.

Man würde alsdann den Dampfschälpflug (defonceur) anwenden, was 4 Tage pro Hektar beansprucht, und noch 4 weitere Tage für die Bestellung mit dem gewöhnlichen Doppelpflug hinzufügen. Man würde auch nicht den ersten besten Samen nehmen, sondern man würde denselben zuvor durch das Dampfsieb auslesen lassen. Man würde ihn auch nicht wie heute, in die vier Windrichtungen werfen, sondern ihn (durch die Drillmaschine) in Reihen pflanzen lassen. Und bei alledem würde man noch keine 25 Arbeitstage, à 5 Stunden gerechnet, verausgabt haben, falls sich nur die Arbeit unter günstigen Bedingungen vollzieht. Möge man ruhig während dreier oder vier Jahren 10 Millionen Arbeitstage für eine gewissenhafte Kultur verausgaben, man wird später dafür Ernten von 40 und 50 Hektoliter pro Hektar haben, ohne dass man dann mehr als die Hälfte jener Zeit auf die Bestellung verwendet.

Man wird also nur 15 Millionen Arbeitstage zu verausgaben haben, um dieser Bevölkerung von 3.600.000 Einwohnern das Brot zu schaffen. Und die Art der Arbeit wird obendrein eine derartige sein, dass sie jeder verrichten kann, auch wenn er über keine Muskeln von Stahl verfügte und nie vorher Feldarbeit verrichtet hätte. Die Initiative und die allgemeine Verteilung der Arbeiten werden von denen ausgehen, welche die Bedürfnisse des Bodens kennen. Was die Arbeit selbst anbetrifft, so gibt es keinen Pariser und keine Pariserin, die so degeneriert wären, dass sie nicht nach einigen Stunden Lehrzeit die Maschinen überwachen oder ihren Teil Feldarbeit leisten könnten.

Wenn man nun bedenkt, dass es in dem gegenwärtigen Chaos, ohne die Müßiggänger der „oberen" Klassen zu rechnen, gegen 100.000 den verschiedensten Berufen angehörige Menschen gibt, die fast ständig arbeitslos sind, so sieht man, dass die Arbeitskraft, die in unserer gegenwärtigen Organisation verloren geht, allein genügen würde, um bei einer rationellen Kultur das Brot für die 3 oder 4 Millionen Einwohner der beiden Departements zu schaffen.

Wir wiederholen, dies ist kein Roman. Wir haben noch nicht einmal von der wahrhaft intensiven Kultur gesprochen, die noch weit überraschendere Resultate liefert. Wir haben unsere Rechnungen nicht auf jene in 3 Jahren durch Mr. Hallet gewonnenen Getreidemengen aufgebaut. Mittels eines Umpflanzungsverfahrens erzielte er aus einem einzigen Getreidekorn einen Büschel, dessen Halme mehr als 10.000 Körner trugen. Bei derartigen Resultaten könnte man den Lebensunterhalt einer Familie von 5 Personen auf einem Raum von 100 Quadratmetern erhalten. Wir haben nur die Erfolge erwähnt, die schon von zahlreichen Landwirten in Frankreich, England, Belgien, Flandern usw. erzielt worden sind, und die sich, auf Grund der Erfahrungen und Kenntnisse, die man durch die vielfachen praktischen Versuche im Großen gesammelt hat, morgen allgemein verwirklichen ließen.

Aber ohne die Revolution wird dies nicht geschehen. Und zwar: weil die Großgrund- und Kapitalbesitzer kein Interesse daran haben würden, und weil die Bauern, welche davon Nutzen haben würden, weder das Wissen, noch das Geld, noch die Zeit zu den ersten notwendigen Arbeiten besitzen.

Die gegenwärtige Gesellschaft ist nicht dazu berufen. Mögen die Pariser nur die anarchistische Kommune erklären, – dann werden sie dazu gelangen müssen. Sie werden nicht die Torheit besitzen, bei der Fabrikation von Luxusspielsachen (welche Wien, Warschau und Berlin schon ebenso gut herstellen) zu verbleiben, und sie werden sich nicht der Gefahr aussetzen, ohne Brot zu bleiben.

Übrigens wird auch die Feldarbeit, erleichtert durch die Maschinen, bald eine der angenehmsten und freudigsten aller Beschäftigungen werden.

Genug der Juwelierarbeit! Genug des Ankleidens niedlicher Puppen! Man wird in der Feldarbeit sich zu stählen suchen, in ihr Kraft und natürliches Fühlen, kurz die „Lebensfreude" zu finden wissen, die man in den finsteren Werkstätten der Vorstädte verloren hat.

Im Mittelalter verdankten die Schweizer viel mehr den Matten der Alpen, als den Arquebusen ihre Befreiung von den Grafen und Königen. Der modernen Landwirtschaft wird die revoltierende Stadt die Befreiung von den vereinigten Bourgeoisien zu danken haben.

III.

Wir haben gesehen, wie die 3,5 Millionen Einwohner der beiden Departements (Seine und Seine-et-Oise) reichlich das nötige Brotgetreide gewinnen würden, wenn sie nur ein Drittel ihres Territoriums kultivierten. Gehen wir jetzt zu dem Schlachtvieh über.

Die Engländer, die viel Fleisch essen, konsumieren eine durchschnittliche Quantität von weniger als 100 Kilogramm pro Erwachsenen und pro Jahr, und unter der Voraussetzung, dass alles konsumierte Fleisch Rindfleisch wäre, würde dies etwas weniger als ein Drittel eines Rindes ausmachen. Ein Rind gäbe im Jahre also für 5 Personen eine genügende Quantität Fleisch. Für 3,5 Millionen Einwohner würde dies einen jährlichen Konsum von 700.000 Haupt Rindvieh bedeuten. Bei dem heutigen Weidesystem gebraucht man – schlecht gerechnet – 2 Millionen Hektare, um 600.000 Haupt Schlachtvieh ernähren zu können.

Auf sehr mäßig mittels Quellwasser bewässerten Wiesen (eine solche Bewässerung hat man kürzlich für Tausende von Hektaren im Südwesten von Frankreich geschaffen) genügen aber schon 500.000 Hektar für die gleiche Anzahl. Wenn man aber die intensive Kultur anwendet, wenn man Futterrüben pflanzt, so bedarf man ein Viertel dieses Raumes, d. h. 125.000 Hektar. Und wenn man dann noch seine Zuflucht zu Mais nimmt und wie die Araber das Siloverfahren anwendet, so gewinnt man das gesamte notwendige Futter auf einer Fläche von 88.000 Hektaren.

In der Umgebung von Mailand, wo man das Kloakenwasser zur Bewässerung der Wiesen benutzt, erhält man auf einer Fläche von 9.000 Hektar pro Hektar das Futter für 4 bis 6 Haupt Rindvieh; und auf einigen besonders begünstigten Stellen erntet man auf dem Hektar bis zu 45 Tonnen Heu, was zum Füttern von 9 Milchkühen während eines ganzen Jahres genügen würde. Drei Hektar pro Haupt Rindvieh bei dem jetzigen Weidesystem, und neun Ochsen oder Kühe auf einem Hektar – das sind die Extreme der heutigen Landwirtschaft.

Auf der Insel Guernsey sind von 4.000 Hektaren unter Kultur fast die Hälfte (1.900 Hektar) dem Getreide- und Gemüsebau unterworfen und 2.100 Hektar sind allein für Wiesen übrig. Auf den 2.100 Hektaren ernährt man 1.480 Pferde, 7.260 Haupt Rind, 900 Hammel und 4.200 Schweine, was pro Hektar schon mehr als 3 Haupt Rindvieh ausmacht, ungerechnet der Pferde, Hammel und Schweine. Es ist unnütz, hinzuzufügen, dass die Fruchtbarkeit des Bodens durch Anwendung von Tang und künstlichem Dünger hervorgerufen worden ist.

Kommen wir jetzt auf unsere 3,5 Millionen Einwohner der Kommune Paris zurück, so sieht man, dass die Oberfläche, die zum Aufziehen des Schlachtviehs notwendig ist, von 2 Millionen Hektar, auf 88.000 herabsinkt. Nehmen wir nun aber nicht die niedrigsten Ziffern, sondern diejenigen der durchschnittlichen intensiven Kultur; fügen wir noch das Terrain hinzu – und seien wir nicht karg –, welches für das Aufziehen des Kleinviehs, das einen großen Teil des Hornviehs ersetzt, erforderlich ist, und rechnen wir 160.000 Hektar, ja 200.000 Hektar, wenn man es verlangt, für das Aufziehen von Schlachtvieh. Nach der Versorgung der Bevölkerung mit Brot blieben uns immer noch 410.000 Hektar.

Seien wir großmütig und rechnen wir 5.000.000 Arbeitstage, um diesen Raum in der gewünschten Weise produktiv zu machen.

Nachdem wir also während eines Jahres 20 Millionen Arbeitstage (davon die Hälfte für dauernde Verbesserungen) aufgewendet haben, werden wir vollkommen für Brot und Fleisch gesorgt haben. Nicht einbegriffen ist dabei das Fleisch, das man zur Abwechslung in Form von Geflügel, gemästeten Schweinen, Kaninchen usw. isst. Wir haben dabei nicht einmal in Anschlag gebracht, dass eine Bevölkerung, die mit ausgezeichneten Gemüsen und Früchten versehen ist, viel weniger Fleisch als die Engländer, welche ihre schmale Pflanzenkost durch starke Fleischnahrung ergänzen, konsumieren würde. Doch wie viel würde bei 20 Millionen Arbeitstagen à 5 Stunden auf den einzelnen Einwohner von Paris entfallen? Eine Kleinigkeit in Wahrheit. – Eine Bevölkerung von 3,5 Millionen muss mindestens 1.200.000 erwachsene arbeitsfähige Männer und ebenso viele Frauen aufweisen. Um den Brot- und Fleischkonsum Aller zu sichern, genügten demnach pro Person 17 Arbeitstage im Jahre, wenn man nur die Männer in Betracht zieht. Füget noch 3 Millionen Arbeitstage hinzu, um die nötige Milch zu erhalten. Rechnet so hoch, wie ihr wollt, die Summe erreicht nie eine Zahl von 25 Arbeitstagen à 5 Stunden – ein Leichtes, ein Amüsement auf den Feldern –, um zu den drei vornehmlichsten Produkten: Brot, Fleisch und Milch zu gelangen. Ihr Erwerb bedeutet heute nur für 9 Zehntel der Menschheit eine geradezu unerträgliche Arbeitslast, eine fast ebenso große, als für die Beschaffung der Wohnung erforderlich ist.

Und dennoch – werden wir nicht müde, es zu wiederholen – wir haben mit diesen Ziffern keinen Roman geschrieben. Wir haben nur berichtet, was besteht, was schon in großem Maßstabe verwirklicht ist, was schon die Sanktion durch die Praxis erhalten hat. Die Landwirtschaft könnte morgen in dieser Weise reorganisiert werden, wenn dem nicht die Eigentumsgesetze und die allgemeine Ignoranz im Wege ständen.

An dem Tage, wo Paris begriffen haben wird, dass die Kenntnis dessen, was man isst und wie man dies produziert, eine Frage von öffentlichem Interesse ist; an dem Tage, wo Jedermann eingesehen hat, dass diese Frage unendlich viel wichtiger ist, als die Debatten im Parlament oder im Stadtrat, – an diesem Tage wird die Revolution geschlagen sein, Paris wird von den Feldern der beiden Departements Besitz ergreifen und wird sie in Bewirtschaftung nehmen. Und nachdem man während seines ganzen Lebens ein Drittel seiner Zeit geopfert hat, um eine ungenügende und schlechte Nahrung zu gewinnen – wird der Pariser sie dann selbst produzieren am Fuße seiner Mauern, innerhalb des Bereichs der Forts (wenn diese dann noch existieren sollten), und zwar im Verlaufe einiger Stunden anziehender und gesunder Arbeit.

Jetzt fehlen noch die für den Bedarf notwendigen Früchte und Gemüse. Verlassen wir die Tore von Paris und besuchen wir eines jener Etablissements für Gemüsekultur, die einige Kilometer von den Akademien entfernt liegen und Wunder verrichten, von denen die dort hausenden ökonomischen Weisen sich nichts träumen lassen. Treten wir z. B. einmal bei Mr. Ponce, dem Autor eines der erwähnten Werke über Gemüsekultur, ein. Er macht keineswegs ein Geheimnis aus seinen Erträgen. Im Gegenteil, er hat uns des längeren davon erzählt.

Monsieur Ponce und namentlich seine Arbeiter arbeiten wie die Neger. Es sind ihrer 8, um ein wenig mehr als einen Hektar (11 Zehntel Hektar) zu kultivieren. Sie arbeiten sicherlich 12 bis 15 Stunden täglich, d. h., dreimal mehr, als nötig wäre. Ihrer 24 wären nicht zu viel für diese Arbeit. Auf eine derartige Bemerkung würde uns Monsieur Ponce wahrscheinlich entgegnen, dass er zur Ausbeutung seiner Arbeiter gezwungen ist, weil er jährlich die erschreckende Summe von 2.500 Francs an Pacht und Steuern für seine 11.000 Quadratmeter Erde und 2.500 Francs für den Dünger, den er aus den Kasernen kauft, zahlen muss. „Ausgebeutet, beute ich meinerseits aus", würde aller Voraussicht nach seine Antwort lauten. Sein Inventar hat ihn auch noch 30.000 Francs gekostet; die Hälfte davon ist ein Tribut an die faulenzenden Industriebarone. Im Ganzen repräsentiert sein Inventar höchstens 3.000 Arbeitstage – wahrscheinlich noch weniger.

Doch sehen wir uns seine Ernten an: 10.000 kg Karotten, 10.000 kg Zwiebeln, Rettiche und andere kleine Gemüsesorten, 6.000 Köpfe Kohl, 3.000 Köpfe Blumenkohl, 5.000 Körbe Tomaten, 5.000 Dutzend ausgewählter Früchte, 154.000 Köpfe Salat, kurz, ein Gesamtertrag von 125.000 kg Gemüsen und Früchten von 11 Zehntel Hektar, von einem Raum, der 110 Meter lang und 100 Meter breit ist. Ein Ergebnis also von mehr als 110 Tonnen Gemüse auf einem Hektar.

Da nun ein Mensch während eines Jahres nicht mehr als 300 kg Gemüse und Früchte isst, so trägt der Hektar eines solchen Gemüsegärtners so viel Gemüse und Früchte, dass man damit reichlich den Tisch von 350 erwachsenen Personen während eines Jahres versehen könnte. Wenn also 24 Personen während eines Jahres täglich 5 Stunden arbeiten würden, so würden sie genug Gemüse und Früchte für 350 Erwachsene oder, was gleichbedeutend wäre, für wenigstens 500 Einwohner produzieren.

In andern Worten, bei der Kultur von Ponce würden – und seine Resultate sind schon überholt – 350 Erwachsene etwas über 100 Stunden (103) im Jahre arbeiten müssen, um 500 Personen mit Gemüsen und Früchten zu versehen.

Bemerken wir, dass eine derartige Produktion durchaus keine Ausnahme ist. Sie wird betrieben vor den Mauern von Paris, auf einer Fläche von 900 Hektar und seitens 5.000 Gärtner. Heute sind diese Gärtner allerdings zum Leben eines Lasttiers verdammt, weil sie eine Durchschnittspacht von 2.000 Francs pro Hektar bezahlen müssen.

Aber diese Tatsachen, von deren Richtigkeit sich ein Jeder überzeugen kann, beweisen sie nicht, dass 7.000 Hektar (von 210.000 verbleibenden) ausreichen würden, um alle möglichen Gemüse und eine reiche Auswahl an Früchten für die 3 Millionen Einwohner unserer beiden Departements liefern zu können?

Was die Quantität Arbeit anbetrifft, die zur Produktion dieser Früchte und Gemüse erforderlich ist, so würde sie eine Zahl von 50 Millionen Arbeitstagen à 5 Stunden erreichen (eine Ziffer von 50 Arbeitstagen für den erwachsenen Mann), wenn wir die Arbeitsleistung der Gemüsegärtner zum Maßstab nehmen. Doch wir werden sich diese Quantität sofort reduzieren sehen, wenn man in gleicher Weise verfahren wollte, wie man heute schon in Jersey oder Guernsey verfährt. Wir wollen auch noch daran erinnern, dass der Gemüsegärtner nur deswegen gezwungen ist, solange zu arbeiten, weil er namentlich frühe Gemüse zieht, deren hoher Preis zur Bezahlung seiner fabelhaften Lasten dienen muss, und dass sein Produktionsverfahren mehr Arbeit, als in Wirklichkeit notwendig ist, erfordert. Da er auch nicht über die genügenden Mittel verfügt, um einmalige große Auslagen für die Beschaffung seines Inventars zu machen, so muss er das Glas, das Holz, das Eisen, die Kohle sehr teuer bezahlen; er fordert deswegen vom Dünger die künstliche Wärme, die man mit viel geringeren Kosten durch Kohle und Wärmhäuser erreichen kann.

IV.

Die Gemüsegärtner sind, wie wir sagten, gezwungen, sich zu Arbeitsmaschinen herabzuwürdigen und auf alle Freuden des Lebens zu verzichten, um zu ihren fabelhaften Ernten zu kommen. Doch diese wackeren Arbeiter haben der Menschheit einen immensen Dienst geleistet, indem sie uns lehrten, dass man Erde erzeugen kann.

Sie erzeugen sie mit dem Mist, der dazu gedient hat, den jungen Pflanzen und den Erstlingen die nötige Wärme zu geben. Sie fabrizieren Erde in so großen Quantitäten, dass sie jedes Jahr gezwungen sind, sie teilweise zu verkaufen. Sonst würden sich ihre Gärten jährlich um 2 oder 3 cm erhöhen. Sie fabrizieren deren so viel und so gut, dass (Barrai unterrichtet uns darüber im *Dictionnaire d'agriculture* in dem Kapitel: „Maraîchers“) der Gemüsegärtner sich in seinen neuen Kontrakten ausbedingt, seine Erde mit sich zu nehmen, falls er die Parzelle, die er bebaut hat, verlässt. Die Erde, die auf Wagen zugleich mit den Möbeln und den Glasdächern fort transportiert wird – dieses Bild ist die Antwort, welche die praktischen Landwirte auf die Hirngespinste eines Ricardo geben, der in der Grundrente das einzige Mittel zur Ausgleichung der natürlichen Vorteile mancher Bodenarten sah. „Der Boden ist wert, was der Mensch wert ist“ – das ist das Losungswort des Gärtners.

Bei alledem mühen sich indessen die Gemüsegärtner von Paris und Rouen noch dreimal mehr ab, als ihre Kollegen in Guernsey und England, die trotzdem zu den gleichen Resultaten als jene gelangen. Indem diese die Industrie in die Landwirtschaft einführen, erzeugen sie neben der Erde auch noch das Klima.

In der Tat, die gesamte Gemüsekultur ist auf diesen zwei Prinzipien basiert:

1. Unter Glasüberdachung zu säen; die jungen Pflanzen in einem üppigen Boden und auf einem beschränkten Raum, wo man sie gut pflegen kann, aufzuziehen; und sie später, wenn sie kräftige Wurzeln entwickelt haben, zu verpflanzen. Zu tun, was man mit dem Vieh getan hat, d. h. ihnen in ihrer Jugend Sorgfalt widmen.

Und 2. um frühzeitige Ernten zu erzielen, den Boden und die Luft zu heizen, zu welchem Zwecke man die Pflanzen mit Glasdächern oder Glocken bedeckt und in dem Boden durch die Gärung des Düngers eine starke Wärme erzeugt.

Das Umpflanzungsverfahren und eine bedingungsweise erhöhte Temperatur, – das ist das Wesen der Gartenkultur, nachdem man einmal den Boden künstlich fabriziert hat.

Wie wir gesehen haben, ist die erste der beiden Bedingungen schon Wirklichkeit geworden und erfordert nur noch einige Vervollkommnungen in den Einzelheiten. Und um die zweite – die Erwärmung der Erde und der Luft – zu verwirklichen, hat man nur den Dünger durch warmes Wasser, das in Metallröhren im Erdboden oder im Innern von Wärmhäusern zirkuliert, zu ersetzen.

Aber auch dieses hat man schon geleistet. Der Pariser Gemüsegärtner fordert teilweise schon vom „Thermo-Syphon“ die Wärme, die er früher durch den Dünger erzielte. Und der englische Gärtner baut sich heute schon sein Wärmehaus.

Ehemals war das Wärmehaus ein Luxus der Reichen. Man bewahrte darin exotische Zierpflanzen. Heute ist dasselbe zum Volke herabgestiegen. Ganze Hektare sind auf den Inseln Jersey und Guernsey mit Glas überdacht, ohne die Tausende von kleinen Wärmehäusern zu rechnen, welche man auf Guernsey auf jedem Landgut, in jedem Garten antrifft. In der Umgebung von London beginnt man gleichfalls schon, ganze Felder mit Glas zu überdachen und tausende von kleinen Wärmehäusern bevölkern von Jahr zu Jahr die Vorstädte.

Man stellt sie in allen Qualitäten her, von dem Wärmehaus mit Granitmauern bis zu dem bescheidenen Schutzdach, dessen Wände aus Tannenbrettern und dessen Dach aus dünnem Glas besteht und dessen Preis, trotz aller kapitalistischen Blutsauger, pro Quadratmeter nicht mehr als 4 oder 5 Francs beträgt. Man heizt sie oder man heizt sie nicht (das Schutzdach allein genügt, wenn man es nicht gerade auf Erstlingsfrüchte absieht); und man lässt hier wachsen – nicht mehr Trauben oder tropische Blumen – sondern Kartoffeln, Karotten, Erbsen und Bohnen.

Man emanzipiert sich auf diese Weise von dem Klima. Man erspart sich die mühsame Arbeit der Mistbeete, man kauft nicht mehr den natürlichen Dünger in großen Massen, dessen Preis mit der wachsenden Nachfrage gewaltig steigt; und man erspart einen großen Teil menschlicher Arbeitskraft. Sieben oder acht Menschen genügen, um einen Hektar unter Glas zu kultivieren und um die gleichen Resultate als bei Monsieur Ponce zu erreichen. In Jersey arbeiten sieben Männer in der Woche nicht ganz 60 Stunden und erzielen auf ganz minimalen Flächen Ernten, die ehemals ganze Hektare erforderten.

Man könnte bezüglich dieses Gegenstandes ganz überraschende Details geben. Beschränken wir uns auf ein einziges Beispiel. Auf Jersey bearbeiten 34 Arbeitsleute und ein Gärtner ein wenig mehr als vier Hektare unter Glasbedachung (setzen wir 70 Männer, die dieser Beschäftigung nur 5 Stunden täglich widmen) und erzielen Jahr ein, Jahr aus folgende Ernten: 25.000 kg Trauben, die man im Mai zu schneiden beginnt, 80.000 kg Tomaten, 30.000 kg Kartoffeln, die im April reifen, 6.000 kg Erbsen und 2.000 kg Bohnen, die man im Mai schneidet, in Summa 143.000 kg Früchte und Gemüse, ohne eine zweite sehr starke Ernte aus einigen Warmhäusern, oder den Ertrag eines ungeheuren Luxuswärmehauses, oder die Erträge aller Arten kleiner Kulturen, die unter freiem Himmel zwischen den Wärmhäusern erzielt werden, zu rechnen.

143 Tonnen Früchte und Erstlingsgemüse. Von diesen können mehr als 1.500 Menschen reichlich während eines Jahres leben. Und dies erfordert nur 21.000 Arbeitstage – oder 210 Arbeitsstunden im Jahr für kaum die Hälfte der Erwachsenen.

Füget noch die Förderung von 1.000 Tonnen Kohle (die man jährlich in diesen Wärmhäusern zur Erwärmung der 4 Hektare verbrennt) hinzu. Da die durchschnittliche Förderung bei zehnstündigem Arbeitstag pro Arbeiter

3 Tonnen beträgt, so macht dies einen Zuschuss von 6 bis 7 Stunden im Jahre für jeden der 500 Erwachsenen.

In Summa, wenn nur die Hälfte der Erwachsenen fünfzig halbe Arbeitstage im Jahre für die Zucht von Früchten und Erstlingsgemüsen verausgabte, so könnte Jedermann während des ganzen Jahres in Hülle und Fülle Luxusfrüchte und Gemüse essen, unter der Bedingung allerdings, dass er sie in Wärmehäusern zieht. Und sie würden außerdem aus den gleichen Wärmehäusern als zweite Ernte den größten Teil der gewöhnlichen Gemüse erzielen, die in den Etablissements des Monsieur Ponce, wie wir sahen, 50 Arbeitstage erforderten.

Wir haben soeben von der Luxuslandwirtschaft gesprochen. Aber wir haben auch schon gesagt, dass die gegenwärtige Tendenz dahin geht, aus dem Wärmehaus einen einfachen Gemüsegarten unter Glasbedeckung zu machen. Und wenn man es in dieser Richtung verwendet, so erreicht man mit ganz einfachen Schutzdächern, während 3 oder 4 Monaten leicht geheizt fabelhafte Gemüseernten: z. B. 450 Hektoliter Kartoffeln pro Hektar als erste Ernte am Ende April. Danach kann man bei genügend gedüngtem Boden fast nach Belieben immer neue Ernten aufgehen lassen, und zwar vom Mai bis Ende Oktober in einer fast tropischen Temperatur, die dann einzig vom Glasschutzdach hervorgerufen wird.

Um heute 450 Hektoliter Kartoffeln zu erzielen, muss man in jedem Jahr eine Fläche von 20 Hektaren oder mehr bestellen und bepflanzen, später die Pflanzen behäufeln, die Unkräuter mit der Hacke beseitigen und so fort. Man weiß, welche Mühe das alles kostet. Mit dem Schutzdach von Glas wird man vielleicht für den Anfang einen halben Tag Arbeit auf den Quadratmeter verwenden. Hat man aber einmal diese erste Arbeit geleistet, so wird man die Hälfte, wenn nicht zwei Drittel an der zukünftigen Arbeit ersparen.

Das sind Fakten, das sind Resultate, die gezeitigt, sicher belegt und weit bekannt sind, von denen sich ein Jeder, sobald er nur jene Kulturen besuchen will, überführen kann. Und diese Fakten geben eine genügende Vorstellung von dem, was der Mensch eigentlich von der Erde erlangen kann, sobald er sie nur mit Intelligenz ausbeutet.

V.

In allen unseren Raisonnements haben wir immer nur auf Voraussetzungen gebaut, die schon Bestätigung gefunden haben und zum Teil schon verwirklicht sind. Die intensive Kultur des Feldes, die Bewässerung der Ebenen durch Kloakenwasser, die Gemüsegartenkultur, endlich der Gemüsegarten unter Glasdach sind Wirklichkeiten. Die Tendenz der modernen Landwirtschaft ist, wie es Leonce de Lavergue vor dreißig Jahren vorhergesehen hatte, die größtmögliche Reduzierung des zu bebauenden Raumes, die willkürliche Erzeugung der Erde und des Klimas, die Konzentration der Arbeit und die künstliche Vereinigung aller Bedingungen, die für das Leben der Pflanze notwendig sind.

Diese Tendenz ist durch den Wunsch gezeitigt worden, große Summen Geldes aus dem Verkauf von Erstlingsgemüsen zu erzielen. Doch als erst einmal die Mittel der intensiven Kultur gefunden waren, verallgemeinerten sie sich und fanden auch auf den Bau der gewöhnlichsten Gemüse Anwendung, weil man durch sie mehr Produkte bei geringerer Arbeit und größerer Sicherheit erlangte.

In der Tat, nachdem wir die einfachen Glasschutzdächer auf Guernsey studiert haben, behaupten wir, dass man, alles gerechnet, viel weniger Arbeit verausgabt, um unter Glasdächern im April Kartoffeln zu erzielen, als man verwendet, um eine Ernte drei Monate später unter freiem Himmel zu erhalten, indem man einen 5 mal so großen Raum umgräbt, ihn bewässert und von Unkraut säubert usw. Es verhält sich ebenso, wie mit der Maschine oder dem Werkzeug. Man spart an Arbeit, wenn man ein vervollkommnetes Werkzeug oder eine vervollkommnete Maschine benutzt, selbst wenn es eines beträchtlichen Arbeitsaufwandes bedarf, um sich das Werkzeug zu beschaffen.

Vollständige Ziffern, die den Bau der gewöhnlichen Gemüsearten unter Glas betreffen, fehlen uns noch. Diese Kultur ist erst jungen Datums und findet erst in kleinen Dimensionen Anwendung. Doch wir haben Ziffern über die Entwicklung einer Kultur, die schon gegen 30 Jahre alt ist, und einen Luxusgegenstand betrifft – den Weinbau. Diese Ziffern lassen weitere Schlüsse zu.

Im Norden Englands, auf der Grenze von Schottland, wo die Kohle an den Öffnungen der Schachte nur 4 Francs pro Tonne kostet, widmet man sich seit langer Zeit der Weinkultur in Wärmehäusern. Vor dreißig Jahren wurden diese Trauben, die zum Januar reiften, vom Gärtner pro Pfund zu 25 Francs verkauft und man bezog sie damals vom Kaufmann pro Pfund zu 50 Francs für die Tafel von Napoleon III. Heute verkauft derselbe Produzent das Pfund nicht höher als zu 3 Francs. Er selbst teilt uns dies in einem jüngst erschienenen Artikel eines Journals für Gartenbau mit. Es gibt zu viele Konkurrenten, die Tonnen über Tonnen von Trauben alljährlich nach London und Paris senden, und dank der Billigkeit der Kohle und einer intelligenten Kultur wächst der Wein im Norden und im Winter und macht – im Gegensatz zu den meisten Früchten – eine Reise nach dem Süden. Im Mai sind die englischen Trauben von Jersey zu 2 Francs und billiger pro Pfund bei den Gärtnern verkäuflich, und selbst dieser Preis hält sich nur wie jener vor 30 Jahren, wenn die Konkurrenz noch verhältnismäßig schwach ist. Im Oktober werden die Trauben, die in immensen Quantitäten in der Umgebung von London gewonnen werden – stets unter Glas, aber mit geringer künstlicher Wärme – zu dem gleichen Preis verkauft, als sie in den Weinbergen der Schweiz oder des Rheins käuflich sind, d. h. für 20 bis 25 Pfg. das Pfund. Und dennoch sind sie noch um zwei Drittel zu teuer, dies in Folge der enormen Bodenpacht, der Kosten des Inventars und der Heizung, auf welche der Gärtner einen horrenden Tribut an den Landeigentümer, den Industriellen und den Zwischenhändler zahlt. Danach könnte man mit vollem Recht sagen, dass es fast nichts kostet, um im Herbst unter der Breite und dem nebligen Klima von London vorzügliche Trauben zu haben. In einer seiner Vorstädte z. B. liefert mir ein kümmerliches Schutzdach aus Glas, das sich an mein Häuschen lehnt und ein Länge von 3 Metern und eine Breite von 2 Metern hat, jährlich im Oktober und schon seit 3 Jahren fast 50 Pfund Wein von ganz ausgezeichnetem Geschmack. Der Ertrag rührt von einem einzigen 6-jährigen Weinstock her. Mein Schutzdach ist obendrein so mangelhaft, dass es durch dasselbe hin durchregnet. Des Nachts ist die Temperatur unter ihm fast die gleiche, wie die in freier Luft. Es ist klar, dass man nicht heizt, solange man für die Straße heizen soll. Und die Mühen, die er erfordert, sind: das Beschneiden des Weinstockes, das eine halbe Stunde in Anspruch nimmt, Und das Heranschaffen einer Karre Mist, die man am Fuße des Stockes umstülpt.

Wenn man andererseits die außergewöhnlichen Mühen, die man dem Wein an den Ufern des Rheins oder des Genfer Sees widmet, abschätzt, die Arbeit, welche der Bau der Steinterrassen an den Abhängen, der Transport des Düngers und auch häufig der Erde auf. eine Anhöhe von 200 bis 300 Fuß repräsentiert, so gelangt man zu dem Schluss, dass, alles gerechnet, die Arbeit, welche die Kultur des Weins in der Schweiz und an den Ufern des Rheins erfordert, beträchtlich höher ist, als die, welche sich unter Glasbedachung in den Vorstädten von London als nötig erweist.

Dieses erscheint für den ersten Augenblick paradox, weil man im Allgemeinen annimmt, dass der Wein im Süden Europas von selbst wächst und die Arbeit des Winzers nichts kostet. Die Gemüse- und Obstgärtner, sind auch weit entfernt, uns dies zu bestreiten, sie bestätigen sogar unsere Behauptungen. „Die vorteilhafteste Kultur Englands ist der Weinbau“, sagt ein praktischer Gärtner, der Redakteur des englischen *Journals für Gartenbau*. Übrigens haben auch die Preise, wie man weiß, ihre Sprache.

Deutet man diese Tatsachen für den Kommunismus, so kommen wir zu dem Resultat, dass ein Mann oder eine Frau, die von ihrer Muse im Jahre 20 Stunden darauf verwenden, um 2 oder 3 Weinstöcke, die unter einem Glasdach (ganz gleich, in welchem Klima Europas) gepflanzt sind, zu pflegen – eine keineswegs unangenehme Mühe –, so viel ernten werden, als man in ihrer Familie oder ihrem Freundeskreise während eines Jahres verzehren kann. Und dieses trifft nicht allein für den Wein zu, sondern auch für die Früchte aller akklimatisierten Obstarten.

Eine Kommune, welche die Errungenschaften der Kleinkultur im Großen anwendet, wird alle möglichen Gemüse, einheimische wie ausländische, und alle erwünschten Früchte haben, ohne dafür je mehr als 10 Arbeitsstunden pro Jahr und pro Einwohner zu verausgaben.

Das sind Tatsachen, die man schon morgen zur Wahrheit machen kann. Es genügte dazu, dass eine Gruppe von Arbeitern während einiger Monate die Produktion gewisser Luxusgegenstände aufgäbe und ihre Arbeit auf die Umgestaltung von 100 Hektaren der Ebene von Gennevilliers in eine Reihe von Gemüsegärten verwendete (jeder mit seinem Wärmehaus für Sämereien und junge Pflanzen ausgestattet) und außerdem zur Erzielung der Luxusfrüchte noch 50 Hektar mit ökonomisch eingerichteten Wärmehäusern versähe und die Sorge für alle Details der Organisation den Gemüsegärtnern und Obstzüchtern von Fach überließe.

Wenn man mit dem Durchschnittsresultat von Jersey rechnet, wo die Kultur eines Hektars unter Glasdach die Arbeit von 7 bis 8 Mann erfordert – was weniger als 24.000 Arbeitsstunden im Jahre ausmacht, – so würde die Unterhaltung dieser 150 Hektar jährlich ungefähr 3.600.000 Arbeitsstunden erfordern. Hundert Gärtner von Fach brauchten dieser Aufgabe täglich nur 5 Stunden zu widmen, – alles übrige könnte von Leuten besorgt werden, die, ohne Gärtner von Profession zu sein, den Spaten, den Rechen, die Bewässerungspumpe zu handhaben oder einen Heizofen zu überwachen verstehen.

Diese Arbeit würde, niedrig gerechnet – wir haben es im vorigen Kapitel gesehen – alles Notwendige und allen möglichen Luxus an Früchten und Gemüsen für 75.000 oder gar 100.000 Personen ergeben. Nimmt man an, dass es in dieser Zahl 36.000 Erwachsene gäbe, die eine Zeitlang in einem Gemüsegarten zu arbeiten verlangten, so würde jeder 100 Stunden, die über ein ganzes Jahr zu verteilen sind, darauf zu verwenden haben. Diese Arbeitsstunden würden Stunden der Erholung werden, verbracht mit

Freunden, mit den Kindern, in herrlichen Gärten, schöneren wahrscheinlich, als denen der sagenhaften Semiramis.

Das ist die Bilanz der Mühen, denen man sich zu unterziehen hätte, um nach Gefallen von den Früchten zu essen, deren wir uns heute berauben müssen, und um alle Gemüse im Überfluss zu haben, welche die Hausfrau heute so ängstlich zumisst, weil sie der Sous gedenken muss, mit denen sie den Industriellen und den blutsaugerischen Grundbesitzer bereichern soll.

Wenn die Menschheit doch nur das Bewusstsein dessen hätte, was sie vermag, und wenn ihr dieses Bewusstsein doch nur die Kraft zum Wollen gäbe!

Wenn sie nur wüsste, dass die Trägheit des Geistes die Klippe ist, an der alle Revolutionen bis zum heutigen Tage gescheitert sind.

VI.

Man sieht klar die neuen Horizonte, die der kommenden sozialen Revolution eröffnet sind.

Jedes Mal, wenn wir von Revolutionen sprechen, furcht der ernsthafte Arbeiter, der seine Kinder einst ohne Brot gesehen hat, die Stirn und wiederholt uns: – „Und das Brot? – Wird man nicht dessen ermangeln, wenn jedermann nach Verlangen essen kann? Und wenn das flache Land, unwissend, von der Reaktion bearbeitet, die Stadt aushungert, wie es die schwarzen Banden im Jahre 1793 getan haben? Was wird dann werden?“

Möge es das flache Land nur versuchen! Die Großstädte werden das flache Land entbehren können.

Welcher Mühe sollten sich jene Hunderttausende von Arbeitern, die heute in den kleinen Werkstätten und Manufakturen dahinsiechen, an dem Tage widmen, wo sie ihre Freiheit erlangen? Werden sie auch nach der Revolution in ihren ungesunden Arbeitsräumen hocken? Werden sie fortfahren, Luxusspielsachen für den Export zu produzieren, zu einer Zeit, wo sie sehen, dass das Getreide ausgeht, das Fleisch rar wird, das Gemüse aufgebraucht wird, ohne durch neues ersetzt zu werden?

Offenbar nein! Sie werden die Stadt verlassen, sie werden auf die Felder ziehen! Unterstützt von der Maschine, die selbst den Schwächsten unter uns gestattet, mit Hand anzulegen, werden sie die Revolution in die Landwirtschaft einer sklavischen Vergangenheit tragen, ebenso wie sie dieselbe in die Institutionen und in die Ideen getragen haben.

Dann werden sich Hunderte von Hektaren mit Wärmehäusern bedecken, und Mann und Weib werden daselbst die jungen Pflanzen mit behutsamen Fingern pflegen. Dort werden andere Hunderte Hektare mit dem Dampfschälpflug bestellt und mittels Dünger oder künstlicher Erde, die man aus der Pulverisation von Felsen gewonnen, verbessert werden. Legionen freudiger gelegentlicher Feldarbeiter werden auf diesen Hektaren eine bienenhafte Tätigkeit entfalten, geleitet, geführt bei ihrer Arbeit und bei ihren Versuchen zum Teil von denen, die der Landwirtschaft kundig sind, hauptsächlich aber durch den großen und praktischen Geist eines Volkes, das von einem langen Schlummer erwacht ist und welchem der Weg von jener herrlichen Leuchte erhellt und gewiesen wird – von dem Glücke Aller.

Und in zwei bis drei Monaten werden frühzeitige Ernten aufsprießen, und die dringendsten Bedürfnisse lindern und ein Volk mit Nahrung versehen, welches nach so vielen Jahren Harrens endlich einmal seinen Hunger stillen und nach seinem Appetit essen kann.

Unterdessen wird der Erfindungsgeist des Volkes, der Erfindungsgeist eines Volkes, das sich empört und seine Bedürfnisse kennt, daran arbeiten, der Landwirtschaft neue Mittel zugänglich zu machen, die man heute schon am Horizont gewahrt und welche nur noch des Prüfsteins des experimentellen Versuchs bedürfen, um verallgemeinert zu werden. Man wird Versuche anstellen mit dem Licht – jenem verkannten Agens der Landwirtschaft, welches unter der Breite von Jakutsk die Gerste in 45 Tagen reifen lässt: in konzentrierter oder künstlicher Form wird das Licht einst noch mit der Wärme rivalisieren, um das Wachstum der Pflanzen zu beschleunigen. Ein Mouchot der Zukunft wird dann die Maschine erfinden, welche die Sonnenstrahlen leiten und arbeiten lassen wird, ohne dass man nötig hätte, die Wärme in den Tiefen der Erde, wie sie in der Kohle aufgespeichert liegt, zu graben. Man wird Versuche anstellen, um den Boden mit Kulturen von Mikroorganismen zu bevölkern – eine so rationelle, erst kürzlich geborene Idee, welche den Boden mit jenen kleinen Lebewesen versehen würde, deren die Pflanze so nötig bedarf, sei es als Nahrung für die Wurzelzellen, sei es, um den Boden in seine Bestandteile zu zerlegen und diese den Pflanzen zu assimilieren.

Man wird versuchen. ... doch halt, gehen wir nicht weiter, betreten wir nicht das Gebiet des Romans. Bleiben wir in der Wirklichkeit der bestätigten Tatsachen. Mit den Verfahren, die heute schon in der Landwirtschaft in Gebrauch stehen, die heute schon als Sieger aus dem Kampfe gegen die Handelskonkurrenz hervorgegangen sind, können wir uns bei einer angenehmen Arbeit Wohlergehen und Luxus schaffen. Die nächste Zukunft wird zeigen, was Praktisches an den Eroberungen ist, welche die neuesten wissenschaftlichen Entdeckungen uns erhoffen lassen.

Beschränken wir uns gegenwärtig nur darauf, den neuen Weg, bestehend im Studium der Bedürfnisse und der Mittel ihrer Befriedigung, anzudeuten und anzubahnen.

Das einzige, was der Revolution fehlen könnte, wäre die Kühnheit der Initiative.

Abgestumpft durch unsere Schulinstitutionen, geknechtet in der Vergangenheit von der Wiege bis zum Grabe, wagen wir überhaupt kaum zu denken. Handelt es sich um eine neue Idee, so suchen wir uns nicht selbst eine Meinung zu bilden, sondern fragen gewöhnlich erst alte Scharteken um Rat, um zu sehen, was die alten Meister darüber gedacht haben.

Wenn nicht die Kühnheit des Gedankens und die Initiative der Revolution fehlen, so werden es auch nicht die Lebensmittel sein, welche mangeln.

Von allen großen Tagen der großen Revolution war der schönste und großartigste jener Tag – welcher auch stets den Geistern am festesten eingeprägt bleiben wird –, an dem die Föderierten, von allen Seiten herbeigeeilt, den Boden des Marsfeldes zur Feier ihres Festes zurichteten.

An diesem Tage war Frankreich eins; beseelt von einem neuen Geiste, ahnte es, sah es die Zukunft – welche sich vor ihm in gemeinschaftlicher Arbeit auf den Feldern eröffnete.

Und in der gemeinschaftlichen Arbeit auf dem Felde werden auch die befreiten Gesellschaften ihre Einheit wiederfinden und den Hass und die Verachtung begraben, welche sie bis jetzt gespalten.

Da in der neuen Gesellschaft die Solidarität, diese immense Kraft, welche die Energie und die schöpferischen Kräfte des Menschen verhundertfacht, Platz findet – so kann sie mit der ganzen Frische der Jugend an die Eroberung schreiten.

Da sie aufhört, für unbekannte Käufer zu produzieren, und die Bedürfnisse und Geschmacksrichtungen in ihrem eigenen Schoße zu befriedigen sucht, wird eine solche Gesellschaft einem jeden ihrer Mitglieder reichlich das Leben und den Wohlstand sichern und zu gleicher Zeit die moralische Genugtuung bieten, welche die frei gewählte und frei verrichtete Arbeit und die Freude, leben zu können, ohne in das Leben Anderer störend einzugreifen, gewährt. Inspiriert von einer neuen Kühnheit, welche in dem Gefühl der Solidarität ihre Nahrung findet, werden dann Alle gemeinsam an die Eroberung der hohen Genüsse des Wissens und der künstlerischen Schöpfung gehen.

Eine derartig begeisterte Gesellschaft wird weder Zwistigkeiten im Innern, noch äußere Feinde zu fürchten haben. Den Koalitionen der Vergangenheit wird sie ihre Liebe für die neue Ordnung, die kühne Initiative eines Jeden und Aller, nötigenfalls ihre Kraft, die durch das Erwachen ihres Erfindungsgeistes zu einer herkulischen geworden, entgegenstellen.

Vor dieser unwiderstehlichen Kraft vermögen die „verbündeten Könige“ nichts. Sie werden sich nur vor ihr zu beugen haben, und sich dem Wagen der Menschheit anschließen müssen, der neuen Horizonten, eröffnet von der sozialen Revolution, entgegeneilt.

Peter Kropotkin

Ethik

Ursprung und Entwicklung der Sitten
Mit einem Vorwort von Michael Schmidt-Salomon
334 Seiten, kartoniert, Euro 18.-
ISBN 978-3-86569-160-6

Der Anarchist und Evolutionstheoretiker Peter Kropotkin (1842–1921) zeigt in seinem Spätwerk auf, wie eine Ethik zu begründen ist, die auf einer naturalistischen Basis beruht und ohne metaphysische, transzendente bzw. religiöse Fundierung auskommt. Ausgehend von seinen Untersuchungen zur gegenseitigen Hilfe bei Tieren und Menschen beschreibt Kropotkin, dass „sittliches" Verhalten selbst in der Natur angelegt ist bzw. zu ihr nicht im Widerspruch steht. In einer großen historischen Perspektive geht Kropotkin dem Ursprung der Sitten nach und untersucht, wie durch die Jahrhunderte und Jahrtausende ethisches Denken von den Naturvölkern über die Antike bis in unsere Zeit sich entfaltet. Dabei kommt Kropotkin zu Einsichten, die als Vorläufer zum modernen „evolutionären Humanismus" verstanden werden können.

Peter Kropotkin

Gegenseitige Hilfe in der Tier- und Menschenwelt

Mit einem Vorwort von Franz M. Wuketits
290 Seiten, kartoniert, Euro 16.-
ISBN 978-3-86569-305-1

Die *Gegenseitige Hilfe in der Tier- und Menschenwelt* ist nicht nur ein Klassiker der anarchistischen Literatur, sondern kann auch als früher Vorläufer soziobiologischen Denkens gelten. Geschrieben als Antwort auf zahlreiche Publikationen, die Darwins Evolutionstheorie zu einem menschenverachtenden Sozialdarwinismus verkürzen wollten, argumentiert Kropotkin, dass in Natur und Gesellschaft keineswegs nur ein Kampf aller gegen alle stattfindet, sondern dass ebenso ein Prinzip obwaltet, das er „gegenseitige Hilfe" nennt. Kropotkin illustriert seine Thesen nicht nur auf gelehrte Weise anhand von Quellen aus Biologie, Geschichts- oder Kulturwissenschaft der damaligen Zeit, sondern fügt auch eigene Beobachtungen an, die er auf seinen zahlreichen Reisen gemacht hat. Die Fragen, die Kropotkin aufwirft, gewinnen immer drängender an Aktualität.

Alibri Verlag, Postfach 100 361, 63703 Aschaffenburg
Fon (06021) 62 62 560, www.alibri.de

Leo Tolstoi

Kirche und Gesellschaft

Religionskritische Schriften, Briefe und Tagebuchaufzeichnungen
Klassiker der Religionskritik, Bd. 11
Herausgegeben und mit einem Vorwort von Ulrich Klemm
ISBN 978-3-86569-131-6, 137 Seiten, kartoniert, Euro 13.-

Leo Tolstoi (1828–1910) gilt als einer der wichtigsten Religions- und Kirchenkritiker des 19. Jahrhunderts. Mit seiner libertären und pazifistischen Ethik beeinflusste er maßgeblich befreiungstheologische Ansätze im 20. Jahrhundert und prägte ein neues Verständnis vom „Reich Gottes" als einen politischen Weg zur Befreiung aus Tyrannei und Herrschaft. Vier Grundsätze prägten sein ethisches und politisches Denken und Handeln: Religion ist eine Angelegenheit der Vernunft. Daraus folgt das „Gesetz der Liebe" und der „gegenseitigen Hilfe" als anthropologische Grundannahmen: Gewaltfreiheit wird zum dominanten sozialen Imperativ. Statt Revolution steht die Selbstvervollkommnung im Mittelpunkt einer politischen Strategie.

Étienne de La Boétie

Von der freiwilligen Knechtschaft

Herausgegeben und mit einem Vorwort versehen von Ulrich Klemm, begleitet durch ein Essay von Siegbert Wolf zu Gustav Landauers La Boétie-Rezeption
ISBN 978-3-86569-903-9, 92 Seiten, kartoniert, Euro 10.-

Die kleine Schrift des französischen Renaissance-Humanisten aus dem 16. Jahrhundert gilt heute als wegweisender Meilenstein in der Entwicklung und Formulierung des europäischen Freiheitsgedankens und der politischen Ideenbildung. Anfang des 20. Jahrhundert durch Gustav Landauer wieder entdeckt, stellte er La Boéties Herrschaftsanalyse, dessen Darlegung gewaltsamer Unterdrückung und freiwilliger Unterwerfung, in eine Reihe mit dem, was in anderen Sprachen später Godwin und Stirner, Proudhon, Bakunin und Tolstoi aufnehmen werden. La Boéties Knechtschaft ist ein demokratischer Urtext des Abendlandes und hat die Neuzeit mit den Leitideen Partizipation, Gleichheit und Gerechtigkeit eingeläutet.

Paul Lafargue

Das Recht auf Faulheit

Widerlegung des „Rechts auf Arbeit" von 1848
Herausgegeben von Gerald Grüneklee und Michael Wilk
ISBN 978-3-86569-907-7, 97 Seiten, Abbildungen, kartoniert, Euro 10.-

In seiner erstmals 1883 erschienenen Polemik kritisiert Paul Lafargue die Vorstellung von Arbeit als Selbstzweck. Angesichts der zunehmenden Zwangsverpflichtung von Arbeitslosen zu vorgeblich gemeinnütziger Arbeit, sinkender Reallöhne und immer schlechter werdenden Arbeitsbedingungen kommt seiner Vision von Muße und Freiheit große Aktualität zu. Wer nicht länger einsieht, für die Profite der Konzerne den Buckel krumm zu machen, findet im Recht auf Faulheit Ansätze, den tradierten Denkmuster zu entkommen. Obschon bereits im 19. Jahrhundert geschrieben, hat der Text auch in der aktuellen Diskussion um die Arbeit und ihre Bedingungen noch immer eine grundlegende Bedeutung.